Exos résolus

1re S

W0348238

SVT

Nathalie **FABIEN**

Patrice **DELGUEL**

Professeurs de Sciences de la Vie et de la Terre

hachette
ÉDUCATION

Conception graphique

Couverture : Mélissa Chalot
Intérieur : Karine Nayé

Composition, mise en pages et schémas

ScienTech Livre

ISBN : 978-2-01-270816-7

Achevé d'imprimer en Slovaquie par Polygraf
Dépôt légal: juin 2015
Collection n° 21 - Édition 01 - 88/4453/3

www.hachette-education.com

PRÉFACE

Cet ouvrage vous propose **125 exercices corrigés**. Il est conforme au **programme de SVT** et répond à plusieurs nécessités :

– **vérifier votre connaissance et votre compréhension du cours** à l'aide de questions simples mais aussi en vous confrontant à des exercices de difficultés croissantes. La comparaison de votre réponse à celle du corrigé vous permettra de juger de la qualité de votre apprentissage ;

– **vous entraîner aux études de documents** dans la rubrique « S'entraîner ». Il s'agira pour vous d'extraire des documents présentés, des informations pertinentes pour répondre au problème posé ;

– **vous permettre d'acquérir des méthodes de travail à l'écrit** en réalisant des exercices de type bac dans la rubrique « L'interrogation écrite ». Ces exercices permettront d'évaluer soit votre capacité de restituer de façon organisée vos connaissances, soit de résoudre un problème scientifique en utilisant des documents et vos connaissances.

Conformément à l'esprit du nouveau programme, les chapitres sont regroupés selon les trois thèmes : **la Terre dans l'univers, la vie et l'évolution du vivant** ; **les enjeux planétaires contemporains** ; **le corps humain et la santé**.

Chaque chapitre comporte les rubriques suivantes :

■ **Un rappel du cours,** vous permet de faire le point sur les notions fondamentales. Une rubrique « la difficulté du chapitre » vous explique en détail un point délicat et vous permet d'éviter certaines confusions.

■ **Un large éventail d'énoncés d'exercices progressifs**, allant de l'exercice du QCM aux exercices de type bac.

La difficulté des exercices est signalée par des pictogrammes ★ placés en regard des énoncés de façon à progresser dans la résolution des exercices proposés.

Une durée indicative de résolution du problème figure également avant chaque exercice. Ce temps a été estimé pour un bon élève et vous aide donc à situer votre niveau d'entraînement.

Le thème annoncé dans le titre d'un exercice vous permet de choisir les notions à approfondir sans être obligé de traiter celles déjà assimilées.

■ **Des corrigés d'exercices détaillés et commentés**, indiquant clairement les étapes de raisonnement. De petits encadrés jaunes attirent votre attention sur des points particuliers de résolution, de méthode et d'analyse.

■ Vous trouverez dans chaque chapitre, une interrogation écrite, soit **15 devoirs de type bac**, correspondant à tous les thèmes du programme, que vous pourrez résoudre en temps limité.

Nous sommes persuadés que cet ouvrage vous permettra de vous entraîner efficacement tout au long de l'année de Première et d'aborder sereinement celle de Terminale.

Les auteurs

Sommaire

Thème 1 : La Terre dans l'Univers, la vie et l'évolution du vivant

EXPRESSION, STABILITÉ ET VARIATION DU PATRIMOINE GÉNÉTIQUE

LA TECTONIQUE DES PLAQUES : L'HISTOIRE D'UN MODÈLE

Thème 2 : Enjeux planétaires contemporains

TECTONIQUE DES PLAQUES ET GÉOLOGIE APPLIQUÉE

7 Tectonique des plaques et recherche d'hydrocarbures

NOURRIR L'HUMANITÉ

8 La production primaire : à l'origine des ressources alimentaires

Thème 3 : Corps humain et santé

FÉMININ, MASCULIN

9 Devenir femme ou homme

10 Sexualité et procréation

VARIATION GÉNÉTIQUE ET SANTÉ

11 Patrimoine génétique et santé

12 Perturbation du génome et cancérisation

13 Variation génétique bactérienne et résistance aux antibiotiques

DE L'ŒIL AU CERVEAU : QUELQUES ASPECTS DE LA VISION

INDEX DES MOTS CLÉS

Les pages indiquées en bleu sont des pages de rappel de cours.

CHAPITRE 1

Reproduction conforme de la cellule et réplication de l'ADN

LE PATRIMOINE GÉNÉTIQUE

LE COURS

Les **chromosomes** sont des structures constantes des cellules. Cependant, leur état de condensation varie au cours d'un cycle cellulaire et leur observation dépend du grossissement du microscope utilisé. Ces différents états de condensation sont à mettre en relation avec les phases du cycle cellulaire : ainsi, l'observation des chromosomes au microscope optique (ou photonique) n'est possible qu'au cours de la mitose qui assure une reproduction conforme de la cellule. Cette reproduction conforme nécessite une réplication de l'ADN.

Chromosome et ADN

▶ EXERCICE D'APPLICATION 1, p. 15

Les chromosomes sont des structures cellulaires composées de molécules d'ADN. L'ADN est le support moléculaire de l'information génétique.

- **L'ADN, ou acide désoxyribonucléique**, est une macromolécule formée de deux brins enroulés en double hélice : c'est une molécule bicaténaire.
- **Chaque brin est constitué d'une chaîne de nucléotides :** c'est un polynucléotide.
- **Un nucléotide est constitué de l'assemblage :**

– d'un **acide phosphorique** ;

– d'un ose en C5, le **désoxyribose** ;

– d'une **base azotée** : Adénine A, Thymine T, Guanine G, Cytosine C.

Les nucléotides sont reliés entre eux par des liaisons covalentes.

Les deux brins sont reliés au niveau des bases azotées complémentaires par des liaisons hydrogène.

Il y a donc une stricte correspondance entre les deux brins opposés :

– adénine complémentaire de thymine,

– guanine complémentaire de cytosine.

La réplication de l'ADN chez les eucaryotes

▶ EXERCICES D'APPLICATION 4 et 7, pp. 16, 18

▶ La duplication du matériel chromosomique pendant l'interphase

Une copie de l'information génétique se déroule dans la cellule mère pendant **l'interphase**.

Le matériel chromosomique est alors décondensé et se présente sous forme de chromatine. Chaque filament de chromatine est constitué d'une molécule d'ADN. Ces filaments de chromatine représentent donc la forme décondensée des chromosomes non visibles au microscope optique.

L'interphase est découpée en trois phases :

– **La phase G1** au cours de laquelle le matériel génétique est en un seul exemplaire. **Chaque filament de chromatine est constitué d'une seule chromatide** qui ne contient qu'une seule molécule d'ADN.

– **La phase S** au cours de laquelle le matériel génétique se duplique. Les filaments de chromatine forment alors **des yeux de réplication** au niveau desquels la molécule d'ADN est copiée. Les différents yeux finissent par se rejoindre et la molécule d'ADN est ainsi entièrement répliquée. Les deux copies restent néanmoins solidaires l'une de l'autre au niveau d'une zone qui formera le centromère. La quantité d'ADN augmente progressivement pour être finalement doublée à la fin de la phase S.

– **La phase G2** au cours de laquelle **chaque filament de chromatine est désormais constitué de deux chromatides sœurs. Les deux chromatides sœurs sont génétiquement identiques car leurs molécules d'ADN sont identiques**.

Le nombre de chromosomes ne change pas à la fin de l'interphase mais chaque chromosome, encore à l'état décondensé, est désormais constitué de deux chromatides sœurs.

▶ Les mécanismes de la réplication

- Au cours de la phase de S de l'interphase, les deux brins complémentaires d'une molécule d'ADN s'écartent par rupture des liaisons faibles associant les bases complémentaires. **Chaque brin sert de modèle pour la formation d'un nouveau brin d'ADN complémentaire.** La synthèse de ces brins néoformés s'effectue par addition successive de nucléotides complémentaires de l'ancien brin.

- **Chaque nouvelle molécule d'ADN contient donc un ancien brin et un nouveau brin.** Comme la moitié de la molécule initiale est conservée, le mécanisme de réplication de l'ADN est dit **semi-conservatif**.

- L'écartement des deux brins, ainsi que l'accrochage des nucléotides les uns aux autres dépendent d'un complexe enzymatique appelé ADN polymérase.

Les deux nouvelles molécules d'ADN (constituant désormais les deux chromatides d'un chromosome) sont des répliques de la molécule d'ADN initiale, la séquence des nucléotides étant préservée.

Le déroulement de la mitose

▶ EXERCICES D'APPLICATION 3 ET 8, p. 15, 19

À l'issue de l'interphase, toute cellule contient son programme génétique en double exemplaire car chaque chromosome est à l'état dupliqué, c'est-à-dire comportant deux chromatides sœurs identiques.

La mitose comprend quatre étapes :

– **La prophase :** les chromosomes commencent à se condenser ; ils deviennent progressivement visibles au microscope optique et ils s'individualisent. Entre les deux pôles de la cellule, un fuseau mitotique apparaît et l'enveloppe nucléaire disparaît progressivement. Les chromosomes s'attachent aux microtubules du fuseau mitotique. **Chaque chromosome est toujours à deux chromatides.**

– **La métaphase :** la condensation des chromosomes est maximale. Les deux chromatides de chaque chromosome sont bien visibles et rattachées au niveau du centromère. **Les chromosomes métaphasiques sont alignés à l'équateur du fuseau mitotique formant une figure appelée plaque équatoriale.** Ils sont attachés au fuseau par leur centromère. Chaque chromosome est à deux chromatides.

– **L'anaphase : pour chaque chromosome, les deux chromatides sœurs se séparent par rupture au niveau du centromère. Chaque chromatide migre en sens opposé vers un pôle de la cellule.** On distingue alors deux lots de chromosomes identiques puisque les chromatides sœurs contiennent la même information génétique. **Désormais, chaque chromosome ne comporte plus qu'une seule chromatide.**

– **La télophase :** on observe **une division du cytoplasme**. Chaque lot de chromosomes à une chromatide arrive à un pôle de la cellule et se décondense. L'enveloppe nucléaire se forme autour de chaque lot et achève **la formation de deux noyaux fils**. Le fuseau mitotique disparaît, et deux nouvelles cellules filles sont maintenant séparées. La mitose est terminée.

Les deux cellules filles issues de la mitose contiennent la même information génétique que la cellule mère initiale car elles récupèrent chacune une des deux chromatides sœurs. Ainsi, à la fin d'un cycle cellulaire, l'information génétique est conservée d'une génération cellulaire à l'autre.

La mitose est un processus commun aux cellules eucaryotes et un phénomène qui intervient dans différents aspects de la vie d'un organisme eucaryote : au cours du développement embryonnaire, de la croissance, des phénomènes de renouvellement cellulaire, des processus de réparation des tissus lésés…

L'ensemble de ces phénomènes nécessite un apport d'énergie.

LA DIFFICULTÉ DU CHAPITRE

Chromosome, chromatide et chromatine

Ces trois termes, chromosome, chromatide et chromatine, désignent finalement la même structure, mais à différentes échelles d'observation microscopique. Comme le matériel chromosomique n'est pas visible au microscope optique en interphase, on le met en évidence à l'aide de colorants spécifiques : on parle de chromatine. Cette chromatine est constituée de filaments composés de protéines et d'ADN.

La chromatide constitue une partie d'un chromosome comportant une molécule d'ADN associée à des protéines. Un chromosome peut ainsi être composé de deux chromatides ou d'une chromatide en fonction de l'étape du cycle cellulaire dans laquelle se trouve la cellule.

On rappelle également que chez l'homme, par exemple, les chromosomes sont présents en double exemplaire (sauf dans les gamètes) : ainsi les chromosomes d'une même paire sont appelés chromosomes homologues. C'est à partir de chromosomes métaphasiques que l'on établit le caryotype d'une espèce.

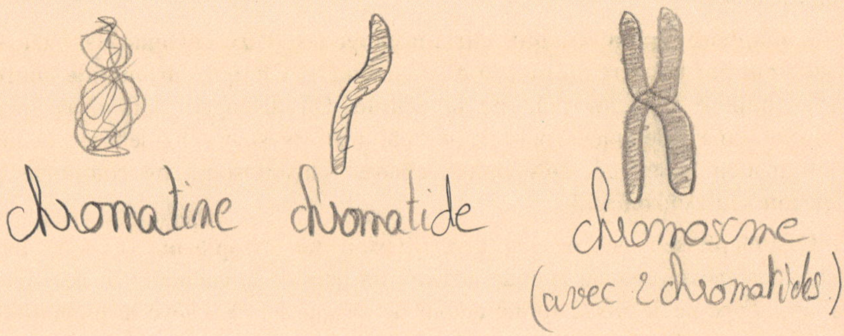

EXERCICES

Tester ses connaissances

1 VÉRIFIER SES CONNAISSANCES ★ 5 min (corrigés p. 20)

1° Donner la composition de la molécule d'ADN.

2° Que se passe-t-il au cours de la phase S ?

3° Qu'appelle-t-on chromatide ?

4° Pourquoi dit-on que la mitose est une reproduction conforme ?

2 QCM ★ 2 min (corrigés p. 20)

Choisir la (ou les) bonne(s) proposition(s).

1° La mitose :

a) correspond à la totalité du cycle cellulaire ;

b) est constituée de quatre phases : interphase, prophase, métaphase et télophase ;

c) est un processus commun à tous les eucaryotes ;

d) permet de transmettre la totalité de l'information génétique d'une cellule mère dans deux cellules filles.

2° La réplication de l'ADN s'effectue selon le mode semi-conservatif car :

a) elle conserve un chromosome sur deux ;

b) elle conserve un des deux brins d'une molécule d'ADN ;

c) elle permet d'avoir, sur une chromatide, un brin nouveau et un ancien ;

d) elle conserve la moitié de l'information génétique.

3 RECONNAÎTRE QUELQUES ÉTAPES D'UN CYCLE CELLULAIRE ★ 10 min (corrigés p. 20)

Les photographies ci-après ont été prises avec un microscope optique à un grossissement de l'ordre de × 600.

Indiquer le nom de chaque étape, les remettre dans l'ordre et décrire brièvement l'état du matériel chromosomique. (Il s'agit de cellules végétales de jeunes racines d'ail en cours de croissance.)

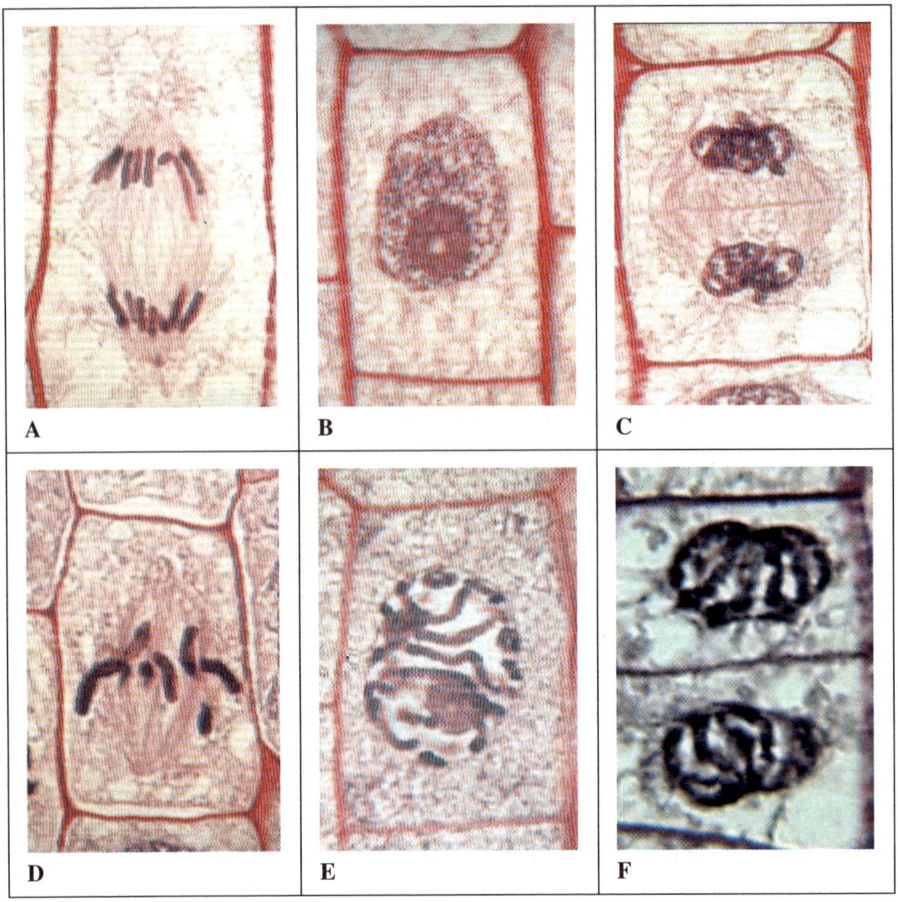

4 LA RÉPLICATION DE L'ADN ★ 10 min (corrigés p. 21)

Compléter le schéma ci-dessous et légender.

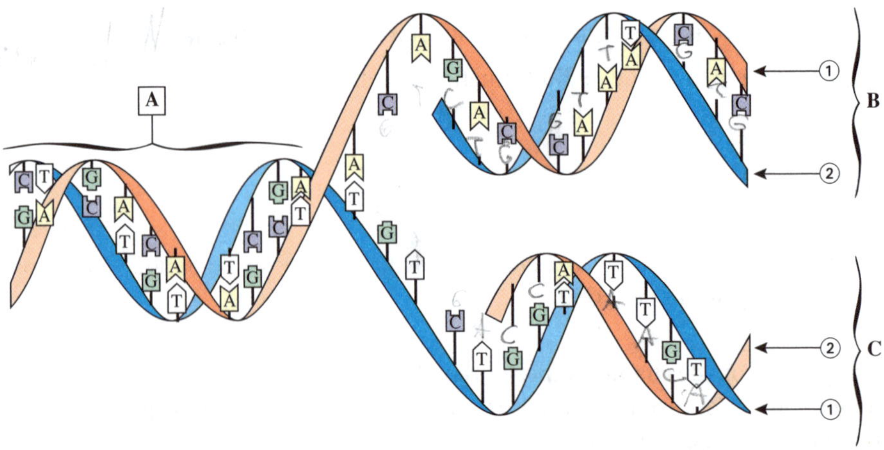

S'entraîner

5 LA VITESSE DE RÉPLICATION DE L'ADN CHEZ LES PROCARYOTES ET LES EUCARYOTES ★ 10 min

(corrigés p. 21)

La vitesse de réplication de l'ADN chez les Procaryotes est plus rapide que celle chez les Eucaryotes. Chez les Procaryotes, elle est d'environ 1000 pb (paires de bases) par seconde pour une fourche de réplication (voir schéma d'un œil de réplication ci-dessous), alors que, chez les Eucaryotes, elle est de l'ordre de 100 pb par seconde pour une fourche de réplication.

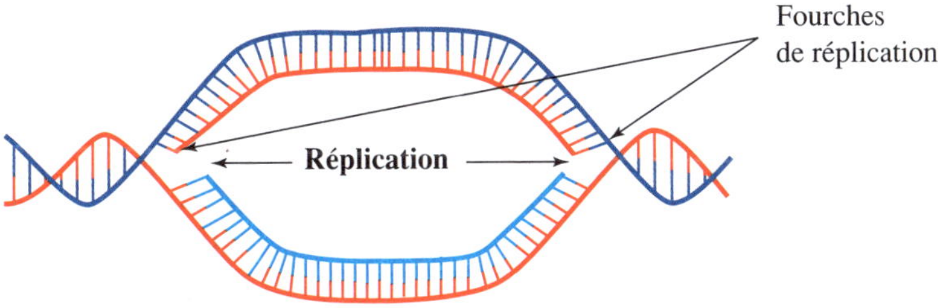

1° Calculer le temps nécessaire à la réplication du chromosome unique de la bactérie *Escherichia coli*, sachant que la taille du chromosome est de $4{,}7 . 10^6$ pb et qu'il n'y a qu'une origine de réplication.
2° Sachant que la taille moyenne d'un chromosome humain est d'environ $150 . 10^6$ pb, calculer le temps théorique nécessaire à la réplication d'un chromosome humain.
3° La durée réelle de la réplication dans les cellules somatiques humaines est d'environ 8 heures. Comment expliquer l'écart entre la valeur calculée dans la question précédente et la valeur réelle ?

6 VARIATION DE LA QUANTITÉ D'ADN AU COURS D'UN CYCLE CELLULAIRE ★★ 20 min

(corrigés p. 21)

Expliquer les variations de la quantité d'ADN au cours d'un cycle cellulaire et mettre en relation ces variations avec l'aspect du matériel chromosomique observé au microscope.

Doc. 1. **Aspect d'un filament de chromatine pendant la phase S de l'interphase (microscope électronique × 100 000 environ).**

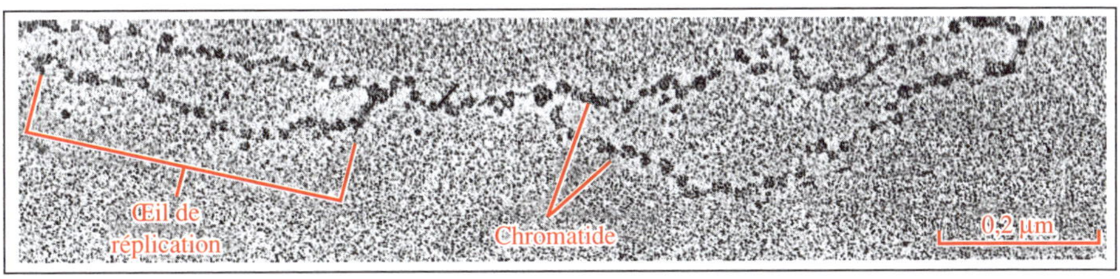

Doc. 2. **Variation de la quantité d'ADN dans une cellule au cours d'un cycle cellulaire.**

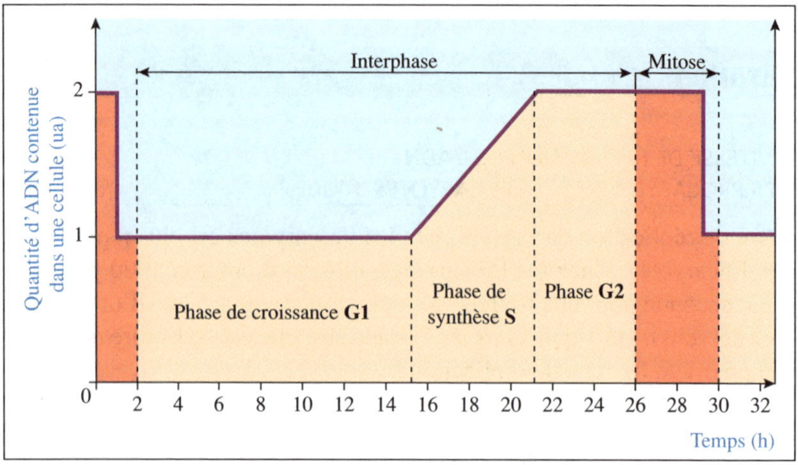

Doc. 3. **Aspect des chromosomes au cours de la mitose.**

Fig. a. **Chromosome métaphasique (microscope électronique à très fort grossissement).**

Fig. b. **Chromosome au cours de la 3ᵉ étape de la mitose (microscope optique × 600) d'une cellule végétale.**

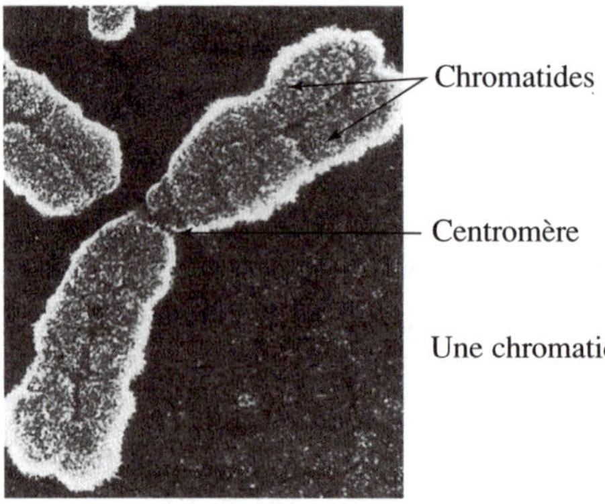

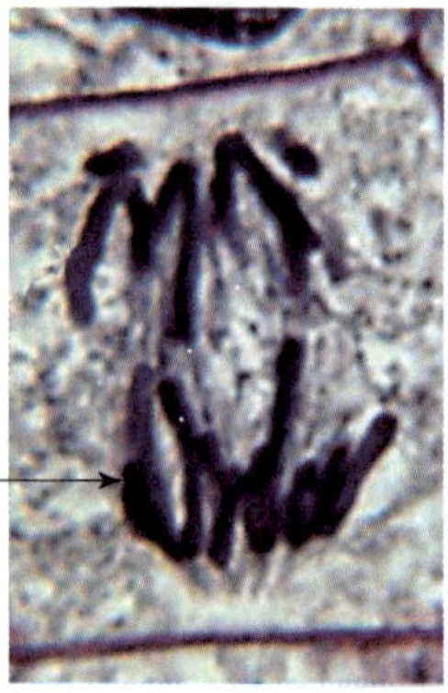

7 RÉPLICATION SEMI-CONSERVATIVE DE L'ADN ★★★ 30 min *(corrigés p. 23)*

Après avoir analysé les résultats de cette expérience schématisée ci-après, montrer comment celle-ci a permis de prouver que la réplication de l'ADN est semi-conservative et pas conservative.

Illustrer l'interprétation des résultats à l'aide de schémas (la molécule d'ADN sera simplement représentée par deux traits correspondant aux deux brins de la molécule).

L'expérience de Meselson et Stahl (1958)

Principe général de l'expérience : Placée sur un milieu de culture favorable, la bactérie *Escherichia coli* se divise activement. La réplication de l'ADN y est donc très active. Les bactéries sont normalement cultivées sur un milieu dans lequel les précurseurs azotés nécessaires à la synthèse de l'ADN contiennent uniquement de l'ADN léger ^{14}N.

On peut aussi les cultiver sur un milieu contenant de l'azote lourd ^{15}N. Dans ce cas, l'ADN ne contiendra que de l'azote ^{15}N. On extrait de l'ADN de bactéries provenant de chacune de ces cultures et on le centrifuge à grande vitesse, après l'avoir mélangé à une solution de densité appropriée. Les tubes ① et ② présentent les résultats observés.

Le résultat d'une culture sur deux milieux successifs différents

Des bactéries cultivées depuis de nombreuses générations sur un milieu contenant de l'azote ^{15}N sont prélevées et transférées sur un milieu contenant de l'azote ^{14}N. On prélève alors des bactéries à différents moments après ce transfert et une égale quantité de leur ADN est soumise à centrifugation. Puis on les mélange à une solution de densité appropriée.

Les tubes ③ et ④ représentent les résultats pour l'ADN de bactéries prélevées soit une génération (tube ③), soit deux générations (tube ④) après ce transfert en milieu contenant de l'azote léger.

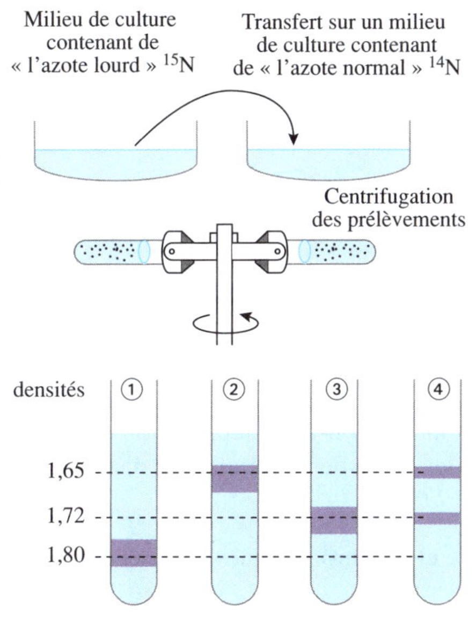

La quantité d'ADN introduite dans un tube à centrifugation est toujours la même.

Tube ① : ADN de bactéries cultivées depuis de nombreuses générations avec ^{15}N.

Tube ② : ADN de bactéries cultivées depuis de nombreuses générations avec ^{14}N.

Tube ③ : ADN de bactéries de la culture sur milieu ^{15}N, une génération après leur transfert sur milieu ^{14}N.

Tube ④ : ADN de bactéries de la culture sur milieu ^{15}N, deux générations après leur transfert sur milieu ^{14}N.

L'interrogation écrite

8 LA MITOSE 60 min *(corrigés p. 24)*

Montrer les étapes qui permettent, au cours d'un cycle cellulaire, la reproduction conforme d'une cellule.

Illustrer la réponse à l'aide de schémas légendés en prenant une cellule mère à 2n = 4 chromosomes (c'est-à-dire deux paires de chromosomes homologues).

CORRIGÉS

Tester ses connaissances

1 1° La molécule d'ADN est composée de deux chaînes de nucléotides. Chaque nucléotide est composé d'un acide phosphorique, d'un désoxyribose et d'une base azotée : thymine ou adénine ou cytosine ou guanine. Les deux chaînes nucléotidiques sont attachées entre elles par des liaisons faibles entre les bases complémentaires A et T d'une part et C et G d'autre part.

2° Au cours de la phase S de l'interphase, le matériel génétique se duplique. Les filaments de chromatine forment alors des yeux de réplication au niveau desquels la molécule d'ADN est copiée. La quantité d'ADN augmente progressivement pour être finalement doublée à la fin de la phase S. Chaque chromosome est alors constitué de deux chromatides.

3° Une chromatide est une structure constituant un chromosome et composée d'une seule molécule d'ADN. → condense.

4° La mitose est une reproduction conforme car les deux cellules filles sont génétiquement identiques à la cellule mère.

2 Les bonnes propositions sont :

1° **c**) et **d**).

2° **b**) et **c**).

3 A : **Anaphase** → Les chromosomes sont condensés et séparés en deux lots. Chaque lot migre en sens opposé vers un des pôles de la cellule. On distingue le fuseau de division.

B : **Interphase** → Le noyau est bien visible et les chromosomes sont décondensés (chromatine).

C : **Fin anaphase** → un lot de chromosomes à chaque pôle de la cellule. On distingue encore le fuseau de division, les chromosomes sont encore condensés.

D : **Métaphase** → Les chromosomes sont très condensés et rassemblés au centre de la cellule.

E : **Prophase** → Les chromosomes se condensent, ils sont bien visibles au microscope optique. Le noyau est encore bien délimité.

F : **Télophase** → Deux cellules encore de petite taille contenant chacune un noyau bien délimité. Les chromosomes se décondensent et deviennent moins visibles au microscope optique.

Ordre chronologique : **B, E, D, A, C, F.**

4

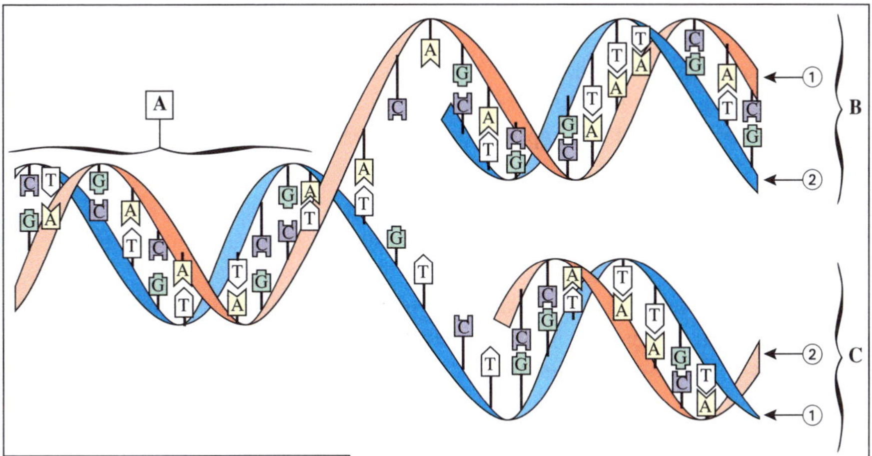

A : molécule d'ADN initiale
1 : brin initial
2 : brin néoformé
B et C : deux nouvelles molécules d'ADN identiques

S'entraîner

5 1° La bactérie *E. coli* possède un génome composé de $4,7 \,.\, 10^6$ pb. C'est un organisme procaryote, donc la vitesse de réplication est de 1 000 pb par seconde pour une fourche de réplication. Au niveau d'un œil de réplication, il y a deux fourches de réplication donc le temps nécessaire à la réplication de la totalité du génome de *E. coli* est : $4,7 \,.\, 10^6 / (2 \times 1\,000) = 2\,350$ secondes, soit **environ 39 minutes**.

2° Un chromosome humain a une taille moyenne de $150 \,.\, 10^6$ pb et il s'agit de cellules eucaryotes avec une vitesse de réplication de 100 pb par seconde pour une fourche de réplication. On peut donc considérer que le temps théorique nécessaire à la réplication d'un chromosome humain est :
$150 \,.\, 10^6/(2 \times 100) = 750\,000$ secondes, soit **environ 208 heures** (soit 8 jours et 16 heures). On considère ici qu'il n'y a qu'un seul œil de réplication.

3° Sachant que la phase S, durant laquelle se déroule la réplication, est d'environ 8 heures, la différence constatée ne peut s'expliquer que par une réplication de l'ADN qui se déroule simultanément en de multiples endroits tout au long du chromosome.

6 **Document 1**
Au microscope électronique, le matériel chromosomique se présente sous forme de chromatine pendant l'interphase. Le matériel chromosomique est décondensé. En phase S, sur un filament de chromatine, des yeux de réplication se forment en différents endroits. À ce niveau, le filament de chromatine est dédoublé et forme deux chromatides.

cours
exercices
interro
corrigés

Au niveau des yeux de réplication, il y a réplication de la molécule d'ADN initiale présente dans un filament de chromatine. Chaque filament de chromatine se dédoublant, on obtient alors deux chromatides composées chacune d'une molécule d'ADN. Ces deux molécules d'ADN sont identiques et les chromosomes décondensés sont constitués alors de deux chromatides sœurs.

Document 2

Pendant l'interphase, la quantité d'ADN est multipliée par deux au cours de la phase S. On passe progressivement d'une quantité 1 ua à 2 ua par cellule.

Cette phase correspond à la réplication de l'ADN. En phase G2 de l'interphase, la quantité d'ADN reste stable.

Pendant la mitose, la quantité d'ADN est divisée par deux et revient à sa valeur initiale de 1 ua. En fin de mitose, la quantité reste stable jusqu'au début de l'interphase suivante.

Au cours de la mitose, en anaphase, il y a répartition équitable du matériel chromosomique. En télophase, chaque cellule fille récupère la même quantité d'ADN : la quantité d'ADN est divisée par deux.

Document 3

Figure a : Ce chromosome métaphasique est constitué de deux chromatides reliées entre elles au niveau du centromère. Il est à son maximum de condensation.

Pendant la mitose, les chromosomes se condensent et, jusqu'à la métaphase, ils sont formés de deux chromatides sœurs issues de la duplication du matériel chromosomique qui a eu lieu pendant la phase S de l'interphase (réplication de l'ADN).

Figure b : On distingue au microscope optique, deux lots de chromosomes qui migrent en sens opposé vers un des pôles de la cellule. Ces chromosomes sont encore à l'état condensé et constitués d'une seule chromatide.

La séparation en deux lots des chromosomes d'une cellule se fait pendant l'anaphase. Il y a, pour chaque chromosome, clivage au niveau du centromère et séparation des deux chromatides sœurs, chacune migrant en sens opposé vers un des pôles de la cellule. On obtient ainsi à chaque pôle deux lots de chromosomes à une chromatide.

Synthèse :

Au cours d'un cycle cellulaire, la quantité d'ADN double en phase S de l'interphase au moment de sa réplication (*doc. 1*). Chaque chromosome, alors sous forme décondensée (filament de chromatine), passe progressivement de une chromatide à deux chromatides au niveau des yeux de réplication (*doc. 2*). Chaque chromatide contenant une molécule d'ADN, le nombre de chromatides est doublé en phase G2 de l'interphase. La cellule est prête à entrer en prophase de mitose. Au moment de la métaphase, les chromosomes alors condensés, sont encore constitués de deux chromatides (*doc. 3*) donc contiennent deux molécules d'ADN : la quantité d'ADN est alors le double de la quantité initiale (*doc. 1*). Mais, en anaphase, les chromatides sœurs, encore condensées, se séparent. En télophase, chaque cellule fille récupère une chromatide de chaque chromosome (*doc. 3*). La quantité d'ADN est donc divisée par deux en télophase puisque chaque cellule fille hérite de la moitié de la quantité d'ADN.

7 – **Le tube** ① contient de l'ADN provenant de bactéries cultivées sur un milieu contenant de l'azote lourd ^{15}N. La révélation de l'ADN après centrifugation montre que celui-ci a une densité de 1,80.

– **Le tube** ② contient de l'ADN provenant de bactéries cultivées sur un milieu contenant de l'azote léger ^{14}N. La révélation de l'ADN après centrifugation montre que celui-ci a une densité de 1,65.

Ces tubes montrent que l'ADN qui a incorporé l'azote lourd ^{15}N a une densité plus élevée que l'ADN qui a incorporé l'azote léger ^{14}N. Ces deux tubes vont servir de témoins afin de comparer les résultats obtenus avec les tubes ③ et ④.

– **Le tube** ③ contient de l'ADN de bactéries cultivées sur un milieu contenant de l'azote lourd ^{15}N depuis plusieurs générations. Ces bactéries ont subi un transfert sur un milieu avec de l'azote léger ^{14}N. On attend juste une génération avant de centrifuger. On constate que l'ADN obtenu a une densité de 1,72.

Les bactéries ont été cultivées pendant plusieurs générations sur de l'azote lourd 15N, on aurait dû avoir une densité de 1,80, mais elles ont été cultivées pendant une génération sur un milieu avec de l'azote léger 14N (leur ADN ne s'est répliqué qu'une fois). On a une densité de 1,72 qui est intermédiaire entre la densité du tube 1 (azote lourd) et la densité du tube 2 (azote léger). La réplication consiste à doubler la quantité d'ADN en utilisant des éléments contenus dans le milieu : on passe d'un chromosome à une chromatide à un chromosome à deux chromatides (une chromatide étant constituée d'une molécule d'ADN elle-même constituée de deux brins).

La réplication s'est faite en utilisant l'azote léger qui a donc été incorporé à l'ADN. Cette incorporation d'azote léger a donc diminué la densité de l'ADN. On peut donc imaginer que chaque molécule d'ADN du tube ③ possède un brin avec l'azote lourd ^{15}N et un brin avec de l'azote léger ^{14}N.

À ce stade, on peut éliminer une hypothèse qui consisterait à dire que la réplication permet la formation d'une molécule d'ADN avec ^{15}N et d'une molécule d'ADN avec ^{14}N, sinon nous aurions dans le tube ③ deux ADN révélés avec des densités de 1,65 et de 1,80 et non un type d'ADN avec une densité intermédiaire de 1,72.

– **Le tube** ④ contient de l'ADN obtenu comme pour le tube ③, mais après deux générations sur du milieu contenant de l'azote léger ^{14}N. On constate que l'ADN obtenu est de deux types : on a de l'ADN avec une densité intermédiaire de 1,72 comme le tube ③ et on a de l'ADN avec une densité de 1,65.

Les bactéries ont été cultivées pendant deux générations sur du milieu contenant ^{14}N. On a donc eu une réplication supplémentaire par rapport au tube ③. On note la présence d'ADN avec une densité de 1,65 en comparant avec le témoin (tube ②), on peut donc dire qu'il y a de l'ADN uniquement constitué d'azote léger ^{14}N.

Il ne reste que le modèle semi-conservatif pour expliquer la réplication. On a donc à chaque réplication la formation de molécules d'ADN avec un brin ancien et un brin nouveau. Dans le cas des tubes 3 et 4, les nouveaux brins formés utilisent l'azote léger ^{14}N contenu dans le milieu.

On peut schématiser les résultats obtenus dans les tubes de la façon suivante :

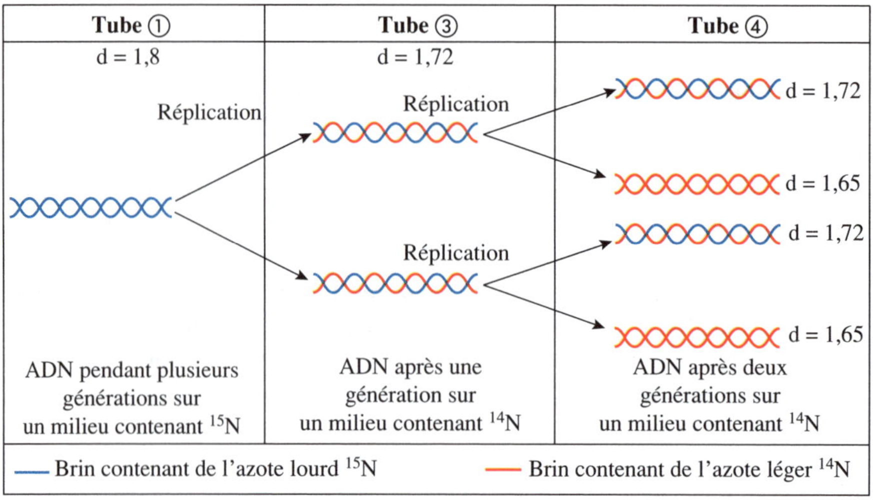

L'interrogation écrite

8 Introduction

Un cycle cellulaire comprend, au niveau du noyau, une interphase au cours de laquelle la quantité d'ADN est doublée par réplication, puis une mitose qui répartit l'information génétique dans les deux noyaux fils. La réplication se déroule pendant la phase S de l'interphase et la mitose permet d'obtenir deux cellules filles génétiquement identiques à la cellule mère.

Nous verrons par quel mécanisme le matériel chromosomique est dupliqué en phase S et comment il est réparti équitablement entre les deux cellules filles au cours de la mitose qui est donc une reproduction conforme.

I. Duplication du matériel chromosomique pendant la phase S

A. La molécule d'ADN, constituant moléculaire des chromosomes

Chaque chromosome, à l'état décondensé pendant l'interphase (matériel chromosomique sous forme de chromatine), est constitué d'une seule chromatide. Chaque chromatide contient une molécule d'ADN caractérisée par sa séquence nucléotidique.

Exemple d'un fragment de molécule d'ADN :

AAATTTCCGTTTCGGATTTAA
TTTAAAGGCAAAGCCTAAATT

Une chromatide = un chromosome

Au cours de la phase S, la molécule d'ADN initiale se réplique.

B. Réplication de l'ADN en phase S

Les filaments de chromatine forment alors des yeux de réplication au niveau desquels la molécule d'ADN est copiée. Les différents yeux finissent par se rejoindre et la molécule d'ADN est ainsi entièrement répliquée.

Au cours de cette phase, les deux brins complémentaires de la molécule d'ADN s'écartent. Chaque brin sert de modèle pour la formation d'un nouveau brin d'ADN complémentaire. La synthèse de ces brins néoformés s'effectue par additions successives de nucléotides complémentaires du brin ancien.

Chaque nouvelle molécule d'ADN contient donc un brin ancien et un brin nouveau. Le mécanisme de réplication de l'ADN est dit semi-conservatif.

Les deux nouvelles molécules d'ADN sont des répliques parfaites de la molécule d'ADN initiale. Elles restent néanmoins solidaires l'une de l'autre au niveau d'une zone qui formera le centromère.

À la fin de la phase S, chaque chromosome est désormais constitué de deux chromatides sœurs. Les deux chromatides sœurs sont génétiquement identiques car leurs molécules d'ADN sont identiques.

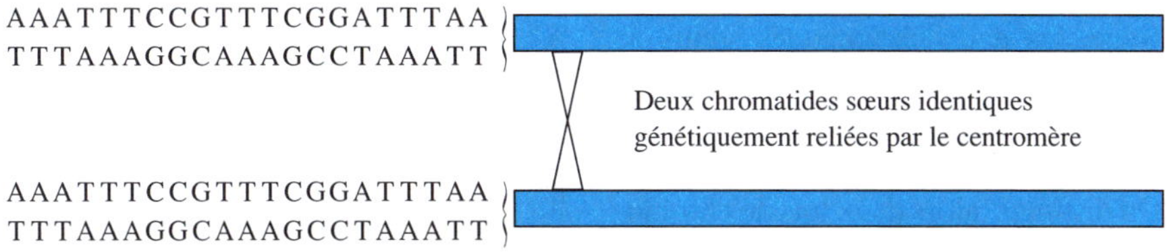

II. Répartition du matériel chromosomique au cours de la mitose

A. Cas d'une cellule à $2n = 4$ chromosomes

Une cellule qui entre en mitose possède donc des chromosomes à deux chromatides. Le matériel chromosomique se condense. Dans le cas d'une formule $2n = 4$, il y a donc deux paires de chromosomes homologues.

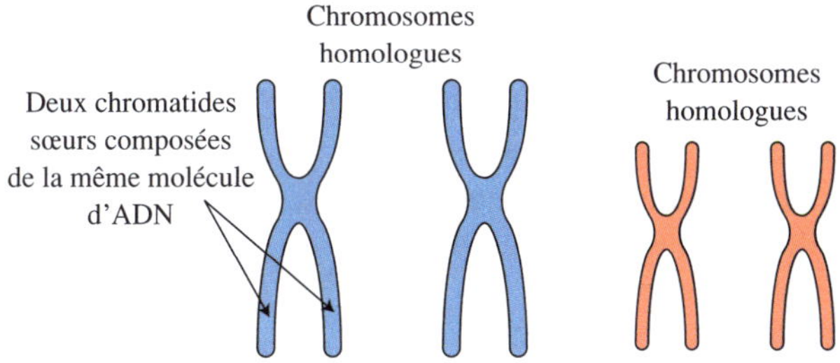

B. Les étapes de la mitose

La mitose comporte 4 étapes : la prophase, la métaphase, l'anaphase et la télophase.

La prophase : Les chromosomes commencent à se condenser, ils deviennent progressivement visibles au microscope optique et ils s'individualisent. Entre les deux pôles de la cellule apparaît un fuseau mitotique et l'enveloppe nucléaire disparaît progressivement. Les chromosomes s'attachent aux microtubules du fuseau mitotique. Chaque chromosome est toujours à deux chromatides.

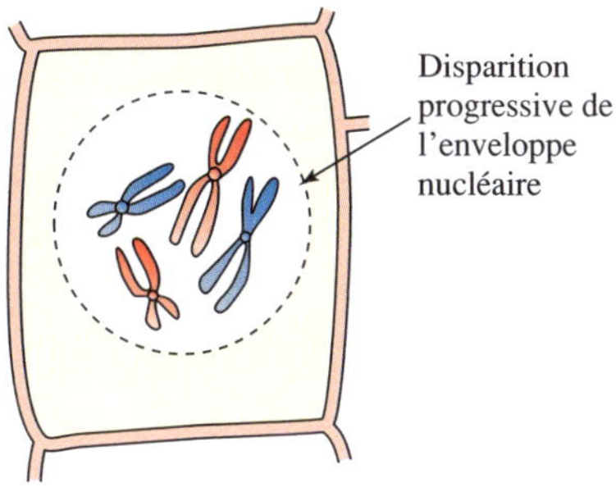

La métaphase : La condensation des chromosomes est maximale. Les deux chromatides de chaque chromosome sont bien visibles et rattachées au niveau du centromère. Les chromosomes métaphasiques sont alignés à l'équateur du fuseau mitotique formant une figure appelée plaque équatoriale. Ils sont attachés au fuseau par leur centromère. Chaque chromosome est à deux chromatides.

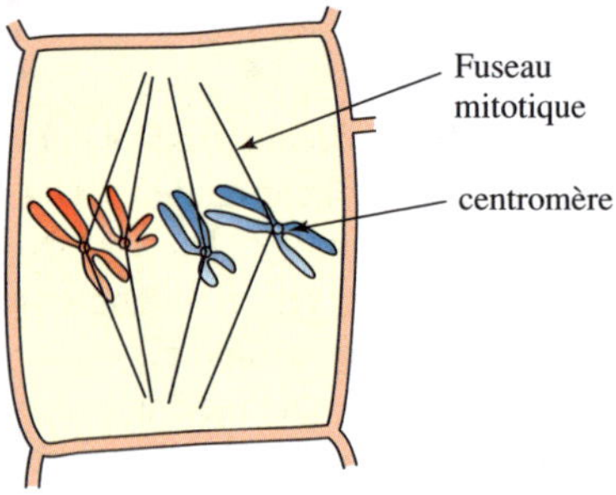

L'anaphase : Pour chaque chromosome, les deux chromatides sœurs se séparent par rupture au niveau du centromère. Chaque chromatide migre en sens opposé vers un pôle de la cellule. On distingue alors deux lots de chromosomes identiques puisque les chromatides sœurs contiennent la même information génétique. Désormais, chaque chromosome ne comporte plus qu'une seule chromatide.

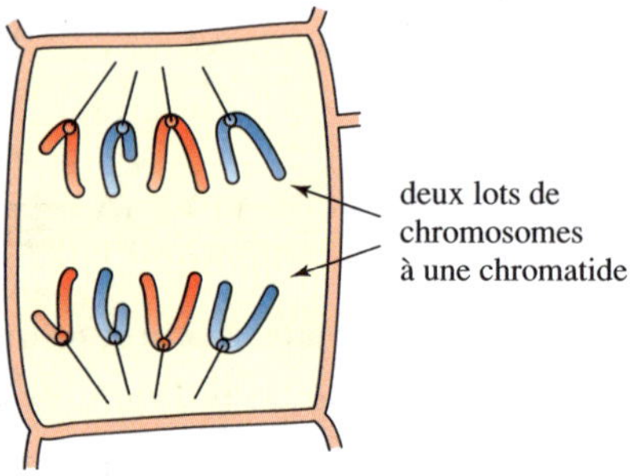

La télophase : On observe une division du cytoplasme. Chaque lot de chromosomes à une chromatide arrive à un pôle de la cellule et se décondense. L'enveloppe nucléaire se forme autour de chaque lot et achève la formation de deux noyaux fils. Le fuseau mitotique disparaît, et deux nouvelles cellules filles sont maintenant séparées.
Chaque cellule fille est à $2n = 4$ chromosomes et possèdent les mêmes molécules d'ADN.

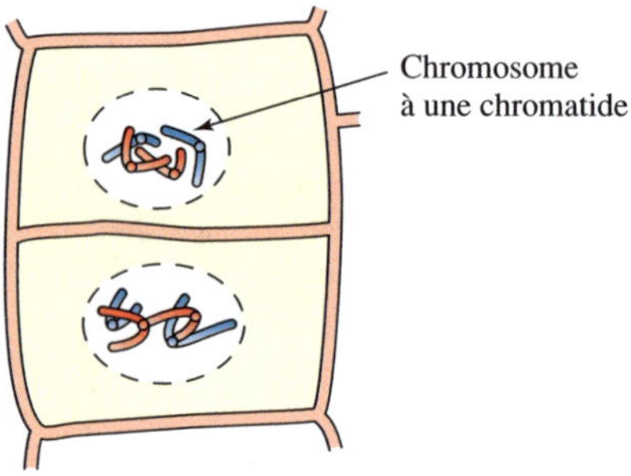

Conclusion

La réplication de l'ADN durant la phase de l'interphase qui précède la mitose permet de dupliquer chaque chromosome. L'information génétique est donc en double exemplaire. En anaphase de mitose, un exemplaire de l'information génétique est récupéré par chaque cellule fille.

Les deux cellules filles issues de la mitose contiennent donc la même information génétique que la cellule mère initiale car elles récupèrent chacune une des deux chromatides sœurs. Ainsi, à la fin d'un cycle cellulaire, l'information génétique est conservée d'une génération cellulaire à l'autre. La mitose est une reproduction conforme.

CHAPITRE 2

Variabilité génétique et mutation de l'ADN

LE PATRIMOINE GÉNÉTIQUE

LE COURS

La réplication de l'ADN permet d'obtenir deux molécules d'ADN identiques. Cependant, des erreurs peuvent survenir dont les conséquences peuvent être importantes. La fréquence de ces modifications est variable et certains facteurs de l'environnement peuvent augmenter cette fréquence.

Les modifications de la séquence nucléotidique de l'ADN

▶ EXERCICE D'APPLICATION 3, p. 29

▶ Apparition d'erreurs au niveau des séquences nucléotidiques

Des erreurs peuvent survenir au cours de la réplication, mais aussi à d'autres moments du cycle cellulaire. Ces erreurs sont dues à des **dégradations chimiques** qui **endommagent quotidiennement l'ADN** et ont pour conséquence une modification de la séquence nucléotidique. Or, la survie de l'individu ou de l'espèce (du moins à court terme pour l'espèce) exige que le matériel génétique reste conservé à l'identique.

▶ Réparation de l'ADN

Cependant, les transformations spontanées de l'ADN sont rares car il existe dans la cellule des systèmes de réparation de l'ADN très efficaces. Cette **réparation de l'ADN fait intervenir des enzymes**. Les enzymes sont des protéines et celles qui sont impliquées dans la réparation de l'ADN sont capables de reconnaître les lésions subies par l'ADN, puis de restaurer la séquence nucléotidique. Ce processus vital pour la cellule se traduit par la très grande variété d'enzymes intervenant dans ce processus.

▶ Des erreurs non réparées : les mutations génétiques

Cependant, la réparation de l'ADN n'est pas efficace à 100 % : certaines modifications subsistent et, si elles n'empêchent pas la survie de la cellule, elles peuvent se transmettre aux cellules des générations suivantes si cette cellule se divise. Ces **modifications de la**

séquence nucléotidique de l'ADN sont appelées mutations génétiques. Les mutations génétiques sont rares et spontanées.

Toutefois, la **fréquence des mutations génétiques est augmentée par des facteurs de l'environnement appelés agents mutagènes** (rayonnements comme les rayons X, ultraviolets, agents chimiques comme le benzène, le xylène et également molécules que l'on trouve dans les aliments ou molécules provenant de certains modes de cuisson). Ces agents mutagènes sont d'autant plus dangereux que l'exposition est répétée et à haute dose.

Les mutations génétiques et la variabilité génétique

▶ EXERCICE D'APPLICATION 4, p. 30

▶ Transmission de la mutation génétique

Une mutation peut survenir soit dans une cellule somatique soit dans une cellule germinale.

Dans le premier cas, la mutation génétique ne sera pas transmise à la descendance de l'individu, mais uniquement dans le **clone de cellules issues de la cellule somatique mutée**.

Dans le second cas, les cellules germinales étant à l'origine des gamètes, la **mutation est transmise à la descendance** de l'individu et est donc **héréditaire**.

▶ Diversité génétique

Lorsque ces mutations affectent un gène, il apparaît alors au sein de la population d'une espèce des versions différentes d'un même gène. **Ces versions, correspondant à différentes séquences nucléotidiques du gène, sont appelées des allèles.** Les différents allèles d'un gène sont localisés au même endroit sur un chromosome ou locus du gène.

Les mutations, aléatoires, sont donc à l'origine des allèles et sont **source de diversité génétique qui est un aspect important de la biodiversité**.

Il apparaît ainsi que, si des mécanismes de réparation de l'ADN sont indispensables, les mutations génétiques sont un des mécanismes permettant la survie d'une espèce mais sont aussi des événements indissociables de l'évolution.

LA DIFFICULTÉ DU CHAPITRE

La notion d'allèle est parfois difficile à comprendre :

– tous les individus d'une même espèce possèdent les mêmes gènes, mais pas obligatoirement les mêmes allèles pour un gène donné ;

– très souvent, on parle d'un gène comme étant responsable, par exemple, d'une maladie : c'est un abus de langage car c'est l'allèle muté de ce gène qui est à l'origine d'une maladie.

EXERCICES

cours
exercices
interro
corrigés

Tester ses connaissances

1 VÉRIFIER SES CONNAISSANCES ★ 5 min (corrigés p. 33)

1° Par quel type de molécules est réparé l'ADN lorsque des erreurs surviennent dans sa séquence nucléotidique ?
2° Qu'appelle-t-on allèle d'un gène ?
3° Quelles sont les conséquences possibles d'une mutation génétique ?

2 QCM ★ 2 min (corrigés p. 33)

Choisir la (ou les) bonne(s) proposition(s).
1° Un agent mutagène :
a) est un facteur de l'environnement qui augmente la fréquence des mutations génétiques.
b) est un facteur interne à l'organisme qui augmente la fréquence des mutations génétiques.
c) est un facteur externe qui diminue la fréquence des mutations génétiques.
2° Une cellule germinale est une cellule :
a) qui est à l'origine de cellules somatiques.
b) qui est à l'origine des gamètes.
c) qui est à l'origine de la peau.

S'entraîner

3 TAUX DE MORTALITÉ ET EFFET MUTAGÈNE ★ 10 min (corrigés p. 33)

Les levures sont des champignons unicellulaires. Elles sont fréquemment utilisées en laboratoire pour effectuer des expériences. On peut ainsi soumettre différentes populations de levure à des agents mutagènes, tels que les ultraviolets.
Dans cette expérience, on évalue le pourcentage de mortalité des levures en fonction de la durée d'exposition aux rayonnements ultraviolets. On précise toutefois que, dans cette expérience, les levures sont placées très près d'une source de rayonnement UV.

1° Exploiter le graphique ci-contre afin de montrer l'effet des UV sur les populations de levure.
2° Utiliser ses connaissances pour expliquer cet effet.

Évolution du taux de mortalité des levures en fonction de la durée d'exposition aux UV

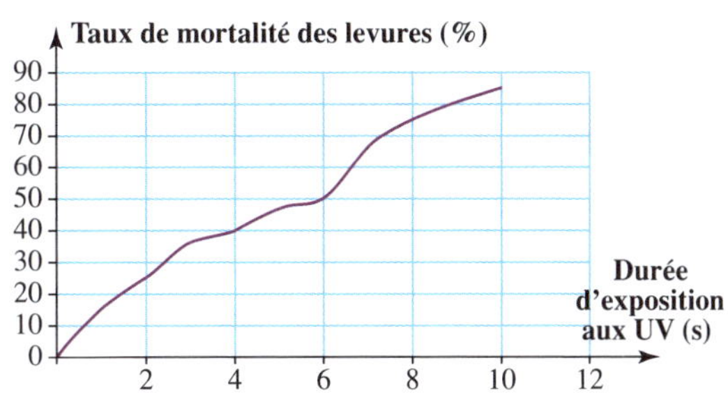

 (corrigés p. 33)

Des banques de données informatiques permettent de comparer des séquences de nucléotides d'un gène. On peut ainsi caractériser la diversité allélique d'une population. Les comparaisons s'effectuent à partir d'un seul brin de la molécule d'ADN.

À l'aide des documents 1 et 2 ci-dessous et en utilisant vos connaissances, montrer comment on peut caractériser la diversité génétique de la population humaine et l'origine de cette diversité génétique.

Doc. 1. **Comparaison de différentes séquences nucléotidiques possibles du gène HLA chez l'Homme.** La première séquence est prise comme référence. Toutes ces séquences comportent 1 098 nucléotides (seuls les 102 premiers nucléotides de cette séquence sont présentés). Les tirets indiquent les nucléotides identiques.

(Graduation : 0 – 10 – 20 – 30 – 40 – 50 – 60 – 70 – 80 – 90 – 100)

Traitement	Comparaison simple de séquences d'ADN
hla 1	ATGGCCGTCATGGCGCCCCGAACCCTCCTCCTGCTACTCTCGGGGGGCCCTGGCCCTGACCCAGACCTGGGCGGGCTCCCACTCCATGAGGTATTTCTTCACA.
hla 2	--------------------------G-------------------T------------------------------T-------------------------.
hla 3	--------------------------G-------------------T------------------------------T--------------------A---C.
hla 4	--------------------------G-------------------T------------------------------T-------------------------.
hla 5	--------------------------G-------------------T------------------------------T-------------------------.
hla 6	--------------------------G-------------------T---A---C.
hla 7	--------------------------G-------------------T---A---C.
hla 8	--------------------------G--A--------------------------C----.
hla 9	--------------------------G--A--------------------------C----.
hla 10	--------------------------G--A--------------------------C----.

Doc. 2. **Comparaison de trois séquences nucléotidiques du gène qui gouverne le groupe sanguin du système ABO chez l'Homme.** La première séquence est toujours prise comme référence et les tirets indiquent les nucléotides identiques.

Fig. a. **Comparaison de deux séquences nucléotidiques du gène (ces deux séquences comportent 1 062 bases) appelées l'une acod et l'autre bcod.**

(Graduation : 519 – 530)

Traitement	
acod	GTGCGCGCCTACAAG
bcod	---G-----------

Ci-contre : comparaison des nucléotides 519 à 534.

Ci-dessous : comparaison des nucléotides 692 à 802.

(Graduation : 693 – 700 – 710 – 720 – 730 – 740 – 750 – 760 – 770 – 780 – 790 – 800)

Traitement	
acod	CACCCCGGCTTCTACGGAAGCAGCCGGGAGGCCTTCACCTACGAGCGCCGGCCCCAGTCCCAGGCCTACATCCCCAAGGACGAGGGCGATTTCTACTACCTGGGGGGT
bcod	------A---A-----C--

Fig. b. **Comparaison de deux séquences nucléotidiques du gène, l'une est acod et l'autre est appelée ocod. La séquence ocod comporte 1 061 bases.**

(Graduation : 255 – 260 – 270 – 280)

Traitement	
acod	GTGACCCCTTGGCTGGCTCCCATTGTCT
ocod	--AC---T-G-CTG-CTC--AT-GTCTG

Ci-contre : comparaison des nucléotides 256 à 283.

L'interrogation écrite

5 LÉSIONS DE L'ADN ★★ 40 min (corrigés p. 34)

Le Xeroderma pigmentosum de type *B* est une maladie génétique qui se traduit par des lésions de la peau (apparition de nombreuses taches brunes). Ces lésions peuvent évoluer en tumeurs cancéreuses et des lésions oculaires peuvent apparaître. Cette maladie est due à des lésions de l'ADN.

À l'aide des documents ci-dessous et en utilisant vos connaissances, expliquer pourquoi certains individus présentent les symptômes du Xeroderma pigmentosum.

Le document 1 ci-dessous montre la formation de dimères de thymine. La présence de ces dimères perturbe le fonctionnement normal des cellules cutanées et provoque leur mort.

Doc. 1. **Modifications de l'ADN observées au niveau de cellules de la peau chez des individus malades.**

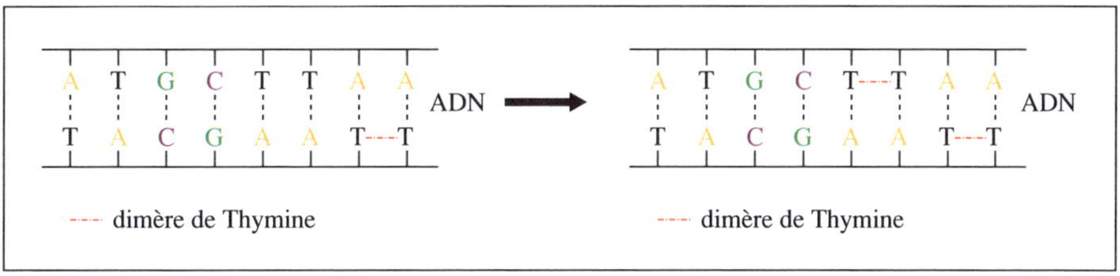

Il existe des enzymes capables d'éliminer les dimères de thymine et de réparer ainsi l'ADN. Le document 2 ci-dessous explique le mode d'action de ces enzymes.

Doc. 2. **Des enzymes de réparation.**

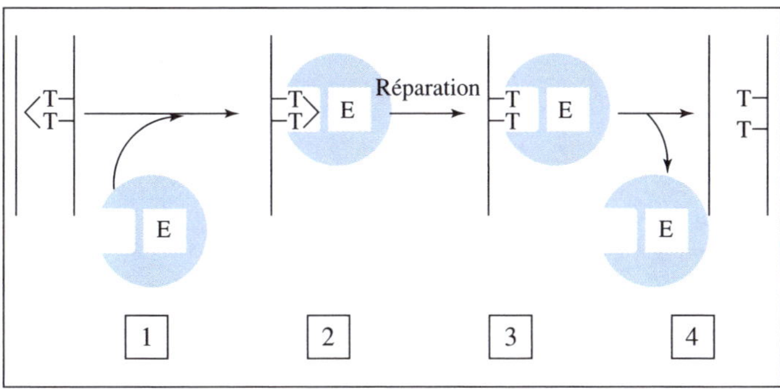

Étape 1 : L'enzyme E reconnaît l'erreur.

Étape 2 : L'enzyme se fixe au niveau de l'erreur repérée.

Étape 3 : L'ADN est réparé.

Étape 4 : L'enzyme est relâchée.

Doc. 3. **Apparition des dimères de thymine sous l'effet d'un rayonnement ultraviolet.**

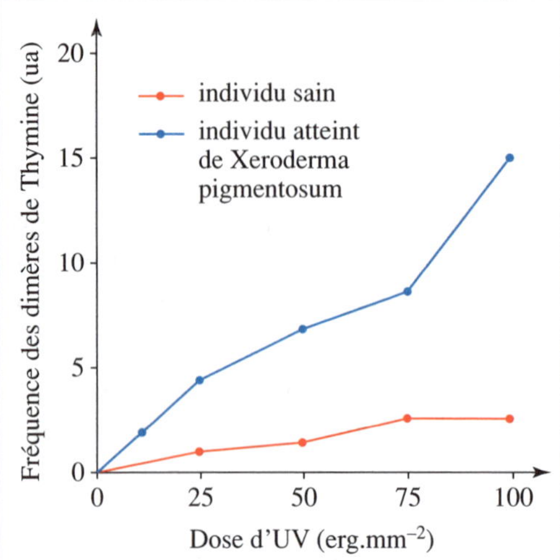

On expose, *in vitro*, des cellules cutanées d'un individu non malade et celles d'un individu atteint de Xeroderma pigmentosum à des doses croissantes d'UV. Ces cellules n'ont pas été exposées préalablement aux UV.
Au bout de 24 heures, le nombre de dimères de thymine est mesuré. Les résultats sont indiqués dans le graphique ci-contre.

Doc. 4. **Les enzymes de réparation des dimères de thymine.**

Les cellules présentent dans leur noyau des enzymes qui permettent de réparer l'ADN lorsque celui-ci subit des altérations. L'enzyme ERCC3 intervient dans le processus d'élimination des dimères de thymine.
On a étudié cette enzyme chez des individus non malades et chez des individus atteints de Xeroderma pigmentosum. Pour étudier ces enzymes, on a pratiqué une électrophorèse qui est une technique qui permet de comparer l'enzyme ERCC3 chez ces deux individus.
Le document ci-dessous montre les résultats de cette électrophorèse.

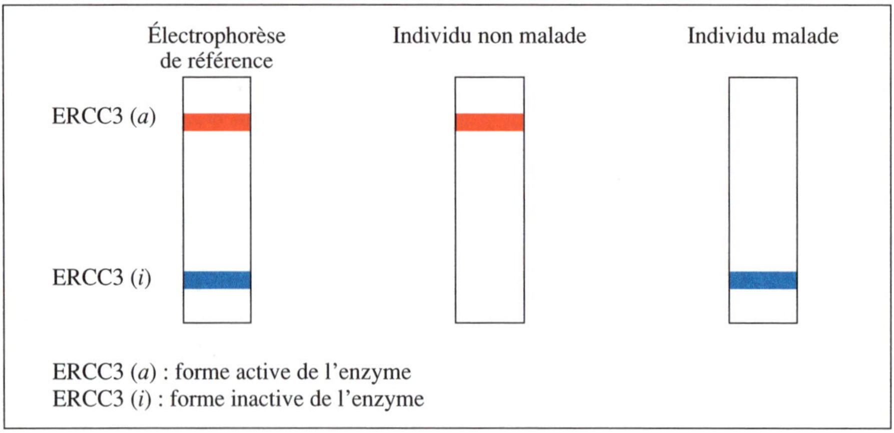

CORRIGÉS

Tester ses connaissances

1 1° Cette réparation de l'ADN fait intervenir des enzymes qui sont des protéines.
2° Les allèles d'un gène correspondent à différentes séquences nucléotidiques de ce gène.
3° Une mutation génétique qui affecte des cellules somatiques ne sera pas transmise à la descendance de l'individu, mais uniquement dans le clone de cellules issues de la cellule somatique mutée. Une mutation génétique qui affecte les cellules germinales sera transmise à la descendance de l'individu et est donc héréditaire.

2 1° **a).** 2° **b).**

S'entraîner

3 1° Ce graphique montre que le taux de mortalité des levures augmente en fonction de la durée d'exposition aux UV.
Ainsi, dans une population non soumise aux UV, le taux de mortalité est de 0 (dans les conditions de l'expérience car les levures ne sont pas non plus des organismes immortels).
2° Ce pourcentage augmente pour atteindre 85 % lorsque la durée d'exposition est de 10 secondes. **Autrement dit, 85 % d'une population de levures placée très près d'une source d'UV pendant 10 secondes sont tués.**
Les UV sont des agents mutagènes mortels pour les cellules en endommageant gravement leurs molécules d'ADN.

4 **Document 1**
Ce document montre la comparaison de 10 séquences nucléotidiques de même longueur (1 098 nucléotides) qui existent pour le gène HLA. Ces séquences nucléotidiques sont différentes.
Ce sont donc des allèles du gène HLA. La présence de ces allèles est un argument en faveur de la diversité génétique dans la population humaine.
Ces allèles montrent des modifications de nucléotides. Par exemple, le nucléotide n° 28 est un nucléotide à guanine pour l'allèle hla2, alors qu'il s'agit d'un nucléotide à cytosine pour l'allèle hla1 (pris comme référence). On remarque ainsi que toutes les modifications correspondent à des changements de nucléotides : un nucléotide a été remplacé par un autre. (On parle de mutation par substitution.)
Ces modifications de nucléotides sont dues à des mutations génétiques dans la séquence nucléotidique du gène HLA.

Document 2

***Figure a* :** On compare deux séquences nucléotidiques du gène qui gouverne le groupe sanguin ABO.
On note une différence en position 523 : un nucléotide à cytosine dans l'allèle acod est remplacé par un nucléotide à guanine dans l'allèle bcod.

On note également trois différences entre les deux séquences : la première en position 700 (nucléotide à guanine remplacé par un nucléotide à adénine), la deuxième en position 793 (nucléotide à cytosine remplacé par un nucléotide à adénine) et la troisième en position 800 (nucléotide à guanine remplacé par un nucléotide à cytosine). Au total, les deux séquences montrent quatre différences.
Ces séquences nucléotidiques sont donc deux allèles du gène étudié ici. Elles sont aussi la preuve d'une diversité génétique au sein de la population humaine issue de mutations génétiques.

***Figure b* :** On compare ici la séquence acod avec une autre séquence appelée ocod. On note également des différences dans les séquences nucléotidiques : **ocod est donc un troisième allèle du gène étudié ici, issu de mutation génétique.**
Toutefois, l'allèle ocod comporte 1 061 bases au lieu de 1 062 pour acod. L'allèle ocod a perdu un nucléotide. En regardant attentivement la séquence à partir du nucléotide à guanine n° 258 de l'allèle acod, on constate que sur l'allèle ocod à la même position, on a un nucléotide à adénine, puis on a la même séquence que pour l'allèle acod mais avec un décalage d'une position.
L'allèle ocod est donc plus court que l'allèle acod, car ici la mutation génétique a entraîné la perte d'un nucléotide en position 258 : c'est le nucléotide à guanine de l'allèle acod qui a été supprimé. (On parle de mutation par délétion.)

Conseil à retenir
Faire une synthèse consiste à reprendre les idées clefs des explications et à mettre en relation ces idées afin de répondre clairement à la question posée.

Synthèse

L'étude de la comparaison des séquences nucléotidiques du gène HLA montre qu'il existe dix allèles pour ce gène (*doc. 1*). De même, pour le gène du groupe sanguin ABO, il existe trois allèles différents (*doc. 2*). Cette diversité des allèles montre que, dans la population humaine, il existe donc une diversité génétique.
L'origine de cette diversité génétique s'explique par des mutations génétiques diverses à l'origine des allèles (*doc. 1* et *doc. 2*) : remplacement d'un nucléotide par un autre ou suppression d'un nucléotide. Ces mutations peuvent affecter le gène en différents endroits de sa séquence nucléotidique.

L'interrogation écrite

5

Conseil à retenir
Il faut penser à décrire les données qui sont apportées par les documents.

Document 1

On observe, sur le schéma, que ces modifications consistent en la réalisation d'une liaison entre deux nucléotides à thymine situés côte à côte sur un même brin de la molécule d'ADN. **C'est cette liaison qui constitue alors un dimère de thymine.**
Or, ces dimères de thymine provoquent un mauvais fonctionnement des cellules cutanées.
On peut donc penser que le Xeroderma pigmentosum, maladie de la peau, est provoqué par l'apparition de ces lésions de l'ADN.

Document 2

Ce document montre qu'il existe des enzymes qui réparent l'ADN en éliminant les dimères de thymine. Les différentes étapes montrent une reconnaissance de la lésion de l'ADN, une réparation puis l'enzyme est relâchée « une fois son travail effectué ». **Ce qui suggère que, normalement, l'ADN des cellules de la peau est réparé dès qu'apparaissent des dimères de thymine,** l'enzyme étant prête à être réutilisée si des dimères de thymine apparaissent à nouveau.

Document 3

Ce graphique montre que le nombre de dimères de thymine augmente lors d'une exposition aux UV : plus la dose d'UV est importante et plus le nombre de dimères de thymine augmente.

Les dimères de thymine apparaissent donc lorsque les cellules cutanées sont exposées aux UV.

Cependant, chez l'individu non malade, le nombre de dimères de thymine augmente moins que chez l'individu atteint de Xeroderma pigmentosum.

Par exemple, pour une dose d'UV de 100 ua (unité arbitraire) le nombre de dimères de thymine est de 2 ua chez l'individu non malade et ce nombre semble s'être stabilisé à partir d'une dose d'UV de 75 ua.

Chez l'individu atteint de Xeroderma pigmentosum, le nombre de dimères de thymine augmente de façon importante en fonction de la dose d'UV pour atteindre 15 ua lorsque la dose d'UV est de 100 ua.

On peut supposer que les enzymes de réparation de l'ADN sont efficaces chez les individus non malades, ce qui limite le nombre de dimères de thymine, alors que ce n'est pas le cas chez les individus malades.

Document 4

Ce document nous apprend que l'enzyme qui intervient dans la suppression des dimères de thymine s'appelle ERCC3. Il existe en fait deux formes d'enzymes ERCC3 :

– une enzyme (a) active **qui est capable alors de réparer l'ADN** ;

– une enzyme (i) inactive **qui n'est pas capable de réparer l'ADN**.

Le résultat de l'électrophorèse montre que les individus non malades possèdent la forme active : **ils sont donc capables de supprimer les dimères de thymine**. Mais les individus malades possèdent la forme inactive **et ne réparent donc pas les dimères de thymine.**

Synthèse

Le Xeroderma pigmentosum est une maladie caractérisée par des lésions de la peau. Mais ces lésions apparaissent lorsque la peau est exposée aux UV. En effet, les UV provoquent l'apparition de dimères de thymine dans le noyau des cellules cutanées (*doc. 2*). Lorsque ces dimères apparaissent, les cellules cutanées fonctionnent mal (*doc. 1*). Les UV sont donc ici les agents mutagènes, qui favorisent les lésions de l'ADN.

Chez les individus non malades, une enzyme ERCC3 élimine ces dimères de thymine. Mais les individus atteints de Xeroderma pigmentosum possèdent une enzyme ERCC3 inefficace (*doc. 4*) : les dimères de thymine ne sont pas éliminés (*doc. 3*) et les lésions cutanées graves apparaissent.

CHAPITRE 3

L'expression du patrimoine génétique

LE COURS

La séquence des acides aminés d'un polypeptide est imposée par l'information génétique située dans la molécule d'ADN : **la séquence des bases azotées détermine la séquence des acides aminés.**

Un gène est défini comme une séquence de nucléotides d'un brin d'ADN déterminant la séquence d'un polypeptide donné.

La molécule d'ADN d'un chromosome est le support de très nombreux gènes.

La nécessité d'un code génétique

▶ EXERCICE D'APPLICATION 3, p. 42

Tableau du code génétique

1re lettre	2e lettre U		2e lettre C		2e lettre A		2e lettre G		3e lettre
U	UUU	phényl-alanine	UCU	sérine	UAU	tyrosine	UGU	cystéine	U
	UUC		UCC		UAC		UGC		C
	UUA	leucine	UCA		UAA	non-sens	UGA	non-sens	A
	UUG		UCG		UAG		UGG	tryptophane	G
C	CUU	leucine	CCU	proline	CAU	histidine	CGU	arginine	U
	CUC		CCC		CAC		CGC		C
	CUA		CCA		CAA	glutamine	CGA		A
	CUG		CCG		CAG		CGG		G
A	AUU	isoleucine	ACU	thréonine	AAU	asparagine	AGU	sérine	U
	AUC		ACC		AAC		AGC		C
	AUA		ACA		AAA	lysine	AGA	arginine	A
	AUG	méthionine	ACG		AAG		AGG		G
G	GUU	valine	GCU	alanine	GAU	acide aspartique	GGU	glycine	U
	GUC		GCC		GAC		GGC		C
	GUA		GCA		GAA	acide glutamique	GGA		A
	GUG		GCG		GAG		GGG		G

▶ Deux langages différents

• La synthèse des protéines est dirigée par l'ADN qui contient la totalité de l'information génétique. La séquence des quatre types de nucléotides commande le nombre et la nature des acides aminés constituant la protéine.

• L'ADN est un langage à 4 lettres : A, T, C, G.

Les protéines sont déterminées par un langage à 20 lettres (20 acides aminés).

Chaque triplet d'un brin de l'ADN désigne un acide aminé.

La correspondance entre la séquence des nucléotides d'une molécule d'ADN et celle des acides aminés se fait par l'intermédiaire d'une molécule d'ARNm ou acide ribonucléique messager.

La correspondance entre les deux séquences, l'une de bases azotées de l'ARNm et l'autre d'acides aminés, est appelée **code génétique**.

• **À chaque triplet de nucléotides de l'ARNm, appelé codon, correspond un acide aminé, sauf pour trois codons responsables de l'arrêt de la synthèse protéique (codon stop ou non-sens).**

▶ Caractéristiques du code génétique

Le code génétique est :

• **universel** : le langage est identique pour presque tous les êtres vivants. Les généticiens ont découvert quelques **variantes à ce code** (aussi bien chez les Procaryotes que chez les Eucaryotes). Chez certains être vivants par exemple, il existe 1 à 2 acides aminés en plus des 20 acides aminés standard ;

• **redondant** : plusieurs codons correspondent à un même acide aminé ;

• **non chevauchant** : la lecture d'un codon étant effectuée, aucune des bases azotées de ce codon n'est utilisée pour former le codon suivant.

• **non ambigu** : un codon correspond à un acide aminé et un seul.

La synthèse des protéines chez les Eucaryotes

▶ EXERCICES D'APPLICATION 5 ET 8, pp. 44, 46

L'ADN reste localisé dans le noyau, alors que la synthèse des protéines se déroule dans le cytoplasme. L'expression de l'information génétique se déroule en deux étapes.

▶ La transcription

Elle se déroule dans le noyau.

• **La transmission de l'information génétique du noyau vers le cytoplasme nécessite la présence d'un intermédiaire.**

• La transcription est la fabrication, dans le noyau, d'une molécule d'**ARN prémessager (ARNpm)**.

L'ARNpm est un **acide nucléique monocaténaire** de composition et de structure semblable à l'ADN, mais dont l'ose est le **ribose** et où l'**uracile remplace la thymine.**

La transcription de l'ADN en ARNpm nécessite l'ouverture de la double hélice de l'ADN. Un des brins de la molécule d'ADN, appelé **brin transcrit (ou brin codant)**, est copié en ARNpm en respectant la complémentarité des bases :

Adénine → Uracile | Guanine → Cytosine

Thymine → Adénine | Cytosine → Guanine.

- **La transcription est catalysée par une enzyme, l'ARN polymérase**, et nécessite de l'énergie.
- **L'ARNpm n'est pas utilisé tel quel pour la synthèse protéique. Il doit subir des modifications au sein du noyau : on parle de maturation de l'ARNpm.**

Chez les Eucaryotes, notamment, les gènes sont morcelés. Ils sont constitués d'**une alternance d'exons (parties codantes du gène) et d'introns (parties non codantes du gène)**. Les introns et les exons sont intégralement recopiés dans l'ARNpm. L'**ARNpm subit une maturation, c'est-à-dire que l'ARNpm va être découpé** (on parle d'épissage) **et les exons restants sont ensuite réunis bout à bout. Cette nouvelle molécule constituée uniquement d'exons est appelée l'ARN messager (ARNm).**
Toutefois, selon le contexte, le découpage de l'ARNpm peut se faire selon des modalités différentes. Ainsi, les découpages et les différentes associations d'exons possibles permettent d'obtenir des ARNm différents.

- **C'est ce mécanisme de maturation alternative qui démultiplie les capacités codantes d'un gène : ainsi, un même ARNpm peut être à l'origine de protéines différentes.**

À la fin de la transcription, qui s'est déroulée dans le noyau, l'ARNm migre à travers les pores nucléaires de l'enveloppe du noyau et passe dans le cytoplasme.

▶ La traduction

Elle se déroule dans le cytoplasme.

- **La lecture de l'ARNm permet la traduction de la séquence des bases azotées en séquence d'acides aminés.**
- L'assemblage des acides aminés pour former une chaîne polypeptidique se déroule dans le cytoplasme. Il fait intervenir l'ARNm qui apporte l'information génétique codée nécessaire à l'incorporation de chaque acide aminé à la bonne place.
- **À chaque triplet de bases du brin transcrit correspond un triplet de bases de l'ARNm ou codon.**
- La traduction débute au niveau d'un **codon d'initiation**. Puis à chaque codon suivant correspond un acide aminé. **L'arrêt de la traduction se fait au niveau d'un codon stop** : la chaîne polypeptidique est alors libérée.

Les portions codantes de l'ADN comportent donc l'information nécessaire à la synthèse de chaînes protéiques issues de l'assemblage d'acides aminés liés entre eux par des liaisons covalentes (liaisons peptidiques). La maturation alternative de l'ARNpm est donc à l'origine de plusieurs protéines différentes à partir d'un seul et même gène.

Relations entre phénotypes, génotype et environnement

▶ EXERCICE D'APPLICATION 6, p. 44

▶ Le phénotype moléculaire dépend du génotype

Le génotype est l'ensemble des combinaisons des allèles que possède un organisme pour un ou plusieurs de ces gènes.

Une mutation allélique peut être à l'origine d'une protéine différente ou de l'absence d'une protéine. **La séquence en acides aminés est déterminée par la séquence nucléotidique de l'allèle du gène correspondant.**

Le phénotype moléculaire est l'ensemble des protéines qui se trouvent dans une cellule. Ces molécules sont des protéines de structure ou des protéines enzymatiques ou des protéines hormonales…

Il y a donc une relation entre phénotype moléculaire et allèle.

▶ La diversité des phénotypes moléculaires dépend de la diversité des protéines

Pour un caractère donné, il existe plusieurs phénotypes moléculaires, qualifiés d'alternatifs.

Les phénotypes moléculaires alternatifs sont dus à des différences dans les protéines concernées. Ces différences peuvent être :

– des différences moléculaires qualitatives (séquences d'acides aminés différentes, chaîne polypeptidique plus longue, plus courte) ;

– des différences moléculaires quantitatives (la protéine est synthétisée en plus petite ou en plus grande quantité, voire n'est pas synthétisée).

▶ L'influence de l'environnement

- **Sur le génotype**

L'environnement peut influencer l'expression des gènes : on dit que l'expression de l'information génétique est régulée.

- **Sur les phénotypes**

L'environnement peut n'avoir aucun effet sur certains phénotypes, comme sur celui des groupes sanguins [A], [B], [AB] et [O].

Dans d'autres cas, l'environnement contribue à la réalisation d'un phénotype en agissant au niveau du phénotype moléculaire.

Les molécules interviennent dans les structures et les activités cellulaires, donc le **phénotype moléculaire conditionne le phénotype cellulaire**.

Les organismes sont constitués de cellules, donc le **phénotype cellulaire a des répercussions sur le phénotype macroscopique.**

LES DIFFICULTÉS DU CHAPITRE

Les confusions à éviter

- Il faut bien comprendre la distinction entre séquence nucléotidique de l'ADN et séquence en acides aminés de la protéine.
- Il faut faire la distinction entre brin transcrit à partir duquel la transcription se déroule et brin non transcrit.
- Il ne faut pas confondre information génétique et code génétique : l'information génétique correspond à la séquence nucléotidique de l'ADN des gènes et le code génétique est un système de correspondance entre une séquence nucléotidique et une séquence en acides aminés.

Les techniques d'observation déterminent le niveau d'étude du phénotype

- La simple observation morphologique, anatomique, physiologique ou comportementale de l'individu donne accès au phénotype macroscopique.
- Les techniques fondées principalement sur la microscopie donnent accès au phénotype cellulaire (microscope optique, microscope électronique).
- Les techniques biochimiques permettent d'appréhender le phénotype moléculaire (chromatographie, électrophorèse).

EXERCICES

Tester ses connaissances

1 VÉRIFIER SES CONNAISSANCES ★ 10 min (corrigés p. 48)

1° De quoi dépend la séquence en acides aminés d'une protéine ?

2° Donner la composition de l'ARNm.

3° Donner les caractéristiques du code génétique.

4° Donner les étapes de la synthèse des protéines et rappeler où elles se déroulent dans la cellule eucaryote.

5° Qu'appelle-t-on phénotype ?

6° Après avoir défini la notion de phénotypes alternatifs, citer un exemple.

7° Après avoir défini le mot protéine, donner les conséquences possibles d'une modification de sa séquence en acides aminés.

2 QCM ★ 2 min (corrigés p. 48)

Choisir la (ou les) bonne(s) proposition(s).

1° La transcription du gène :

a) s'effectue sur les deux brins de la molécule d'ADN.

b) se déroule dans le noyau.

c) permet directement la formation d'ARNm complémentaire à un brin d'ADN.

d) est réalisée grâce à des enzymes.

2° Les phénotypes alternatifs :

a) ne dépendent pas de la séquence en acides aminés des protéines.

b) dépendent de séquences nucléotidiques différentes pour un gène donné.

c) peuvent être dus à l'absence d'une protéine.

3° Dans une espèce donnée :

a) tous les individus possèdent les mêmes gènes.

b) tous les individus possèdent les mêmes phénotypes pour un caractère donné.

c) tous les individus fabriquent les mêmes protéines.

S'entraîner

3 TRANSCRIPTION ET TRADUCTION D'UN FRAGMENT DE GÈNE ★★ 20 min (corrigés p. 48)

1° Donner la séquence nucléotidique de l'ARNm et la séquence en acides aminés correspondant à la portion du brin transcrit donnée ci-dessous :

1	2	3	4	5	6	7	8	9	10	11	12	13	14	15	16	17	18
C	A	A	T	C	C	C	A	G	G	A	C	A	T	G	A	C	T

2° Donner les conséquences des mutations génétiques suivantes :
a) substitution en position 3 par T.
b) substitution en position 15 par C.
c) addition de C entre les nucléotides 7 et 8.
3° Mêmes questions pour la séquence nucléotidique du brin non transcrit suivant :

1	2	3	4	5	6	7	8	9	10	11	12	13	14	15	16	17	18
G	G	G	G	G	G	T	G	T	T	A	C	C	A	G	T	A	A

(NB : *Utiliser le tableau du code génétique page 37.*)

4 LOCALISATION DE LA TRANSCRIPTION PAR MARQUAGE RADIOACTIF ★★ 15 min

(corrigés p. 49)

En exploitant les informations données par le document ci-dessous et en utilisant vos connaissances, attribuer un nom à chaque molécule observée et indiquer la signification des chiffres 1 et 2. Expliquer ensuite le phénomène qui se déroule à cet endroit.

Expérience 1 : Lorsque des cellules sont incubées dans un milieu contenant de l'uracile marqué avec un isotope radioactif, seules les molécules A sont radioactives.

Expérience 2 : Lorsque des cellules en division sont incubées dans un milieu contenant de la thymine marquée avec un isotope radioactif, seules les molécules B sont radioactives.

Le dessin ci-contre reproduit des molécules présentes dans le noyau et observées à un très fort grossissement au microscope électronique.

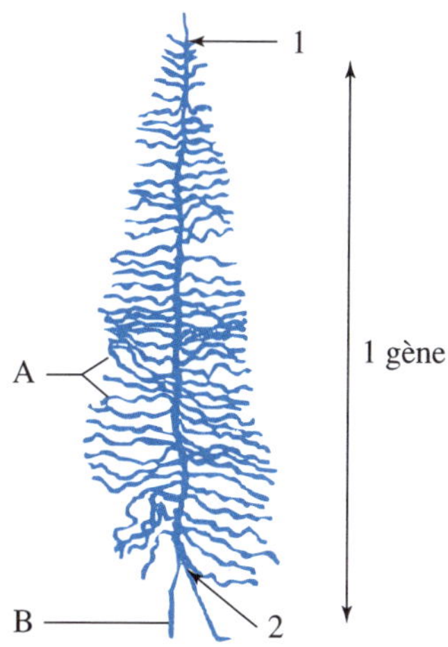

5 FONCTION DES ARNm ★★ 15 min (corrigés p. 50)

À l'aide de l'exploitation des documents ci-dessous, expliquer les résultats obtenus et dégager un aspect essentiel de l'ARNm.

Les érythroblastes, que l'on trouve dans la moelle des os, sont les cellules à l'origine des hématies, elles ont un noyau et synthétisent essentiellement une protéine, l'hémoglobine.

On réalise l'expérience qui consiste à incuber dans un milieu riche en acides aminés marqués par un isotope radioactif les cellules suivantes :

– des érythroblastes de lapin ;
– des œufs d'un amphibien (le xénope) ;
– des œufs de xénope, au même stade, dans lesquels on a injecté de l'ARN messager extrait d'érythroblastes de lapin.

Une technique spéciale permet de séparer par électrophorèse, puis d'identifier et de doser spécifiquement les différentes sortes de protéines synthétisées par ces cellules depuis le début de l'incubation. Les conditions et les résultats de l'expérience sont représentés sur le document.

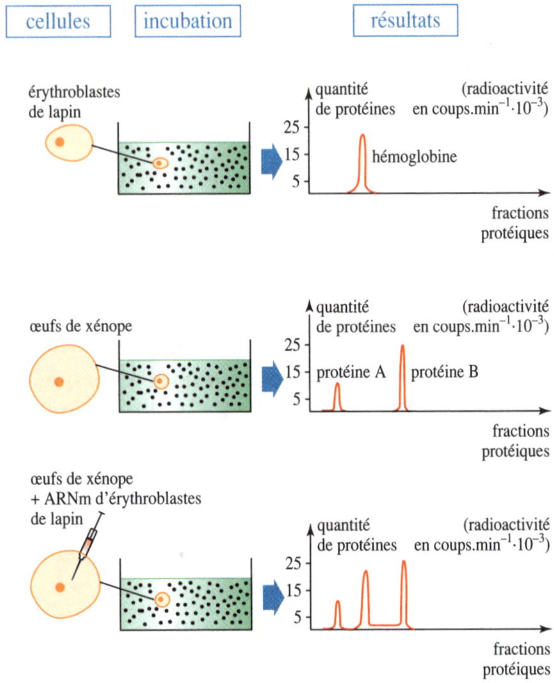

6 PHÉNOTYPE ET ENVIRONNEMENT ★★ 10 min (corrigés p. 50)

La sagittaire (*Sagittaria sagittifolia*) est un végétal aquatique.

Montrer comment l'environnement peut agir sur son phénotype macroscopique.

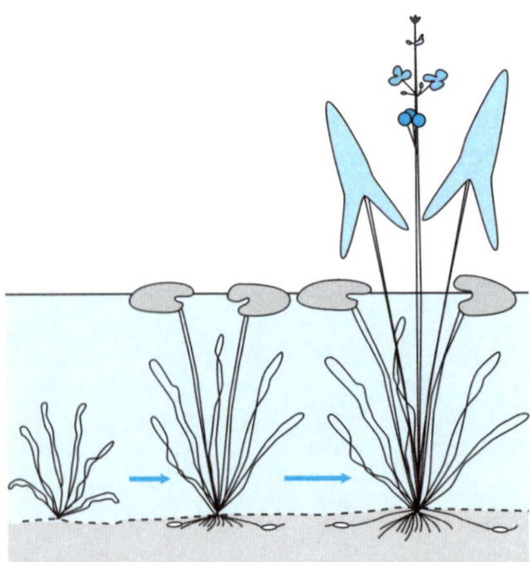

7 PHÉNOTYPES ALTERNATIFS ET ALLÈLES D'UN GÈNE – LE SYNDROME DE USHER ★★★ 25 min

(corrigés p. 51)

À l'aide des quatre documents présentés ci-dessous, montrer les phénotypes alternatifs et expliquer l'origine possible de cette maladie.

Doc. 1. **Le syndrome de Usher.**

Les enfants atteints du syndrome de Usher (1 sur 25 000) naissent sourds et deviennent aveugles dans leurs jeunes années. Ce syndrome associe en effet une surdité congénitale à une affection dégénérative de la rétine évoluant vers la cécité. Le syndrome de Usher de type 1, le plus sévère, représente 75 % des cas. L'atteinte de l'oreille interne, cause de la surdité profonde, est aussi responsable de troubles de l'équilibre et fréquemment d'un retard d'acquisition de la marche.

Doc. 2. **Cellules normales et cellules malades.**

En temps normal, chaque cellule sensorielle de l'oreille interne est munie de cils très réguliers en forme de tuyaux d'orgue, les stéréocils, qui transforment les vibrations sonores en impulsions nerveuses transmises au cerveau.

Figure A : Deux catégories de cellules normales sont représentées sur le schéma ci-contre (IHC et OHC).

Figure B : L'arrangement des stéréocils des cellules IHC a été observé au microscope électronique à un très fort grossissement.

Figure C : Chez les souris qui présentent des anomalies génétiques (mutations identiques à celles observées chez les patients atteints de la maladie de Usher), ces touffes ciliaires sont complètement désorganisées et enchevêtrées et ne peuvent plus remplir leur rôle. Les cils ne transmettent plus d'informations.

La figure C présente les stéréocils observés au microscope électronique d'une cellule porteuse d'une anomalie.

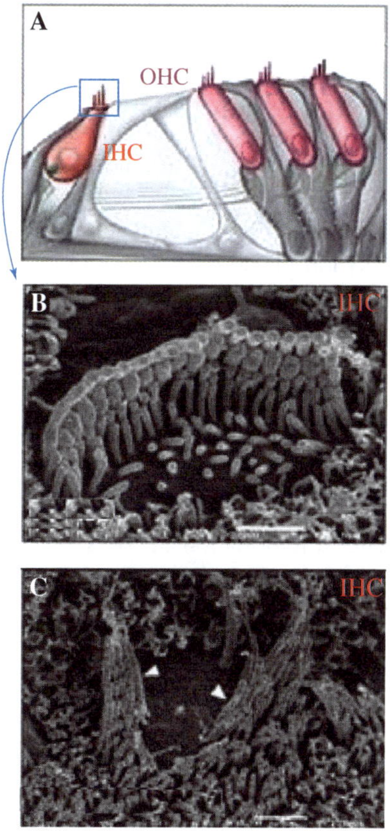

Doc. 3. **La cadhérine 23(CDH23).**

La cadhérine 23(CDH23) est une longue protéine d'adhésion cellulaire dont une grande partie est située à l'extérieur des cellules sensorielles de l'oreille interne. Elle est produite seulement durant la période de pousse et de maturation des stéréocils. En interagissant avec d'autres molécules, la cadhérine 23 permettrait de contrôler la pousse parallèle des stéréocils des cellules sensorielles de l'oreille interne.
La cadhérine 23 est composée de 3 354 acides aminés dont on connaît la séquence.

• CDH23 de sujet non malade :

1494 Isoleucine	1495 Leucine	1496 Glutamine	1497 Valine	1498 Valine	1499 Alanine	1500 Sérine

• CDH23 de sujet atteint du syndrome de Usher :

1494 Isoleucine	1495 Leucine	1496 Histidine	1497 Valine	1498 Valine	1499 Alanine	1500 Sérine

(*Les nombres indiquent la position des acides aminés dans la séquence.*)

Doc. 4. **Les allèles du gène de la protéine CDH23.**

Les gènes impliqués dans le syndrome de Usher ont été localisés. Le gène de la CDH23 est situé sur le chromosome 10. On connaît la séquence nucléotidique de la portion correspondant aux acides aminés présentés dans le document 3 :

• Allèle d'un sujet sain : ATTCTTCAAGTTGTTGCTAGC

• Allèle d'un sujet atteint du syndrome de Usher : ATTCTTCATGTTGTTGCTAGC

8 ÉPISSAGE DES GÈNES ★★★ 20 min *(corrigés p. 52)*

À partir du document proposé ci-dessous, expliquer le mode d'expression d'un gène chez un Eucaryote et réaliser un schéma explicatif.

Le document ci-contre traduit le résultat d'une expérience d'hybridation au cours de laquelle un seul des deux brins d'ADN (brin transcrit) a été mis en présence de l'ARN messager qui, dans le cytoplasme, dirige la synthèse d'une protéine (ici, l'ovalbumine).
Les nucléotides appartenant aux séquences complémentaires de l'ADN et de l'ARN vont se reconnaître et s'accoler par leurs bases azotées.

Hybridation moléculaire entre ADN et ARNm observée au microscope électronique

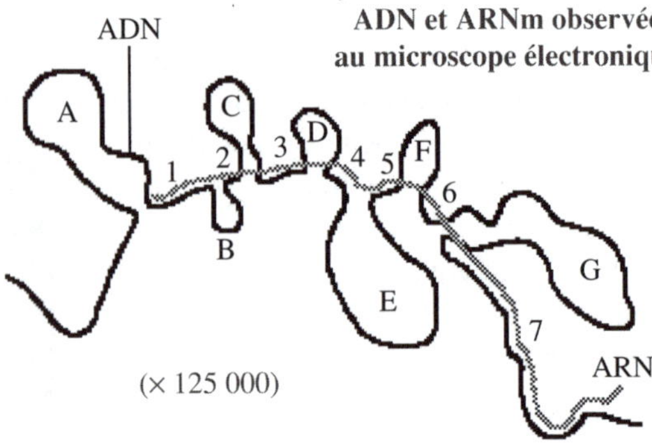

Travaux de P. Chambon (1977)

L'interrogation écrite

9 EXPLOITATION DE DOCUMENTS TYPE BAC 30 min (corrigés p. 53)

À partir de l'étude des documents ci-dessous, montrer les relations entre les phénotypes aux différentes échelles d'observation et expliquer l'origine de la maladie.

Doc. 1. **Hémochromatose, une maladie génétique.**

L'hémochromatose est une maladie génétique fréquente (1 français sur 300 en serait atteint). Cette maladie se caractérise par l'accumulation progressive de fer dans l'organisme et notamment au niveau de certains organes tels que le foie, le cœur ou le pancréas.

À partir 30 ans chez l'homme et 40 ans chez la femme et en l'absence de traitement, des troubles peuvent apparaître et s'amplifier en fonction de la surcharge de fer dans certains organes. On peut ainsi observer une grosse fatigue, un gros foie avec un risque de cirrhose, diabète, insuffisance cardiaque, troubles des fonctions sexuelles…

Doc. 2. **La protéine HFE.**

Dans les cas d'hémochromatoses liées à une mutation du gène HFE, la protéine HFE non fonctionnelle issue de l'expression de l'allèle h ne peut plus se fixer sur la membrane plasmique des cellules du duodénum (zone où se déroule en grande partie l'absorption intestinale). Les chercheurs pensent que la protéine HFE non fonctionnelle induit un message d'erreur à la cellule qui absorbe trop de fer malgré la surcharge tissulaire. Chez un individu avec une protéine HFE fonctionnelle, l'absorption de fer sera régulée en fonction du taux de fer. L'excès de fer circulant dans l'organisme et l'accumulation de fer dans les tissus induit une toxicité importante notamment pour les cellules hépatiques et les cellules cardiaques.

Doc. 3. **Une électrophorèse sur des protéines HFE.**

Une électrophorèse sur des protéines HFE est réalisée chez deux individus.

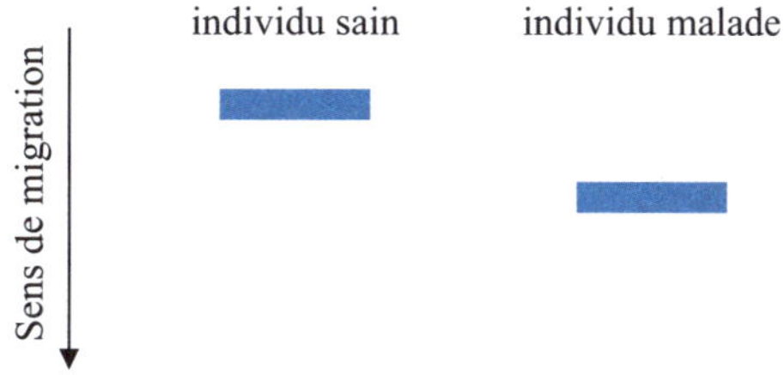

Doc. 4. **Les allèles du gène HFE.**

Dans 96 % des cas, l'hémochromatose est liée à une mutation du gène HFE sur le chromosome 6. Il existe, pour ce gène HFE, les allèles H (non muté) et h (muté).

Allèle **H** :

1031 GGCTGTACCC CCTGGGGAAG AGCAGAGATA TAC**GTG**CCAG GTGGAGCACC…

Allèle **h** :

1031 GGCTGTACCC CCTGGGGAAG AGCAGAGATA TAC**GTA**CCAG GTGGAGCACC…

CORRIGÉS

Tester ses connaissances

1 **1°** La séquence en acides aminés d'une protéine dépend de la séquence nucléotidique du gène correspondant.

2° L'ARNm est composé d'une chaîne de nucléotides. Chaque nucléotide est composé d'un acide phosphorique, d'un ribose et d'une base azotée : uracile ou adénine ou cytosine ou guanine.

3° Le code génétique est universel, redondant, non ambigu et non chevauchant.

4° Les deux étapes de la synthèse des protéines sont la transcription qui se déroule dans le noyau et la traduction qui se déroule dans le cytoplasme.

5° Le phénotype est l'ensemble des caractères d'un organisme.

6° Les phénotypes alternatifs correspondent aux différents phénotypes possibles pour un caractère donné. Par exemple, pour le caractère « couleur des yeux », plusieurs phénotypes alternatifs peuvent être observés : yeux verts, bleus, marron.

7° Une protéine est une molécule organique appartenant au groupe des protides et constituée de l'enchaînement d'acides aminés. La protéine possède une configuration spatiale responsable de ses propriétés et qui dépend de sa séquence en acides aminés (structure primaire). Ainsi, toute modification de la séquence en acides aminés de la protéine peut entraîner une modification de sa configuration spatiale et donc de ses propriétés.

2 **1° b)** et **d)**. **2° b)** et **c)**. **3° a)**.

S'entraîner

3 **1°**

	1 2 3	4 5 6	7 8 9	10 11 12	13 14 15	16 17 18
ARNm	**G U U**	**A G G**	**G U C**	**C U G**	**U A C**	**U G A**
Acide aminé	valine	arginine	valine	leucine	tyrosine	codon stop

2° a)

	1 2 **3**	4 5 6	7 8 9	10 11 12	13 14 15	16 17 18
ARNm	**G U A**	**A G G**	**G U C**	**C U G**	**U A C**	**U G A**
Acide aminé	valine	arginine	valine	leucine	tyrosine	codon stop

Cette substitution n'entraîne aucune modification de la séquence en acides aminés.

b)

	1 2 3	4 5 6	7 8 9	10 11 12	13 14 **15**	16 17 18
ARNm	**G U U**	**A G G**	**G U C**	**C U G**	**U A G**	**U G A**
Acide aminé	valine	arginine	valine	leucine	codon stop	

Cette substitution entraîne un arrêt prématuré de la synthèse. Elle peut avoir des conséquences sur la fonction de la protéine.

c)

	1 2 3	4 5 6	7 [ ] 8	9 10 11	12 13 14	15 16 17	18
ARNm	**G U U**	**A G G**	**G [G] U**	**C C U**	**G U A**	**C U G**	**A**
Acide aminé	valine	arginine	glycine	proline	valine	leucine	

L'insertion d'un nucléotide entraîne un décalage dans la lecture de l'ARNm et la séquence en acides aminés est modifiée. Cette mutation entraînera un dysfonctionnement de la protéine.

3°

	1 2 3	4 5 6	7 8 9	10 11 12	13 14 15	16 17 18
ARNm	**G G G**	**G G G**	**U G U**	**U A C**	**C A G**	**U A A**
Acide aminé	glycine	glycine	cystéine	tyrosine	glutamine	codon stop

Attention
On propose ici le brin non transcrit. Dans ce cas, il suffit de remplacer les bases azotées T par U.

a)

	1 2 [3]	4 5 6	7 8 9	10 11 12	13 14 15	16 17 18
ARNm	**G G [U]**	**G G G**	**U G U**	**U A C**	**C A G**	**U A A**
Acide aminé	glycine	glycine	cystéine	tyrosine	glutamine	codon stop

Cette substitution n'entraîne aucune modification de la séquence en acides aminés.

b)

	1 2 3	4 5 6	7 8 9	10 11 12	13 14 [15]	16 17 18
ARNm	**G G G**	**G G G**	**U G U**	**U A C**	**C A [C]**	**U A A**
Acide aminé	glycine	glycine	cystéine	tyrosine	histidine	codon stop

Cette substitution entraîne une modification d'un acide aminé.

c)

	1 2 3	4 5 6	7 [ ] 8	9 10 11	12 13 14	15 16 17	18
ARNm	**G G G**	**G G G**	**U [C] G**	**U U A**	**C C A**	**G U A**	**A**
Acide aminé	glycine	glycine	sérine	leucine	proline	valine	

L'insertion d'un nucléotide entraîne un décalage dans la lecture de l'ARNm et la séquence en acides aminés est modifiée. Cette mutation entraînera un dysfonctionnement de la protéine.

4 **Expérience 1 :** Les molécules A sont marquées radioactivement, elles ont donc incorporé de l'uracile. On constate d'autre part que du point noté 1 au point noté 2, les molécules A sont de plus en plus longues.
L'uracile est une base azotée caractéristique de l'ARNm. Ce cliché montre donc la synthèse progressive d'ARNm avec incorporation d'uracile au fur et à mesure de l'élongation de la molécule.

Expérience 2 : Les molécules B sont marquées radioactivement, elles ont donc incorporé de la thymine.

La thymine est une base azotée caractéristique de l'ADN. La molécule B est donc une molécule d'ADN.

La portion d'ADN compris entre 1 et 2 est un gène. La présence d'ARNm à cet endroit montre qu'il y a transcription. Cette transcription débute en 1, là où la molécule d'ARNm est la plus courte et se termine en 2, là où la molécule d'ARNm est la plus longue. La transcription correspond à la synthèse d'ARNm à partir du brin transcrit de l'ADN. Lorsqu'un gène est transcrit, plusieurs molécules d'ARNm sont donc synthétisées.

5 • Érythroblastes de lapin incubés dans un milieu riche en acides aminés radioactifs :

Le résultat de l'électrophorèse, après dosage, montre la présence d'hémoglobine radioactive.

Les érythroblastes de lapin ont utilisé des acides aminés radioactifs pour synthétiser l'hémoglobine.

• Œufs d'amphibien incubés dans les mêmes conditions :
Le résultat de l'électrophorèse, après dosage, montre la présence de protéine A et de protéine B radioactives.

Les œufs d'amphibien ont utilisé des acides aminés radioactifs pour synthétiser ces deux protéines.

• Œufs d'amphibien auxquels on a injecté de l'ARNm d'érythroblastes de lapin :
Le résultat de l'électrophorèse, après dosage, montre trois protéines radioactives. Par comparaison avec les résultats précédents, le 1er pic correspond à la protéine A, le 2e pic à l'hémoglobine de lapin et le 3e pic à la protéine B.

L'œuf d'amphibien a donc été capable de synthétiser de l'hémoglobine grâce à la présence d'ARNm d'érythroblaste de lapin.

Cet ARNm provient de la transcription de gènes gouvernant la synthèse de l'hémoglobine.

Cet ARNm provenant de lapin a donc été traduit dans des cellules d'amphibien. Cette expérience montre l'universalité du code génétique.

6 On constate que, selon le stade de développement du végétal, on trouve trois types de feuilles avec des formes différentes.

Sous l'eau, les feuilles ont une forme rubanée et allongée. À l'interface air-eau, les feuilles prennent une forme étalée à la surface de l'eau. Dans le milieu aérien, les feuilles ont une forme sagittée en pointe de flèche.

Toutes ces feuilles sont issues du même plant. Toutes les cellules de la plante se sont formées par mitoses successives. Elles possèdent donc le même génotype.

L'environnement agit en modifiant l'expression du génotype de la sagittaire. Le niveau de l'eau va donc déterminer en partie la forme des feuilles.

L'expression du génotype variera selon la situation de la feuille (sous l'eau, à l'interface air-eau ou dans le milieu aérien) et permettra d'obtenir des phénotypes macroscopiques alternatifs (rubanée et allongée, étalée ou sagittée).

7 Document 1

Ce document permet de déterminer le phénotype macroscopique des individus malades [malade]. Le syndrome de Usher associe surdité et cécité. D'autre part, les individus présentent des troubles de l'équilibre et de la locomotion. L'origine de tels dysfonctionnements est à rechercher au niveau de l'oreille interne pour la surdité, les troubles de l'équilibre et de la locomotion, et au niveau de la rétine pour la cécité.

Document 2

– Au niveau de l'oreille interne, l'audition dépend du fonctionnement normal de cellules sensorielles spécialisées : les cellules présentant des stéréocils.

L'échelle d'observation du phénotype est ici cellulaire.

– Sur le document 2B, les stéréocils, présents à la surface des cellules sensorielles, sont organisés en arc de cercle et sont dressés et parallèles. Ces cellules transmettent les informations sonores.

Le phénotype cellulaire est donc normal.

– Sur le document 2C, montrant des cellules sensorielles de souris présentant des anomalies identiques à celles observées chez les patients atteints de la maladie de Usher, on constate que les stéréocils ne présentent plus une organisation en arc de cercle ; leur disposition est désordonnée. D'autre part, les stéréocils ne sont pas dressés et parallèles. La transmission de l'information n'est plus assurée.

Le phénotype cellulaire est donc ici anormal.

Il faut faire une comparaison de l'organisation des stéréocils avec une description précise : agencement (en arc de cercle ou non), allure (stéréocils dressés et parallèles ou enchevêtrés et couchés).

Document 3

La cadhérine 23 est une protéine qui permet la pousse parallèle des stéréocils. Chez les individus de phénotype sain, l'acide aminé de la protéine CDH23 présent en position 1496 est la glutamine. Chez un individu de phénotype malade, l'acide aminé est l'histidine.

Cette modification dans la séquence en acides aminés de la protéine CDH23 a une conséquence sur les propriétés de celle-ci : la CDH23 contenant l'histidine est non fonctionnelle et n'assure plus une pousse parallèle des stéréocils.

Document 4

Le gène de la protéine CDH23 présente deux séquences nucléotidiques différentes : un nucléotide à A (adénine) est remplacé par un nucléotide à T (thymine).

Ces deux séquences nucléotidiques d'un même gène sont des allèles.

L'allèle muté avec T de la CDH23 entraîne une modification de la séquence en acides aminés et est responsable de la présence de l'histidine à la place de la glutamine.

Synthèse

Une des origines du syndrome de Usher est la mutation du gène de la protéine CDH23. Il s'agit donc d'une maladie génétique (*doc. 4*).

cours exercices interro corrigés

Cette mutation engendre l'apparition d'une protéine CDH23 modifiée, phénotype moléculaire (*doc. 3*), qui n'assure plus alors son rôle dans l'organisation des stéréocils des cellules sensorielles, phénotype cellulaire (*doc. 2*). Ces cellules sensorielles ne transmettent plus d'information et l'individu est atteint de surdité, phénotype macroscopique (*doc. 1*). On distingue ainsi deux phénotypes alternatifs, [entendant] pour un individu non malade et [sourd] pour un individu présentant le syndrome de Usher.

Cette étude montre bien que le phénotype macroscopique dépend du phénotype cellulaire qui dépend lui-même du phénotype moléculaire. Enfin, le phénotype moléculaire dépend des allèles présents.

8 En mélangeant un brin d'ADN du gène de l'ovalbumine avec son ARNm cytoplasmique, on observe que l'hybridation n'est pas totale. En effet, on constate que la totalité de l'ARNm est hybridé avec l'ADN monobrin. Les parties (1, 2, 3, 4, 5, 6 et 7) se sont bien associées par complémentarité des nucléotides. Toutefois, certaines parties de l'ADN ne sont pas associées à l'ARNm, elles forment les boucles (A, B, C, D, E, F et G).

L'ARNm est donc plus court que l'ADN du gène correspondant. L'ADN contient toutes les portions (lettres et chiffres), alors que l'ARNm ne contient que les portions (chiffres) permettant la synthèse de l'ovalbumine.

Les portions codantes (chiffres) permettant la synthèse de la protéine ovalbumine sont appelées exons. Les portions non codantes (lettres) sont appelées introns.

L'expression d'un gène chez un Eucaryote

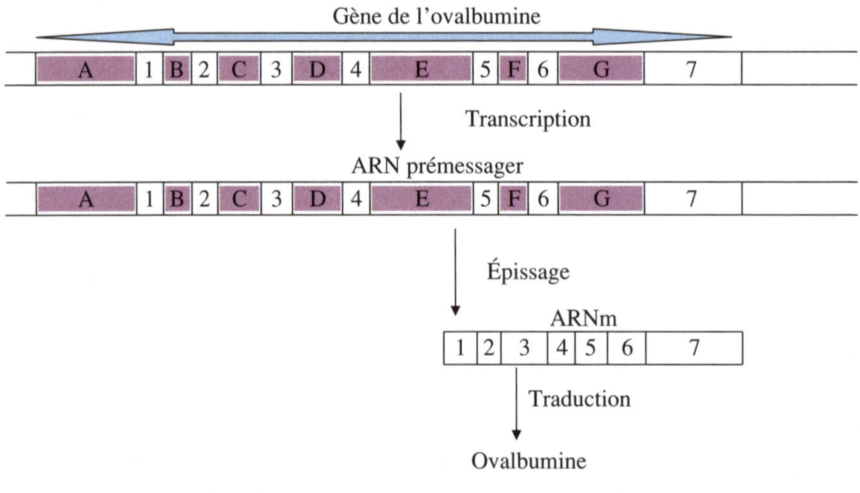

Chez les Eucaryotes, la transcription d'un gène entraîne la formation d'un ARN prémessager correspondant à la totalité des informations portées par le gène. Cette molécule subit un épissage, c'est-à-dire que les introns vont être éliminés et il va se former une nouvelle molécule : l'ARNm composé de l'assemblage des exons mis bout à bout. C'est cet ARNm qui va être traduit au niveau du cytoplasme pour former une protéine (ici, l'ovalbumine).

L'interrogation écrite

9 Document 1

Les individus malades peuvent souffrir de cirrhose, diabète, insuffisance cardiaque, grosse fatigue…

Cette maladie (hémochromatose) est due à une accumulation progressive et excessive de fer dans l'organisme et notamment dans certains organes (foie, cœur, pancréas…).

Ce document permet ainsi de déterminer le phénotype macroscopique des individus malades.

Document 2

Ce document permet de déterminer les phénotypes cellulaire et moléculaire des individus malades.

– Pour le phénotype cellulaire : au niveau du duodénum, les cellules intervenant dans l'absorption intestinale ne fonctionnent pas normalement, elles absorbent trop de fer malgré la surcharge ferrique tissulaire. Il n'y a plus de régulation de l'absorption de fer par ces cellules chez les individus malades.

Chez les individus sains, l'absorption de fer par les cellules duodénales est normale et est régulée en fonction du taux de fer.

– Pour le phénotype moléculaire : les individus malades possèdent une protéine HFE non fonctionnelle ne se fixant pas sur la membrane plasmique des cellules duodénales, ce qui modifie la régulation de l'absorption de fer.

Les individus sains possèdent une protéine HFE fonctionnelle permettant une régulation correcte de l'absorption de fer.

Document 3

Ce document représente le résultat d'une électrophorèse sur des protéines HFE chez un individu sain et un individu malade. On constate que ces deux protéines ne migrent pas de la même façon : la protéine HFE de l'individu malade migre plus loin que celle de l'individu sain.

On peut donc dire que les protéines HFE fonctionnelle et non fonctionnelle sont différentes. Pour expliquer ces différences, on peut penser que leur séquence en acides aminés sont différentes.

Document 4

Le gène de la protéine HFE présente deux séquences nucléotidiques différentes : un nucléotide G (guanine) est remplacé par un nucléotide A (adénine) en position 1067. Ces deux séquences nucléotidiques d'un même gène sont des allèles.

L'allèle muté h du gène de la protéine HFE diffère donc de l'allèle H par un seul nucléotide, ce qui entraîne la formation de protéines HFE différentes. La séquence des acides aminés dépend de la séquence nucléotidique des allèles du gène.

Synthèse

L'hémochromatose semble être due à une mutation du gène de la protéine HFE (*doc. 4*). Il s'agit donc d'une maladie génétique.

Cette mutation engendre l'apparition d'une protéine HFE non fonctionnelle (phénotype moléculaire, *doc. 2* et *doc. 3*), qui ne se fixe plus sur la membrane plasmique des cellules duodénales, ce qui induit un message d'erreur à ces cellules qui absorbent trop de fer (phénotype cellulaire, *doc. 2*). Cet excès de fer circulant dans l'organisme s'accumule dans les organes (foie, cœur…), ce qui peut induire des maladies telles que cirrhose, diabète, insuffisance cardiaque… (phénotype macroscopique, *doc. 1*).

L'étude de ces documents montre bien que le phénotype macroscopique dépend du phénotype cellulaire qui dépend lui-même du phénotype moléculaire. Le phénotype moléculaire dépend des allèles présents, c'est-à-dire du génotype.

CHAPITRE 4

Un contraste entre les continents et les océans

LE COURS

Au début du XXe siècle, des observations amènent certains scientifiques à penser que les continents n'ont pas toujours été à leur emplacement actuel. Un premier modèle de mobilité horizontale a été élaboré, mais les connaissances sur la structure interne de la Terre entraient alors en contradiction apparente avec ce modèle. Les études sur la composition de deux types de croûtes terrestres apporteront un éclairage nouveau et de nouvelles explorations permettront de concevoir une expansion océanique.

Les arguments en faveur d'une mobilité des continents : la naissance d'une idée

▶ EXERCICE D'APPLICATION 7, p. 61

• L'observation des reliefs à la surface de la Terre permet de distinguer deux grands ensembles par rapport au niveau de la mer (niveau 0) : = distribution bimodale des altitudes.

– des **reliefs positifs**, avec notamment les chaînes de montagnes, présents sur les continents avec des sommets qui atteignent plus de 9 000 m d'altitude. Ces chaînes de montagnes sont localisées soit en bordure des continents (cordillère des Andes) ou au sein des continents (Himalaya). L'altitude moyenne des continents est de 900 m ;

– des **reliefs négatifs**, les fonds océaniques, qui sont en moyenne à une profondeur de 4 000 m. Des fosses océaniques profondes sont également présentes dans certaines zones (fosse du Pérou, fosse du Japon par exemple).

Cette répartition bimodale des reliefs s'explique par la nature des matériaux des continents et des océans, avec des continents de nature granitique moins dense que les fonds océaniques de nature basaltique. Ce constat a suggéré **des mouvements verticaux** lors de l'érosion des chaînes de montagnes, par exemple : l'érosion en surface est compensée par une remontée des matériaux plus profonds qui constituent la racine des chaînes de montagnes (théorie de l'isostasie qui interprète les compensations en profondeur des reliefs superficiels).

• L'observation des côtes orientales de l'Amérique et des côtes occidentales de l'Europe montre une complémentarité de formes. En étudiant une **carte bathymétrique** de l'océan Atlantique, l'emboîtement est encore plus net si on compare non pas les côtes actuelles des continents, mais les contours du talus qui descend vers les profondeurs.

= concordance du tracé des côtes.

• L'étude de **fossiles** répartis sur différents continents montre que certaines de ces espèces, de même âge, sont identiques. Des **sédiments glaciaires** de même âge sont répartis sur différents continents ayant un climat actuel plus chaud. Pour expliquer ces observations, des scientifiques pensent que les continents portant ces fossiles et ces sédiments étaient réunis.

• En 1912, Wegener, en s'appuyant sur une mobilité verticale des roches constituant les continents, émet l'hypothèse qu'une **mobilité horizontale** des continents est aussi possible. Sa théorie de la dérive des continents se fonde sur l'accumulation d'arguments géographiques, paléontologiques et paléoclimatiques.

Cependant, à la même époque, l'étude des ondes sismiques montrent qu'elles se propagent dans toutes les directions à partir de leur lieu d'origine. Lorsqu'elles rencontrent des milieux aux propriétés physiques différentes, elles sont réfléchies et/ou réfractées. Ces **études sismiques** effectuées à partir du début du XXe siècle montrent que le globe se comporte comme un corps solide, du moins dans toute sa partie supérieure. L'idée d'une mobilité horizontale se heurte au constat d'un état solide de la Terre. La dérive des continents est rejetée. D'autre part, à l'époque, on n'expliquait pas encore les causes à l'origine de la séparation des continents.

↳ absence de moteur.

Les enveloppes internes de la Terre

▶ EXERCICE D'APPLICATION 5, p. 60

▶ Un premier modèle

Un modèle de la structure interne de la Terre est progressivement mis en place pendant la première moitié du XXe siècle. En effet, des **études sismiques ont permis de délimiter des discontinuités majeures** permettant de distinguer des **enveloppes internes** concentriques d'épaisseurs inégales : la **croûte terrestre**, le **manteau** et le **noyau**. Par exemple, la discontinuité de Mohorovicic ou « Moho » (découverte en 1909) sépare la croûte du manteau.

D'autre part, la dualité des altitudes entre continents et océans reflète des différences entre deux types de croûtes :

– **la croûte continentale** : elle occupe les 30 premiers kilomètres de la Terre sous les continents et peut atteindre une profondeur de 70 km sous les chaînes de montagnes ;

– **la croûte océanique** : son épaisseur est en moyenne de 7 km sous les océans.

La brusque augmentation de la vitesse des ondes sismiques au niveau du Moho indique une augmentation de la densité entre la croûte et le manteau : **la densité du manteau est supérieure à celle de la croûte terrestre.**

D'autre part, la croûte océanique a une densité supérieure à celle de la croûte continentale.

▶ Les caractéristiques pétrographiques de la croûte terrestre et du manteau

• La croûte continentale : elle est caractérisée par des roches de type granite. Le granite est entièrement cristallisé. C'est une roche issue du refroidissement lent d'un magma. Le granite est une roche magmatique plutonique.

• La croûte océanique est composée de deux types de roches : basalte et gabbro qui ont la même composition minéralogique, feldspath plagioclase et pyroxène. Ils sont issus d'un même magma dit de nature basaltique. **Le basalte et le gabbro sont donc des roches magmatiques.**

– **Le gabbro**, roche entièrement cristallisée, présente à l'œil nu des cristaux jointifs, sa **structure est donc grenue. Une telle structure indique que le gabbro est issu d'un refroidissement lent ; c'est une roche magmatique plutonique (ou intrusive).**

– **Le basalte** est une roche qui présente des cristaux de différentes tailles et de la pâte vitreuse (verre) : sa structure est hétérocristalline. Les cristaux de feldspath plagioclase du basalte sont sous forme de microlites visibles uniquement au microscope optique : on parle de structure microlitique. **Une telle structure indique que le basalte est issu d'un refroidissement rapide ; c'est une roche magmatique volcanique (ou éruptive).**

• Le manteau est constitué de péridotite, roche constituée de cristaux d'olivine et de pyroxène.

De nouveaux arguments en faveur d'une mobilité horizontale

▶ EXERCICE D'APPLICATION 11, p. 65

▶ Des arguments en faveur d'une expansion océanique

• **La topographie des fonds océaniques**

Les bordures des océans comprennent une plate-forme littorale peu profonde, 200 m au maximum, d'une largeur de plusieurs dizaines ou centaines de km et qui correspond au prolongement du continent en mer. La plate-forme est bordée par une partie en pente, le talus continental. Puis succèdent les plaines abyssales d'une profondeur moyenne de 4 000 m.

Les océans sont parcourus par un relief plus ou moins marqué constituant les **dorsales océaniques larges de 2 000 à 3 000 km**. Ces dorsales s'élèvent de **1 500 à 2 000 m au-dessus des plaines abyssales** et peuvent émerger localement comme c'est le cas en Islande.

Certaines bordures continentales, comme au niveau de la côte Est du continent sud-américain, sont étroites et fortement inclinées. La plate-forme continentale est réduite à quelques centaines de mètres, et s'achève avec la présence d'une fosse océanique profonde (qui peut atteindre jusqu'à plus de 5 000 m).

• **Les variations de flux thermique**

Des mesures de **flux thermique** réalisées sur l'ensemble des continents et des océans ont permis d'évaluer les quantités de chaleur dissipées par la Terre. Alors que le flux thermique ne varie que très peu à la surface du globe, celui-ci est plus **élevé à l'aplomb des dorsales**. Il est, en effet, trois fois plus important qu'au niveau des plaines abyssales.

– L'exploration des fonds océaniques, qui connaît un essor depuis les années 1940, et la mesure de flux thermique ont permis de mettre en relation la présence de ces dorsales avec une élévation du flux thermique. Cette élévation témoigne de la présence de matériel chaud.

– Ainsi, au début des années 1960, on interprète ces observations par une **remontée profonde de matériel chaud par convection** au niveau de l'axe des dorsales océaniques. La formation des fonds océaniques se fait par **accrétion de matériau d'origine mantellique** entraîné par des mouvements de convection ascendants. Cette **expansion océanique** permet d'expliquer les observations faites au début du XXe siècle.

cours exercices interro corrigés

• **Les anomalies magnétiques enregistrées au niveau des fonds océaniques**

– À la même époque, dans les années 1960, lors des premières phases de l'exploration des fonds océaniques, les relevés de l'intensité du champ magnétique à l'aide d'un magnétomètre tiré par un bateau avaient montré l'existence, sur ces fonds, d'une alternance de bandes parallèles correspondant à des anomalies magnétiques positives et négatives. Ces bandes sont distribuées de façon symétrique de part et d'autre de la dorsale. Cette **distribution symétrique des anomalies d'intensité du champ magnétique, de part et d'autre d'une dorsale, est alors interprétée comme une signature de l'ouverture et de l'expansion des océans.**

– Grâce à des travaux antérieurs sur les inversions du champ magnétique terrestre datant du début du XXe siècle, on peut désormais calculer la **vitesse de l'expansion océanique.**

LES DIFFICULTÉS DU CHAPITRE

Il faut comprendre que la mobilité horizontale de la partie superficielle du globe se heurte à l'inaccessibilité directe des couches profondes de la Terre. D'autre part, les phénomènes à l'origine des forces permettant d'expliquer cette mobilité sont restés mal définis pendant longtemps.

De même, si certaines roches sont directement accessibles car affleurent à la surface de la croûte, d'autres comme les péridotites sont rarement directement accessibles. La composition de ces dernières est très souvent déduite d'enclaves de péridotites remontées des profondeurs à la faveur d'éruptions volcaniques ou à la faveur de mouvements tectoniques.

Enfin, les modèles de structure du globe sont déduits d'un ensemble d'observations et de calculs effectués à partir des propriétés des roches. Ces modèles sont appelés à évoluer ou à disparaître en fonction de nouvelles techniques mises en œuvre.

EXERCICES

Tester ses connaissances

1 SAVOIR DÉFINIR À L'AIDE DE SES CONNAISSANCES ★ 5 min

(corrigés p. 68)

1° Expliquer pourquoi l'étude de la propagation des ondes sismiques au début du XXe siècle a permis de connaître la structure interne de la Terre.
2° Donner les caractéristiques de la croûte continentale et de la croûte océanique.

2 QCM ★ 2 min

(corrigés p. 68)

Choisir la (ou les) bonne(s) proposition(s).

1° La discontinuité du Moho :
a) a été découverte au début du XXe siècle et sépare le manteau du noyau.
b) a été découverte vers 1960 et sépare la croûte terrestre du manteau.
c) est caractérisée par une brusque diminution de la vitesse des ondes sismiques.
d) est caractérisée par une brusque augmentation de la vitesse des ondes sismiques.

2° Les ondes sismiques :
a) ont leur vitesse qui augmente quand la densité des matériaux traversés diminue.
b) sont réfléchies et/ou réfractées quand elles rencontrent des discontinuités physiques.
c) ont leur vitesse qui augmente quand la densité des matériaux traversés augmente.

3 LA TOPOGRAPHIE DES OCÉANS ★ 5 min

(corrigés p. 68)

Légender le profil des fonds océaniques représenté ci-dessous.

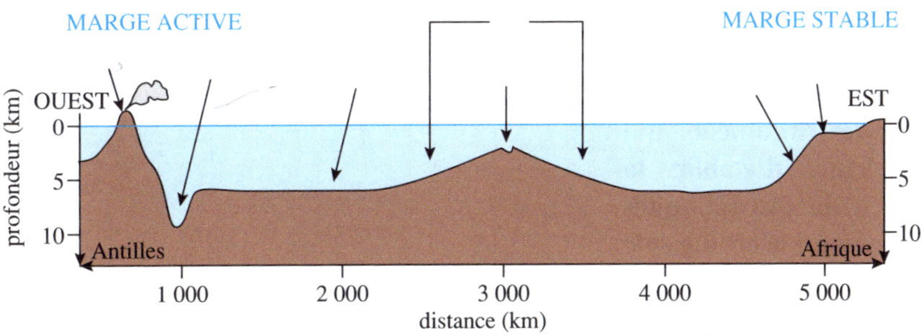

S'entraîner

4 VITESSE DE PROPAGATION DES ONDES SISMIQUES ET DENSITÉ ★ 15 min

(corrigés p. 68)

Après avoir calculé la vitesse moyenne de propagation des différentes ondes sismiques P, S et L (en km/s) d'après le tableau ci-après, expliquer, à l'aide de

ces résultats, comment évolue la densité des matériaux traversés par ces ondes. S'appuyer sur le document de référence ci-après, pour argumenter la réponse.

Un séisme a lieu en un point du globe. On enregistre les temps d'arrivée des ondes sismiques P, S et de surface dans trois stations St_1, St_2 et St_3. On connaît la distance entre ces trois stations et l'épicentre du séisme (l'épicentre d'un séisme est le point de la surface terrestre situé à la verticale de l'hypocentre ou foyer sismique, lieu d'origine du séisme).

Les résultats sont donnés dans le tableau suivant :

Station	Distance à l'épicentre	Durée du trajet		
		Ondes P	Ondes S	Ondes L (de surface)
St_1	1 112 km	2 min 24 s	4 min 17 s	4 min 52 s
St_2	5 049 km	8 min14 s	14 min 49 s	22 min 09 s
St_3	11 332 km	13 min 48 s	25 min 20 s	49 min 42 s

Document de référence
Trajet des ondes sismiques P, S et L étudiées dans le tableau.

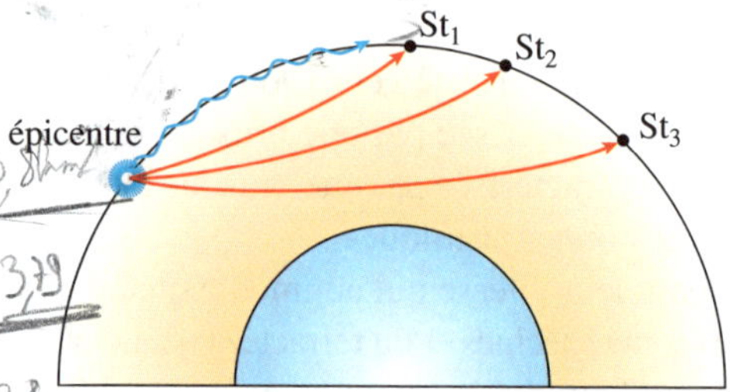

trajet des ondes de surface L
trajet des ondes de volume P et S

5 VITESSE DES ONDES SISMIQUES ET DISCONTINUITÉS MAJEURES INTERNES ★ 15 min

(corrigés p. 69)

Retrouver, à partir des données du graphique ci-contre, les arguments qui ont permis d'établir la présence de discontinuités internes entre la croûte et le manteau d'une part, le manteau et le noyau d'autre part et, enfin, entre le noyau externe et le noyau interne.

La vitesse des ondes sismiques dépend des matériaux traversés par ces ondes. Les ondes P ou primaires sont des ondes qui se propagent rapidement.

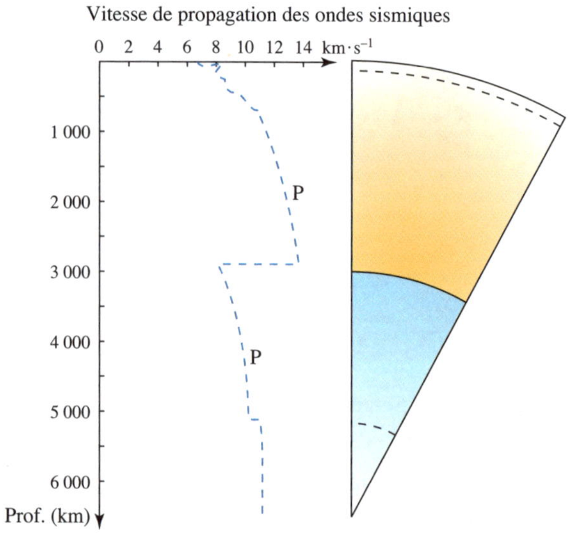

6 LES ROCHES DE LA LITHOSPHÈRE OCÉANIQUE ★★ 15 min (corrigés p. 70)

À partir des lames minces ci-dessous, retrouver la structure des roches correspondantes et en déduire le type de refroidissement du magma qui a permis la formation des roches 1 et 3.

En utilisant vos connaissances, donner le nom de ces trois roches et les replacer dans la colonne représentant deux enveloppes internes de la Terre.

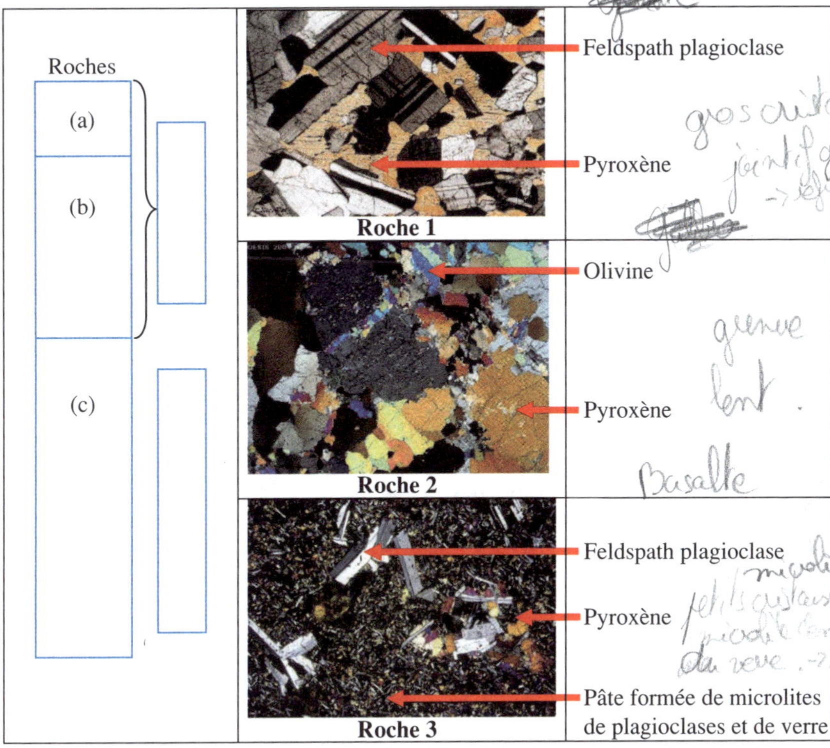

7 WEGENER ET LA MOBILITÉ DES CONTINENTS ★★ 20 min (corrigés p. 70)

À partir de l'exploitation des documents et de vos connaissances, montrer comment Wegener a progressivement émis l'hypothèse d'une dérive des continents.

Doc. 1. **Hypothèse de Wegener.**

C'est en 1910 que Wegener fit sur une carte du monde l'observation suivante :
« La côte orientale de l'Amérique du Sud ne s'adapte-t-elle pas précisément à la côte occidentale de l'Afrique, comme si elles avaient été jointes autrefois ? Cela correspond encore mieux si on regarde la carte bathymétrique de l'océan Atlantique, et si on compare non pas les côtes actuelles des continents, mais les contours du talus qui descend vers les profondeurs. »

Doc. 2. Données paléontologiques et paléoclimatiques.

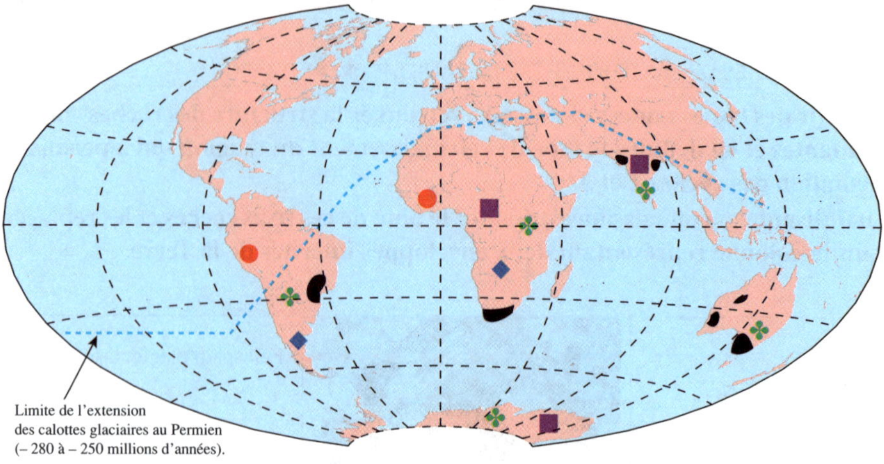

Données paléontologiques :

- Cynognathus : reptile prédateur terrestre ayant vécu, il y a 240 Ma.
- Mesosaurus : petit reptile de lacs d'eau douce ayant vécu, il y a 260 Ma.
- Lystrosaurus : reptile terrestre ayant vécu, il y a 240 Ma.
- Glossopteris : plante terrestre d'il y a 240 Ma.

Données paléoclimatiques :

- Traces de glaciation datant d'il y a 250 millions d'années.

Doc. 3. Données géologiques.

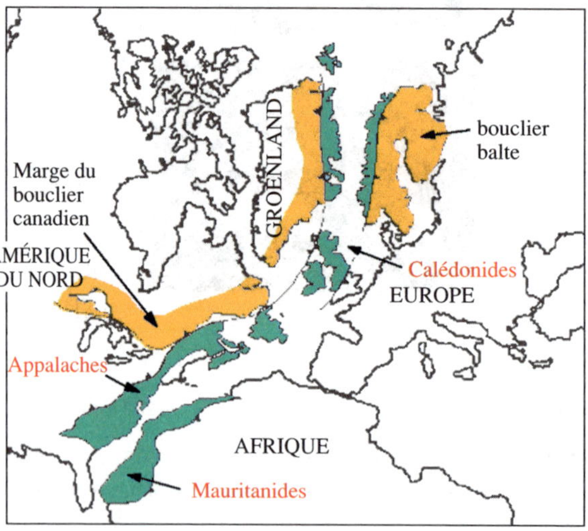

Les trois chaînes de montagnes, Appalaches (Est de l'Amérique du Nord), Mauritanides (Nord-Est de l'Afrique) et Calédonides (Îles britanniques, Scandinavie) présentent des structures géologiques identiques et se sont formées en même temps entre 470 et 350 millions d'années. Sur le document ci-dessus, les continents ne sont pas représentés dans leur position actuelle.

Remarque : on appelle « bouclier » de vastes portions stables du socle ancien constitué surtout de roches magmatiques de nature granitique et de roches métamorphiques très anciennes d'âge précambrien (il y a plus de 590 millions d'années).

8 CALCUL DE LA PROFONDEUR DU MOHO ★★ 30 min

(corrigés p. 71)

1° À l'aide des documents 1 et 2, déterminer la vitesse des ondes P à partir des temps relevés dans la station A.
2° Rechercher la cause des deux séries d'ondes enregistrées à la station C.
3° Puis, à l'aide du schéma proposé, calculer la profondeur du Moho sachant que M est le point de la surface où se réfléchissent les ondes P avant d'arriver en C.

Doc. 1. **Distance et temps de l'explosion**

On fait exploser au point O, à quelques dizaines de mètres de profondeur, une charge de dynamite produisant un séisme artificiel. On enregistre l'arrivée des ondes P dans trois stations différentes A, B et C.

Le tableau suivant donne les résultats :

Stations	Distance entre la station et le lieu de l'explosion	Temps mis par les ondes P
A	20 km	3,5 s
B	30 km	5,3 s
C	40 km	6,8 s, puis 12,7 s

Doc. 2. **Schéma simplifié de la situation.**

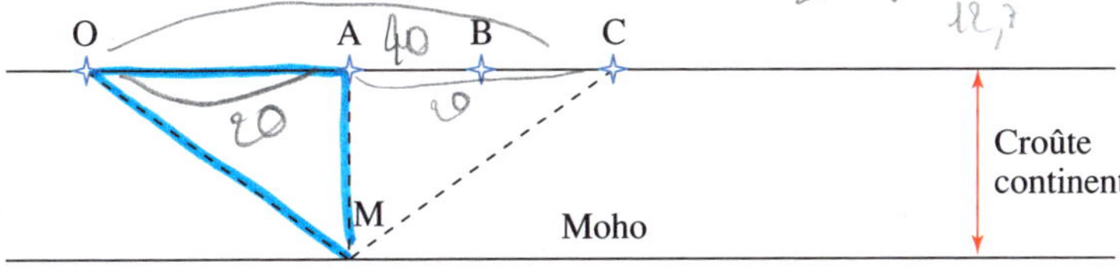

9 UNE CLASSIFICATION DES ROCHES DE LA CROÛTE TERRESTRE ★★ 30 min

(corrigés p. 72)

En 1974, Streckeisen propose une classification des roches magmatiques en fonction du pourcentage en quartz, feldspath alcalin et feldspath plagioclase. Sur le triangle dit de Streckeisen n'ont été reportées que les roches magmatiques plutoniques de la croûte continentale. Le point représenté correspond par exemple à un granite composé de 50 % de quartz, 25 % de feldspath alcalin et 25 % de feldspath plagioclase.

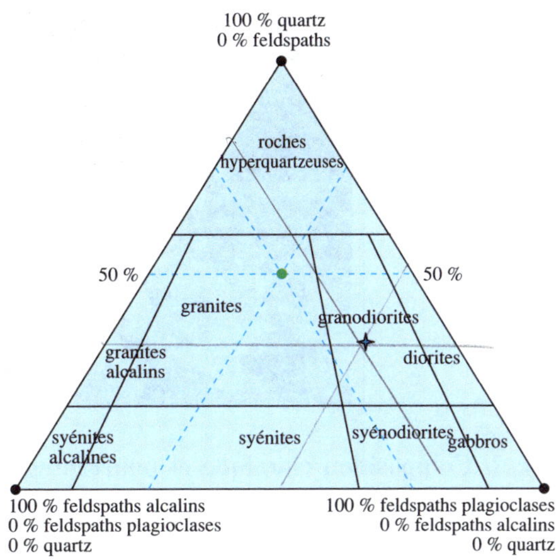

cours
exercices
interro
corrigés

1° Donner la composition minéralogique d'une granodiorite représentée par une étoile.

2° À quel type de roche correspondent les compositions minéralogiques suivantes :

a) 30 % de quartz, 30 % de feldspath alcalin et 40 % de feldspath plagioclase ?

b) 90 % de feldspath plagioclase et 10 % de feldspath alcalin ?

c) 10 % de feldspath plagioclase, 10 % de quartz et 80 % de feldspath alcalin ?

10 LES COMPOSITIONS MINÉRALOGIQUE ET CHIMIQUE DES ROCHES DE LA CROÛTE ET DU MANTEAU ★★★ 30 min *(corrigés p. 72)*

La croûte et le manteau présentent des compositions minéralogiques différentes. Les minéraux de ces roches présentent des compositions chimiques différentes. On se propose de retrouver les caractéristiques minéralogiques et chimiques de quelques roches constituant la lithosphère.

En utilisant les documents proposés et à l'aide de vos connaissances, déterminer les trois roches présentées ci-dessous, en indiquant à quelle partie de la lithosphère elles appartiennent.

Puis calculer le pourcentage massique de silice et d'oxygène présent dans ces trois roches de façon à établir les caractéristiques générales de ces roches.

Doc. 1. **Composition minéralogique de trois roches.**

Observation au microscope optique.

Roche 1		Pyroxène Microlite de feldspath plagioclase Pâte vitreuse ou verre
Roche 2	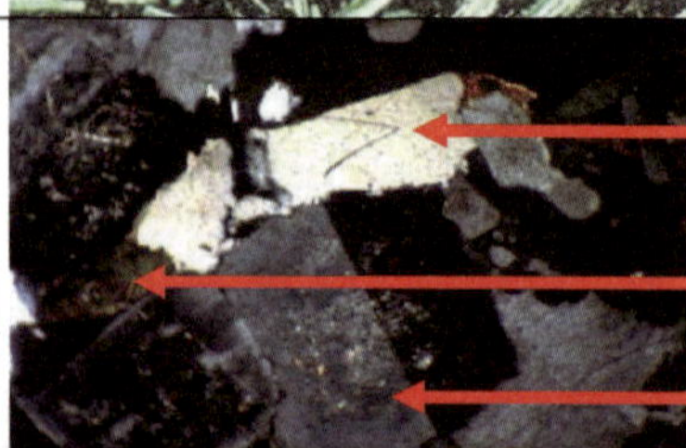	Quartz Mica noir (biotite) Feldspath alcalin
Roche 3	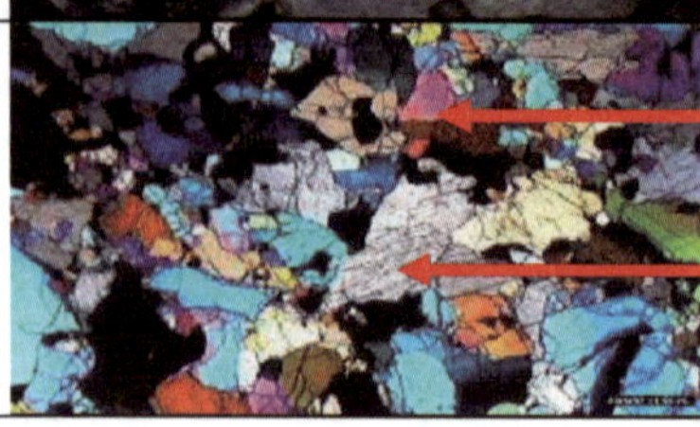	Olivine Pyroxène

Doc. 2. **Composition chimique et pourcentage des minéraux présents dans les trois roches du document 1.**

La masse molaire du silicium est 28 g · mol^{-1} et celle de l'oxygène est 16 g · mol^{-1}.

Minéraux Roche	Olivine $(SiO_4)(MgFe)_2$	Quartz SiO_2	Mica noir $K(Fe.Mg)_3$ $AlSi_3O_{10}(OH)_2$	Feldspaths alcalins $KAlSi_3O_8$	Feldspaths plagioclases $NaAlSi_3O_8$	Pyroxène $Fe_2Si_2O_6$
1	0 %	0 %	0 %	0 %	80 %	20 %
2	0 %	50 %	5 %	45 %	0 %	0 %
3	65 %	0 %	0 %	0 %	0 %	35 %
Masse molaire	252	60	584	278	262	264

11 DES ARGUMENTS EN FAVEUR D'UNE MOBILITÉ HORIZONTALE ★★★ 35 min

(corrigés p. 73)

Les roches volcaniques possèdent leur propre aimantation. Ce magnétisme mis en mémoire dans la roche au moment de sa formation est appelé magnétisme rémanent. Il existe lorsque l'échantillon étudié contient des minéraux, comme par exemple la magnétite, capables de conserver une aimantation.

À partir de l'exploitation des documents ci-dessous, montrer que l'étude du magnétisme rémanent des roches est un argument en faveur du déplacement des continents au cours des temps géologiques.

(Pour le document 2, décalquer les continents en indiquant les courbes de dérive apparente du pôle, puis découper le calque. Pour argumenter la réponse, coller les deux calques afin de montrer que les continents n'ont pas été toujours à la même place.)

Doc. 1. **Relevés paléomagnétiques réalisés sur des roches magmatiques en différents endroits du globe.**

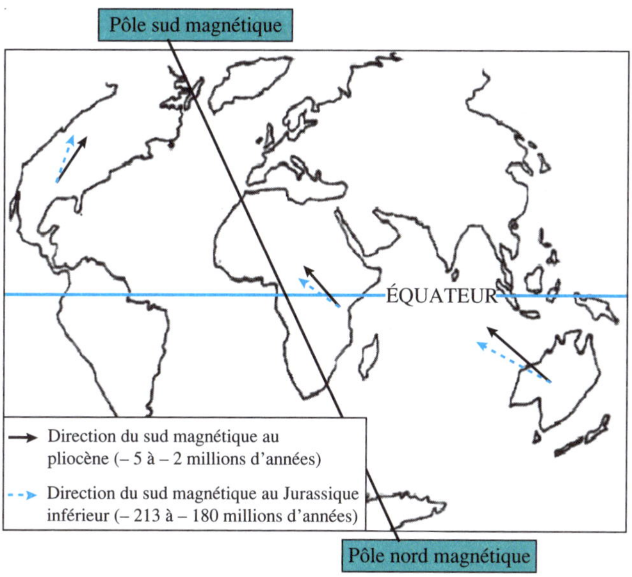

Doc. 2. **Courbe de migration du pôle nord magnétique pour l'Amérique du Sud et pour l'Afrique.**

Le document ci-dessous présente les courbes de dérive apparente du pôle magnétique établies à partir de roches d'âges différents et prélevées sur le continent sud-américain et sur le continent africain.

Cr : Crétacé (– 144 à – 65 Ma) **J** : Jurassique (– 213 à – 144 Ma) **Tr** : Trias (– 248 Ma à – 213 Ma)	
P : Permien (– 286 à – 253 Ma) **O** : Ordovicien (– 505 à – 438 Ma)	

L'interrogation écrite

12 LES ANOMALIES MAGNÉTIQUES ENREGISTRÉES AU NIVEAU DES FONDS OCÉANIQUES ★★★ 40 min

(corrigés p. 74)

Des relevés de l'intensité du champ magnétique ont montré l'existence d'une alternance d'anomalies magnétiques enregistrées dans les basaltes constituant les fonds océaniques.

À l'aide de vos connaissances et de l'exploitation des documents ci-dessous :

1° Décrire la disposition de ces anomalies magnétiques.

2° Expliquer l'origine de ces anomalies et montrer qu'elles sont la signature d'une expansion du fond des océans.

3° Calculer ensuite, à l'aide du document 3, la vitesse d'expansion moyenne en cm/an des différents océans en trois millions d'années.

Doc. 1. **Enregistrement des anomalies magnétiques.**

Anomalies magnétiques positives : supérieure à 0.
Anomalies magnétiques négatives : inférieures à 0.
Les périodes Gilbert, Gauss, Matuyama et Brunhes correspondent à des périodes de relative stabilité du champ magnétique terrestre.
Les périodes d'inversion de champ magnétique sont représentées en blanc et les périodes de champ magnétique normal (comme celle qui est actuelle) sont représentées en noir.

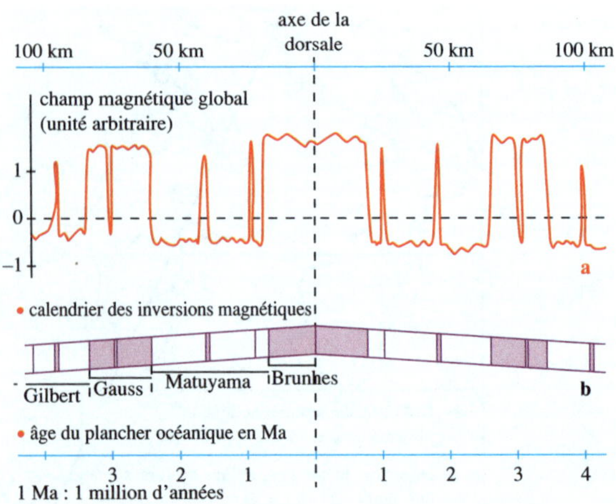

Doc. 2.

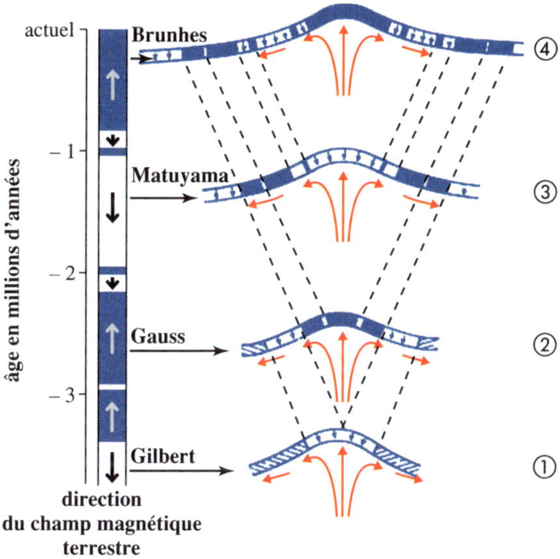

→ Remontée profonde de matériel chaud par convection.

→ basalte mis en place au cours d'une période de champ magnétique normal.

→ basalte mis en place au cours d'une période de champ magnétique inverse.

Doc. 3. **Distance à l'axe d'une dorsale en fonction de l'âge des périodes de champs magnétiques inverse et normal.**

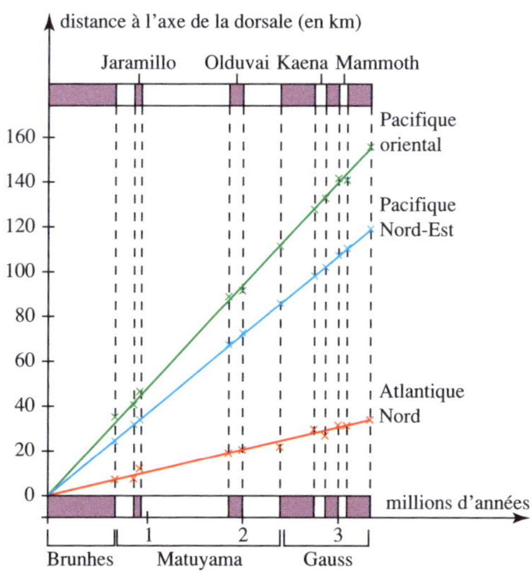

D'après Jean Dercourt, Jacques Paquet, Pierre Thomas, Cyril Langlois, Géologie : objets, méthodes et modèles © Dunod, Paris, 2006.

Tester ses connaissances

1 1° La vitesse de propagation des ondes sismiques dépend des propriétés physiques des matériaux traversés et notamment de la densité. La vitesse des ondes sismiques augmente au sein de roches denses, alors qu'elle est plus faible pour les roches moins denses. Ainsi, on a pu découper la Terre en enveloppes concentriques : la croûte terrestre, le manteau et le noyau. La limite de ces différentes enveloppes internes est marquée par une brusque variation de la vitesse des ondes sismiques.

2° L'épaisseur de la croûte continentale varie entre 30 km au niveau des plaines et 70 km environ au niveau des chaînes de montagnes. Elle est de nature granitique. Le granite est une roche magmatique plutonique.

L'épaisseur de la croûte océanique est de l'ordre de 7 km. Elle est donc nettement moins épaisse que la croûte continentale. La nature des roches qui la constitue est également différente : la croûte océanique est composée de basalte, roche magmatique volcanique et de gabbro, roche magmatique plutonique.

D'autre part, la densité de la croûte continentale est inférieure à celle de la croûte océanique.

2 1° **d**). 2° **b**) et **c**).

3

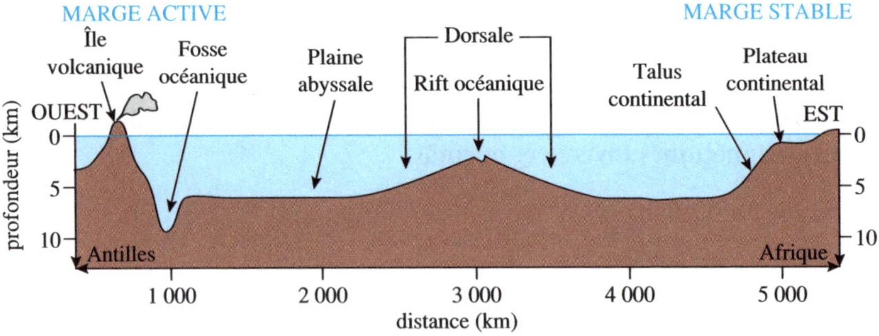

S'entraîner

4 Calcul de la vitesse des ondes sismiques :

St_1 : $v_P = 1\,112/144 = 7{,}72$ km · s^{-1} ; $v_S = 1\,112/257 = 4{,}32$ km · s^{-1} ;
$v_L = 1\,112/292 = 3{,}8$ km . s^{-1}.

St_2 : $v_P = 5\,049/494 = 10{,}22$ km · s^{-1} ; $v_S = 5\,049/889 = 5{,}6$ km · s^{-1} ;
$v_L = 5\,049/1\,329 = 3{,}79$ km · s^{-1}.

St_3 : $v_P = 11\,332/828 = 13{,}6$ km · s^{-1} ; $v_S = 11\,332/1\,520 = 7{,}45$ km · s^{-1} ;
$v_L = 11\,332/2\,982 = 3{,}8$ km · s^{-1}.

La vitesse moyenne des ondes de surface L est constante quelle que soit la distance à l'épicentre. On peut en déduire que les ondes L ont traversé des milieux homogènes.

La vitesse des ondes sismiques augmente avec la densité des matériaux traversés.

La vitesse moyenne des ondes S et P augmente avec la distance à l'épicentre. Or, d'après le schéma montrant le trajet des ondes P et S, plus les ondes ont été enregistrées loin de l'épicentre et plus elles ont traversé des couches profondes.
On peut en déduire que les couches traversées par ces ondes présentent des densités différentes : plus les couches sont profondes et plus leur densité est élevée. L'augmentation de la densité entraîne une accélération de la propagation des ondes sismiques.

L'étude de la vitesse des ondes sismiques renseigne donc le géologue sur les caractéristiques de la Terre inaccessibles directement.

5 Ce graphique représente l'évolution de la vitesse de propagation des ondes sismiques P générées par des séismes en fonction de la profondeur. On constate que l'évolution de la vitesse de ces ondes n'est pas linéaire et qu'à certaines profondeurs, il existe des variations brutales de la vitesse de ces ondes sismiques.
On peut interpréter ces brusques variations de vitesse des ondes sismiques comme des discontinuités internes majeures dans le globe terrestre.

Une surface de discontinuité est considérée comme une interface entre deux milieux où la vitesse des ondes sismiques est très différente.

– On observe qu'à – 30 km environ, la vitesse des ondes P augmente, elle passe de 6,3 à 8,2 km · s^{-1}, puis entre –30 et –100 km, cette vitesse se stabilise à 8,2 km · s^{-1}.
On constate ainsi qu'à 30 km de profondeur, il existe une discontinuité majeure qui sépare la croûte et le manteau : c'est la discontinuité de Mohorovicic ou Moho.
– À –2 900 km, on constate que la vitesse des ondes P diminue : elle passe de 13,5 km · s^{-1} à 7,7 km · s^{-1}.
À –2 900 km, la diminution brusque de la vitesse des ondes P met en évidence une discontinuité majeure séparant le manteau et le noyau externe.

C'est la discontinuité de Gutenberg.

– À – 5 100 km, on constate que la vitesse des ondes P augmente brusquement : elle passe de 10,3 km · s^{-1} à 11,4 km · s^{-1}.
À –5 100 km, les variations brusques de vitesse des ondes sismiques mettent en évidence une discontinuité majeure séparant le noyau externe et le noyau interne.

C'est la discontinuité de Lehman.

Bilan
Il existe donc trois discontinuités internes majeures dans le globe terrestre, liées à des variations brusques de la vitesse de propagation des ondes sismiques au sein des différentes zones (croûte, manteau, noyau externe et noyau interne).

6 Il faut penser à décrire les lames minces de roches.

• Les roches 1 et 2 sont composées de cristaux jointifs, elles sont entièrement cristallisées. Il s'agit de roches holocristallines.

La formation de gros cristaux tous jointifs ne peut se réaliser que si le refroidissement du magma est lent donc en profondeur. Cette structure est caractéristique d'une roche magmatique plutonique.

• La roche 3 est composée de cristaux de pyroxène et de microlites de feldspath plagioclase, mais aussi d'une pâte vitreuse ou verre, partie non cristallisée de la roche. Cette roche n'est donc pas entièrement cristallisée.

La présence de verre dans une pâte montre que la cristallisation de la roche n'est pas complète. Ceci ne peut se réaliser que si le refroidissement est rapide (en surface), ce qui empêche une cristallisation totale. La structure de cette roche est microlitique par la présence des petits cristaux en forme de bâtonnets ou microlites de plagioclase et est **caractéristique d'une roche magmatique plutonique.**

La composition minéralogique de ces trois roches nous permet de les classer :

La roche 1 est composée de pyroxène et de feldspath plagioclase : **la roche 1 est un gabbro**.

La roche 2 est composée d'olivine et de pyroxène : **la roche 2 est une péridotite**.

La roche 3 est composée de pyroxène, de feldspath plagioclase et de pâte vitreuse : **la roche 3 est un basalte**.

Schéma : (a) basalte + (b) gabbro = croûte océanique ; (c) péridotite = manteau.

La péridotite n'est pas considérée comme une roche magmatique, cependant. Soumise à des pressions importantes, on la considère comme roche dite métamorphique.

7 **Document 1**

Wegener constate que les bordures des talus continentaux de la côte est de l'Amérique du Sud et de la côte ouest de l'Afrique sont complémentaires et suggère que les deux continents ne formaient qu'un seul bloc continental. Il imagine alors que des forces vont permettre de séparer les deux continents et émet donc l'hypothèse d'une mobilité des continents.

Document 2

Les données de la paléontologie montrent que des représentants d'une même espèce et ayant vécu entre 240 et 260 millions d'années sont répartis sur différents continents. Par exemple, *Cynognathus* a vécu en Amérique du Sud et en Afrique du Sud, il y a 240 Ma. Wegener utilise ces données pour argumenter sa théorie : Amérique du Sud et Afrique formaient un seul continent, il y a 240 millions d'années. D'autre part, la répartition des fossiles de *Lystrosaurus* en Antarctique et en Afrique tend à prouver que ces deux continents aussi étaient réunis.

Les données paléoclimatiques montrent la présence de glaciers sur la côte est de l'Amérique du Sud, en Afrique du Sud, en Inde, en Australie. Ces régions sont actuellement situées à des latitudes qui ne sont pas suffisamment élevées pour expliquer la présence de ces glaciers il y a 250 millions d'années.

On peut expliquer leur présence en imaginant que les continents étaient regroupés à des latitudes beaucoup plus élevées qu'ils ne le sont actuellement. Puis, ils se sont déplacés vers des latitudes plus faibles. Il y a donc eu mobilité des continents.
La limite d'extension des calottes glaciaires du Permien montre que le regroupement des continents remonte à – 280 millions d'années.

Document 3

Trois chaînes de montagnes se sont formées en même temps entre – 470 et –350 millions d'années. Le document montre qu'en rapprochant les continents nord-américain, européen et africain, les structures géologiques de ces montagnes forment un même ensemble.
On peut alors imaginer qu'il y a 470 Ma, ces trois continents ne formaient qu'un seul bloc continental portant une seule chaîne de montagnes. Il y a donc eu mobilité des continents.

Synthèse

Les observations recueillies en faveur d'une dérive des continents sont de différentes natures : géographiques (*doc. 1*), paléontologiques, paléoclimatiques (*doc. 2*), géologiques structurales (*doc. 3*). L'ensemble de ces observations va permettre à Wegener d'argumenter en faveur d'une mobilité des continents.
Ces observations seront à l'origine de la Théorie de la dérive des continents émise par Wegener en 1912.

8 1° Calcul de la vitesse des ondes P :
$v_P = dOA/t \Leftrightarrow v_P = 20/3{,}5 \Leftrightarrow v_P = 5{,}71\ km \cdot s^{-1}$.
La vitesse des ondes P est donc de $5{,}71\ km \cdot s^{-1}$.

2° Les ondes enregistrées en A et B sont des ondes directes, qui ne se réfléchissent pas sur la surface du Moho.
On observe deux trains d'ondes en C :
– le premier train d'ondes correspond à des ondes directes dont les trajectoires passent par ABC ;
– le second train d'ondes correspond à des ondes réfléchies sur la surface du Moho dont les trajectoires passent par M.
Le trajet des ondes directes étant plus court, elles sont enregistrées en premier : $t = 6{,}8$ s.
Le trajet des ondes indirectes étant plus long (OMC), elles sont enregistrées plus tard : $t = 12{,}7$ s.

3° Pour déterminer maintenant la profondeur du Moho, il suffit de déterminer la longueur AM dans le triangle OAM rectangle en A.
Selon le théorème de Pythagore : $OM^2 = OA^2 + AM^2$, avec OA = 20 km.
Déterminons la longueur OM : on sait que les ondes enregistrées en C ont parcouru la distance OMC en 12,7 s. Si la vitesse des ondes est constante, et sachant que OM = MC, pour parcourir la distance OM, les ondes P mettent 12,7/2 = 6,35 s pour atteindre M.
La vitesse des ondes P étant constante et égale à $5{,}71\ km \cdot s^{-1}$, on peut déterminer la distance OM de la façon suivante :

cours exercices interro corrigés

$v_P = dOM/t \Leftrightarrow dOM = v_P \times t \Leftrightarrow dOM = 5{,}71 \times 6{,}35 \Leftrightarrow$ **$dOM = 36{,}25$ km.**
Appliquons le théorème de Pythagore :
$OM^2 = OA^2 + AM^2 \Leftrightarrow AM^2 = OM^2 - OA^2 \Leftrightarrow AM^2 = 36{,}25^2 - 20^2$
$\Leftrightarrow AM^2 = 1\,314 - 400 \Leftrightarrow AM^2 = 914 \Leftrightarrow AM = 30{,}23.$

La profondeur du Moho est 30,23 km.

9 **1°** Composition minéralogique de la granodiorite : 33 % de quartz ; 50 % de feldspath plagioclase ; 17 % de feldspath alcalin.

2° a) Granite ; **b)** Gabbros ; **c)** Syénites.

10 **Document 1**

• La roche 1 est constituée de cristaux de pyroxène et de microlites de feldspath plagioclase englobés dans une pâte vitreuse.
Cette roche n'est donc pas entièrement cristallisée. Il s'agit d'une roche magmatique volcanique. Sa composition permet de déterminer qu'il s'agit d'un basalte caractéristique de la croûte océanique.
• La roche 2 contient des cristaux de quartz, de mica noir et de feldspath orthose. Ces cristaux sont jointifs et cette roche est entièrement cristallisée.
Il s'agit d'une roche magmatique plutonique. Sa composition permet de déterminer qu'il s'agit d'un granite caractéristique de la croûte continentale.
• La roche 3 contient des cristaux d'olivine et de pyroxène jointifs, elle est donc entièrement cristallisée.
Sa composition permet de déterminer qu'il s'agit d'une péridotite caractéristique du manteau.

Document 2

• **Roche 1 : Le basalte**

100 g de basalte contiennent 80 g de plagioclase et 20 g de pyroxène. Calculons la masse de silicium présent dans 80 g de plagioclase et 20 g de pyroxène :
– Dans 262 g de plagioclase, la masse de Si est de $3 \times 28 = 84$ g ;
soit dans 80 g de plagioclase : $84 \times 80/262 = 25{,}64$ g.
– Dans 264 g de pyroxène, la masse de Si est de $2 \times 28 = 56$ g ;
soit dans 20 g de pyroxène : $56 \times 20/264 = 4{,}24$ g.
Dans 100 g de basalte, on a donc : $25{,}64 + 4{,}24 = 29{,}88$ g de Si ; **soit un pourcentage massique de Si de 29,9 % dans le basalte.**
On raisonne de la même manière pour l'oxygène et **on obtient un pourcentage massique de O de 46,32 %.**

• **Roche 2 : Le granite**

Pourcentage massique de Si : 37,6 %. Pourcentage massique de O : 48,9 %.

• **Roche 3 : La péridotite**

Pourcentage massique de Si : 14,6 %. Pourcentage massique de O : 29,2 %.

Synthèse

Les roches de la croûte et du manteau présentent donc des compositions minéralogiques différentes (*doc. 1*) observables au microscope optique. La structure des roches est également différente. Granite et péridotite sont ainsi entièrement cristallisés, alors que le basalte présente une partie non cristallisée, la pâte vitreuse.

D'un point de vue chimique, ces roches présentent des pourcentages massiques en Si et O différents : le granite est, par exemple, riche en silice (*doc. 2*). L'élément oxygène est cependant très abondant dans les trois roches étudiées. Les trois roches étudiées montrent un pourcentage massique important en Si et O : ce sont des roches silicatées, c'est-à-dire des roches contenant le motif chimique élémentaire (SiO_4).

11 Document 1

La position du pôle sud magnétique déterminée à partir des roches magmatiques datées du Pliocène indique le pôle sud magnétique actuel. Ces roches vont servir de témoins.

Par contre, la position du pôle sud magnétique déterminée à partir des roches magmatiques datées du Jurassique inférieur, roches donc plus anciennes, indique un pôle sud magnétique différent du pôle actuel.

On peut interpréter ces observations par une position différente des continents nord-américain, africain et australien au Jurassique inférieur : lorsque la roche se solidifie, son champ magnétique propre a la même direction que le champ magnétique terrestre au lieu où elle se trouve. La roche, entraînée par la migration des continents, voit la direction de son champ magnétique propre s'éloigner de celle du champ magnétique terrestre. Ce champ magnétique fossile indique un pôle sud magnétique différent de l'actuel : si on relie par un trait la position des deux pôles, on trace une courbe de dérive apparente des pôles.

Document 2

Pour le continent sud-américain, la position du pôle, enregistrée dans les roches magmatiques mises en place à différentes périodes, a changé au cours des temps géologiques. Il en est de même pour le continent africain. Mais à une époque donnée, les deux pôles indiqués par des roches de même âge mais situées sur deux continents différents sont situés au même endroit car il n'existe qu'un seul pôle nord magnétique.

Ainsi en superposant les pôles de « même » âge, on peut retrouver l'emplacement des deux continents l'un par rapport à l'autre.

Position des continents de l'Ordovicien au Permien

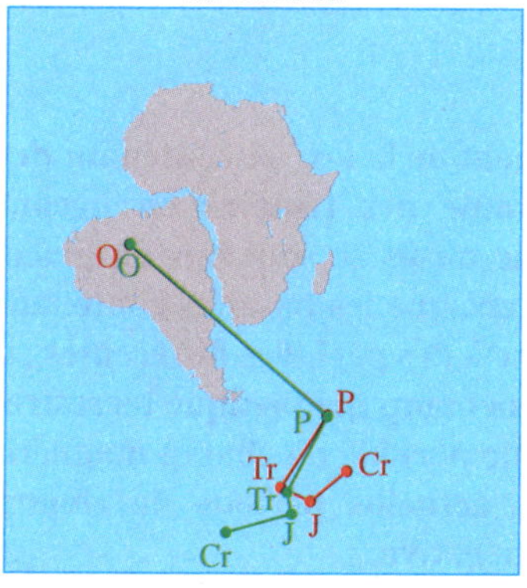

Position des continents au Crétacé

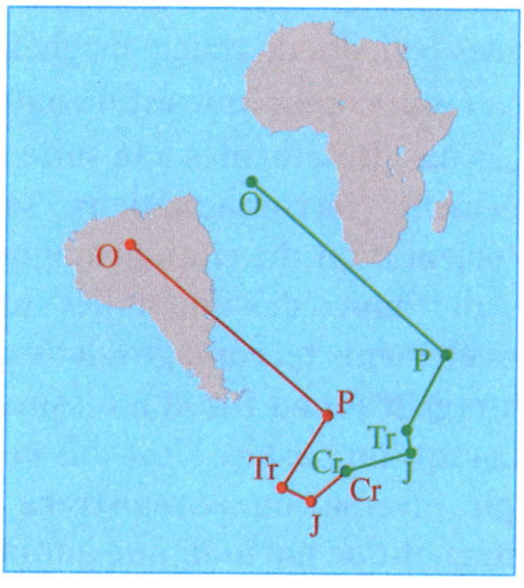

Synthèse

L'étude du champ magnétique fossile est donc un argument en faveur de la dérive des continents. Les roches riches en minéraux ferromagnésiens acquièrent une aimantation au moment de leur mise en place (*doc. 1*). Le prélèvement d'échantillons de roches d'âges différents fait apparaître une courbe de migration des pôles magnétiques (*doc. 1 et 2*). Ces mesures sont des arguments en faveur d'un déplacement des continents. La superposition des pôles de même âge en des lieux différents permet de retracer le déplacement des continents. D'après le document 2, il y a 505 à 253 millions d'années (Ordovicien-Permien), les continents sud-américain et africain ne formaient qu'un seul bloc continental. On constate que les deux pôles du Trias ne sont pas superposés : les deux continents ont commencé à se séparer à cette époque. Cette séparation s'est poursuivie, et, au Crétacé, les deux continents sont nettement séparés par un océan.

L'interrogation écrite

12 Document 1

• Graphique a : On constate qu'au niveau de l'axe de la dorsale et sur une distance moyenne de 20 km de part et d'autre de cet axe, les anomalies magnétiques sont positives. En s'éloignant de l'axe de la dorsale, entre 20 et 60 km, les anomalies magnétiques sont globalement négatives (deux endroits montrent deux bandes étroites d'anomalies positives). Ces anomalies magnétiques se succèdent de façon identique de part et d'autre de l'axe de la dorsale.

Les anomalies magnétiques positives et négatives sont distribuées de façon symétrique par rapport à l'axe de la dorsale.

• Graphique b : Il s'agit d'un calendrier des inversions du champ magnétique terrestre. Actuellement, nous sommes dans une période normale depuis environ 800 000 ans (période de Brunhes). Mais la période située entre 800 000 ans et environ 2,5 millions d'années est caractérisée par une inversion du champ magnétique (période de Matuyama).

On retrouve ainsi, au cours du temps, des alternances de périodes de champ magnétique normal et de champ magnétique inverse.

Si on compare les deux graphiques, on constate que les anomalies magnétiques positives enregistrées au fond des océans correspondent à des périodes de champ magnétique terrestre normal, alors que les anomalies magnétiques négatives correspondent à des périodes de champ magnétique terrestre inverse.

La croûte océanique est de nature basaltique.

Les basaltes, formés à la suite d'un refroidissement de la lave et contenant des éléments ferromagnésiens, se comportent comme des témoins en figeant l'orientation du champ magnétique de l'époque où ils se sont mis en place. L'alternance des anomalies magnétiques montrent que les basaltes contenant les éléments ferromagnésiens se sont mis en place à des périodes différentes en enregistrant au fur et à mesure les variations du champ magnétique terrestre. Lorsqu'un basalte s'est mis en place pendant une période de champ magnétique inverse, on enregistrera donc à l'époque actuelle, période de champ magnétique normal, une anomalie magnétique négative.

Document 2

Le document 2 permet de comprendre comment la disposition des bandes d'anomalies magnétiques symétriques est un argument en faveur d'une expansion océanique.

Durant la période Gilbert, il y a plus de trois millions d'années, le champ magnétique terrestre est inverse. Les basaltes qui se mettent en place à cette époque enregistrent les caractéristiques de ce champ magnétique.

Durant la période suivante, celle de Gauss, le champ magnétique terrestre est normal. De nouveaux basaltes se mettent en place et enregistrent les caractéristiques du nouveau champ magnétique terrestre. Mais en se mettant en place au niveau de l'axe de la dorsale, les nouveaux basaltes repoussent, de chaque côté de l'axe de la dorsale, les basaltes de la période précédente. Le phénomène se poursuit durant les périodes suivantes.

La mise en place des basaltes nécessite une remontée, par convection, de matériaux chauds.

Ces matériaux alimentent la mise en place des basaltes qui enregistrent au fur et à mesure les variations du champ magnétique terrestre.

Document 3

On constate que, pour chaque océan, la distance à l'axe de la dorsale varie de façon proportionnelle en fonction du temps. Chaque droite représentée a donc pour équation $y = ax$, avec y représentant la distance et x représentant l'âge.

a est le coefficient directeur de la droite et correspond à la vitesse d'éloignement d'un point au cours du temps.

La vitesse est donc égale à la distance parcourue par ce point pendant le temps nécessaire pour effectuer ce parcours.

Ainsi, en trois millions d'années :

• Pour le Pacifique oriental : $d = 140$ km. La vitesse de déplacement d'un point est donc de $14 . 10^6/3 . 10^6$ soit 4,6 cm · an^{-1}.

• Pour le Pacifique Nord-Est : $d = 105$ km. La vitesse de déplacement d'un point est donc de $10{,}5 . 10^6/3 . 10^6$ soit 3,5 cm · an^{-1}.

• Pour l'Atlantique Nord : $d = 27$ km environ. La vitesse de déplacement d'un point est donc de $2{,}7 . 10^6/3 . 10^6$ soit 0,9 cm · an^{-1}.

Globalement, la vitesse d'expansion (en tenant compte des deux côtés par rapport à l'axe de la dorsale) est de 9,2 cm · an^{-1} pour le Pacifique oriental, de 7 cm · an^{-1} pour le Pacifique Nord-Est et de 1,8 cm · an^{-1} pour l'Atlantique Nord.

Synthèse

Les relevés de l'intensité du champ magnétique enregistré au niveau des fonds océaniques ont montré l'existence, sur ces fonds, d'une alternance de bandes parallèles de magnétisme faible (anomalie magnétique négative) et de magnétisme élevé (anomalie magnétique positive). Ces bandes sont distribuées de façon symétrique de part et d'autre de l'axe de la dorsale (*doc. 1*).

Les anomalies magnétiques positives sont enregistrées au niveau de basaltes ayant été mis en place pendant des périodes de champ magnétique normal, alors que les anomalies magnétiques négatives sont enregistrées au niveau de basaltes ayant été mis en place pendant des périodes de champ magnétique inverse (*doc. 1*).

cours exercices interro corrigés

Cette distribution symétrique des anomalies d'intensité du champ magnétique, de part et d'autre d'une dorsale, est interprétée comme une signature de l'ouverture et de l'expansion des océans. Cette expansion s'explique par une remontée profonde de matériel chaud par convection au niveau de l'axe des dorsales océaniques. La formation des fonds océaniques se fait par accrétion de matériau d'origine mantellique entraîné par des mouvements de convection ascendants (*doc. 2*).
Les inversions du champ magnétique terrestre ayant été datées, on peut désormais calculer la vitesse de l'expansion océanique (*doc. 3*). Les vitesses d'expansion sont différentes d'un océan à un autre.

CHAPITRE 5

Premier modèle global : une lithosphère découpée en plaques rigides

LA TECTONIQUE DES PLAQUES

LE COURS

L'étude de la propagation des ondes sismiques dans le globe a permis d'émettre l'idée que celui-ci est composé de plusieurs couches concentriques. Depuis le début des années 1960, l'hypothèse d'une expansion océanique par accrétion de matériaux nouveaux au niveau de la dorsale est appuyé par des preuves diverses (voir chapitre 4). Mais à cette époque, aucun modèle global permettant d'expliquer les mouvements à la surface du globe n'a encore été proposé.

Le concept Lithosphère/Asthénosphère

▶ EXERCICE D'APPLICATION 4, p. 82

• L'étude de la **répartition des foyers de séismes** montre qu'ils sont localisés dans la partie superficielle du globe **sur les 100 premiers kilomètres** et dans des zones géographiques bien délimitées. Ces séismes sont répartis en surface du globe le long de bandes étroites situées au niveau des océans, en bordure de certains continents ou encore au niveau des chaînes de montagnes. Par contre, en dehors de ces zones, il existe de vastes étendues relativement asismiques.

Au voisinage des fosses océaniques, on peut trouver des foyers plus profonds à 700 km.

• Dès 1930, le japonais Wadati avait remarqué en Asie que les séismes profonds situés à proximité des fosses avaient une répartition particulière. Ces travaux ont été laissés à l'abandon.

Benioff, au début des années 1950, a fait les mêmes observations au niveau de l'Amérique du Sud. Les foyers des séismes, au voisinage des fosses océaniques, se placent sur un plan incliné en partant de la fosse vers le continent. Cette surface porte le nom de ses découvreurs : **le plan de Wadati-Benioff.**

En 1955, Benioff postule, à partir de ces observations sismiques, que le fond océanique devait être entraîné dans les profondeurs du globe sous les continents.

• Les séismes se produisent lorsque deux compartiments, sous l'effet de contraintes (suffisamment fortes), se rompent. Il se produit alors une libération d'énergie et d'ondes sismiques qui se propagent dans toutes les directions. **Cette rupture à l'origine du**

séisme nécessite d'être en présence de roches au comportement solide, rigide (cassant).

Les données sismiques au niveau des fosses océaniques montrent que la vitesse des ondes sismiques qui se propagent le long du plan de Wadati-Benioff est plus élevée que la vitesse des ondes sismiques qui s'en écartent.

• **Cette différence de vitesse indique la présence de structures avec des comportements mécaniques différents :**

– au niveau du **plan de Wadati-Benioff, une zone solide cassante ;**

– de **part et d'autre, des matériaux solides ductiles.**

L'interprétation de ces données permet de distinguer :

– **la lithosphère,** épaisse d'environ 100 km en moyenne. Elle est composée de la croûte en surface et du manteau lithosphérique. La **lithosphère est solide cassante** (sous l'effet de contraintes importantes, des séismes peuvent s'y produire) ;

– **l'asthénosphère**, qui est **solide ductile**. Ce comportement mécanique ne permet pas la création de séismes.

La limite entre la lithosphère et l'asthénosphère n'est pas chimique car la base de la lithosphère et le sommet de l'asthénosphère sont composés de péridotite. **C'est une limite thermique** qui correspond à **l'isotherme 1 300 °C**. Cette limite impose les comportements mécaniques cités précédemment.

• En 1967, les scientifiques interprétèrent ces plans comme la trace de la lithosphère océanique retournant dans le manteau au niveau des fosses océaniques. On dira plus tard qu'il s'agit de **zones de subduction.**

Le premier modèle global ▶ EXERCICE D'APPLICATION 3 , p. 81

▶ Étude des failles transformantes

À la fin des années 1960, l'équipe de **Jason Morgan** travailla sur la géométrie des failles transformantes océaniques. Ce sont de grandes fractures en arc de cercle qui interrompent le plus souvent des dorsales (les recoupant perpendiculairement), mais qui peuvent se situer aussi entre une dorsale et une zone de subduction.

Cette répartition des failles transformantes ne pouvait s'expliquer qu'en considérant le déplacement de blocs rigides à la surface du globe.

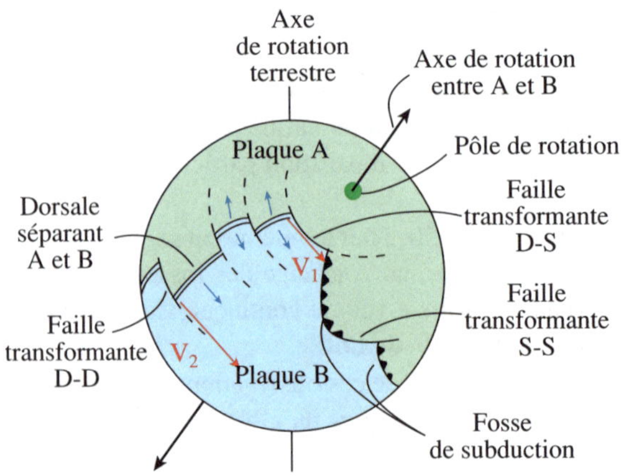

Légende :

D : dorsale ; *S* : subduction ; *V*1 et *V*2 : vitesses linéaires (*V*2 > *V*1).

En effet, le mouvement d'un bloc par rapport à un autre bloc (considéré comme fixe) à la surface du globe (sphère) se caractérise par :

– une rotation autour d'un axe (axe de rotation de la plaque) passant par le centre de la Terre (cet axe de rotation de la plaque est différent de l'axe de rotation de la Terre) ;

– une vitesse de rotation (vitesse angulaire).

La conséquence de cette rotation est que la vitesse angulaire est constante pour chaque point de la plaque, mais que la vitesse linéaire varie considérablement selon la position sur le globe. Cette vitesse linéaire est nulle au pôle de rotation de la plaque et elle augmente lorsqu'on s'éloigne de ce pôle.

Les failles transformantes sont les manifestations de ces différences de vitesse. En 1967, Jason Morgan synthétisa les différentes approches vues dans ce chapitre en développant la première hypothèse de plaques rigides. Il supposa que **la lithosphère était découpée en une série de « blocs » parfaitement rigides, se déplaçant les uns par rapport aux autres**.

▶ La théorie de la tectonique des plaques

Le terme de « plaque lithosphérique » fut introduit en 1967.

En 1968, le français **Xavier Le Pichon** en fit une première application, il divisa le globe en six **plaques lithosphériques** dont il détermina les frontières à partir de l'activité tectonique. Il calcula les mouvements relatifs des plaques les unes par rapport aux autres. Ceci permit de montrer des mouvements :

– **de divergence** au niveau des dorsales ;

– **de décrochement** au niveau des failles transformantes ;

– **de convergence** au niveau des zones de subduction.

Le terme « Théorie de la tectonique des plaques » fut introduit la même année.

▶ Les points chauds : un argument supplémentaire

Les points chauds correspondent à du volcanisme intraplaque aussi bien océanique que continental. Ce volcanisme se caractérise en milieu océanique par un alignement d'îles volcaniques (par exemple, la chaîne de l'Empereur et la chaîne d'Hawaï au milieu du Pacifique) dont seule la plus récente est active (Hawaï dans le cas des chaînes citées précédemment).

Les géologues ont pu déterminer en première approximation, à l'époque, que **l'origine de ce magmatisme était un point chaud fixe d'origine mantellique. Cette remontée de magma est indépendante du mouvement des plaques en surface.**

Ainsi, lors du déplacement de la plaque sus-jacente, il se crée une succession d'îles volcaniques. **Cet alignement confirme la mobilité horizontale des plaques lithosphériques en surface.** L'orientation et l'âge des alignements volcaniques intraplaques ont pu être corrélés avec les données paléomagnétiques afin de valider les directions et les vitesses de déplacements de plaques.

TP

LES DIFFICULTÉS DU CHAPITRE

▶ Le déplacement des plaques lithosphériques sur l'asthénosphère

La différence de comportement mécanique entre la lithosphère et l'asthénosphère est un facteur qui permet le déplacement de plaques lithosphériques rigides sur une asthénosphère ductile et donc moins rigide. Comme la lithosphère et l'asthénosphère sont à l'état solide, le déplacement de la lithosphère sur l'asthénosphère ne peut se faire que très lentement compte tenu de la viscosité très élevée des matériaux en présence. Par exemple, la viscosité de la glace est de 10^{14} poises, celle de la lithosphère de 10^{26} poises (soit mille milliards de fois plus) et celle de l'asthénosphère de 10^{22} poises (soit cent millions de fois plus que pour la glace, mais dix mille fois moins que pour la lithosphère).

▶ Comprendre la limite lithosphère-asthénosphère

Comprendre l'origine de la limite lithosphère-asthénosphère est déterminant pour comprendre le chapitre suivant, ainsi que les notions abordées en terminale S.

La limite établie entre ces deux enveloppes :

– n'est pas une limite physique : il ne s'agit pas, par exemple, d'une brusque variation de la densité ou d'un changement d'état physique car le manteau lithosphérique et le manteau asthénosphérique appartiennent au manteau ;

– n'est pas liée à une brusque variation de la composition chimique car les manteaux lithosphérique et asthénosphérique sont constitués globalement des mêmes roches silicatées de nature péridotitique.

La limite entre la lithosphère et l'asthénosphère correspond à un changement de comportement mécanique des roches à partir de 1 300 °C.

Enfin, il ne faut pas confondre le Moho, qui est une discontinuité physique entre la croûte et le manteau, et la limite thermique entre la lithosphère et l'asthénosphère.

EXERCICES

Tester ses connaissances

1 VÉRIFIER SES CONNAISSANCES ★ 10 min (corrigés p. 85)

1° Qu'appelle-t-on point chaud ?
2° Qu'est-ce qu'une faille transformante ?
3° Quels sont les comportements mécaniques de la lithosphère et de l'asthénosphère ?
4° Comment évolue la profondeur des foyers sismiques dans les zones de subduction ?

2 QCM ★ 3 min (corrigés p. 85)

Choisir la (ou les) bonne(s) proposition(s).

1° L'asthénosphère :
a) a un comportement ductile.
b) se trouve sous la lithosphère.
c) constitue les plaques tectoniques rigides.
d) est le siège des séismes superficiels (jusqu'à 100 km de profondeur).

2° Les foyers sismiques dans les zones de subduction sont répartis :
a) sur un plan vertical appelé plan de Wadati-Benioff.
b) sur un plan horizontal appelé plan de Wadati-Benioff.
c) sur un plan incliné plongeant de la fosse sous la plaque chevauchante.

3° La distribution des foyers sismiques dans les zones de subduction révèle :
a) le plongement d'une lithosphère océanique ductile dans l'asthénosphère.
b) le plongement d'une lithosphère océanique rigide dans l'asthénosphère.
c) le plongement de l'asthénosphère rigide dans la lithosphère.

3 LES FRONTIÈRES DES PLAQUES ★ 15 min (corrigés p. 85)

À l'aide du document suivant, retrouver les différentes frontières qui délimitent les plaques lithosphériques. Repasser ces frontières avec des couleurs différentes.

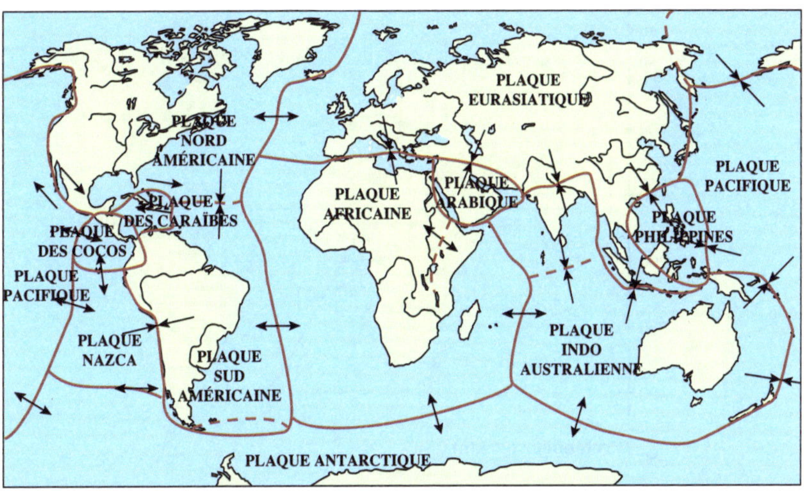

S'entraîner

4 UNE LIMITE THERMIQUE ENTRE LA LITHOSPHÈRE ET L'ASTHÉNOSPHÈRE ★★ 20 min

(corrigés p. 86)

À l'aide des documents ci-dessous et de vos connaissances, donner les arguments qui ont permis d'établir une limite entre lithosphère et asthénosphère et montrer que l'asthénosphère est une enveloppe solide ductile en effectuant le calcul du rapport *R* à 50, 100, 200 et 250 km de profondeur.

Doc. 1. **Vitesse de propagation des ondes sismiques en fonction de la profondeur.**
Les mesures ont été effectuées au niveau de la lithosphère océanique.

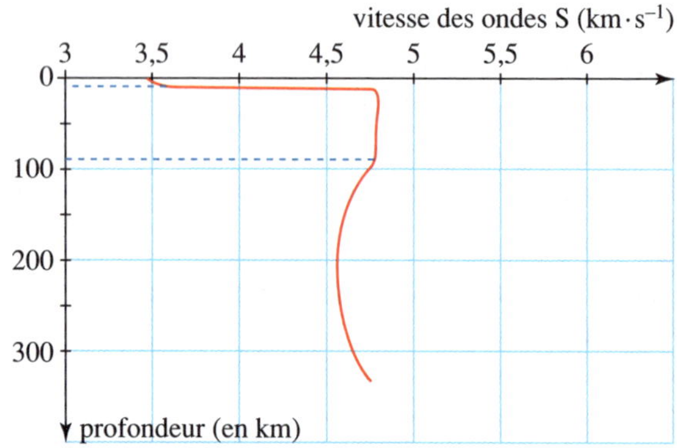

Doc. 2. **Étude du comportement mécanique des roches.**

On étudie le comportement mécanique des roches par le rapport R = Température de la roche / Température de fusion.

Connaissant la température qui règne à une profondeur donnée et la température de fusion d'une roche à cette même profondeur, on peut déterminer son comportement mécanique.

$R < 0{,}5$: comportement cassant.

$0{,}5 < R < 1$: comportement ductile.

Le géotherme (en bleu) indique la température qui règne à une profondeur donnée.
La courbe de fusion des péridotites (en rouge) délimite un domaine liquide d'un domaine solide.

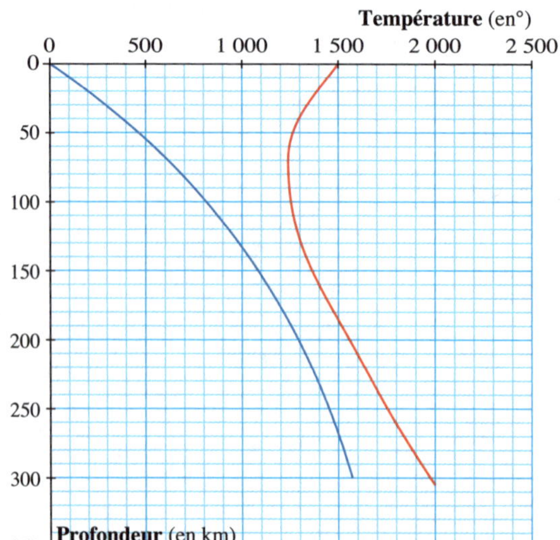

5 VITESSE DE DÉPLACEMENT DES PLAQUES ET POINT CHAUD ★★ 20 min

(corrigés p. 87)

Les îles de la Société forment un archipel situé dans le Pacifique Sud. Ces îles se sont formées à partir d'un point chaud centré actuellement sur Mehetia. On a pu dater la formation des roches volcaniques sur les différentes îles.

À partir des documents fournis :

– déterminer le sens de déplacement de la plaque Pacifique ;

– calculer la vitesse moyenne de déplacement de la plaque Pacifique depuis 5 Ma en cm/an.

Doc. 1. **Carte des îles de l'archipel de la Société.**

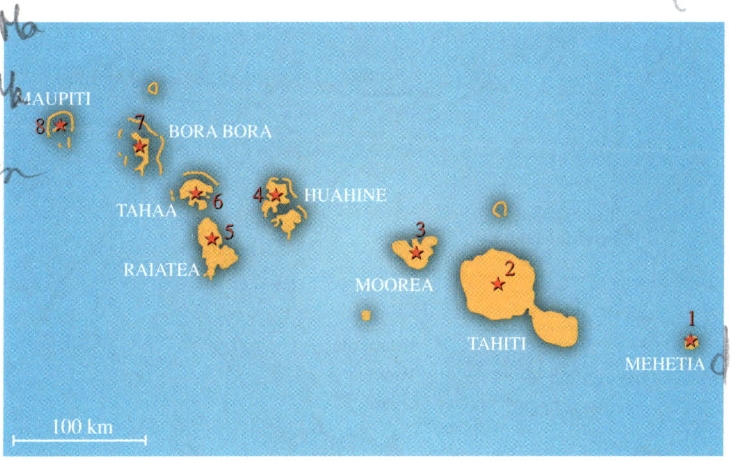

Doc. 2. **Âges des différentes îles de la Société.**

Îles	Âge moyen (en Ma)
Mehetia (1)	Inférieur à 0,2
Tahiti (2)	1
Moorea (3)	1,5
Huahine (4)	2,9
Raiatea (5)	2,52
Tahaa (6)	2,62
Bora Bora (7)	3,21
Maupiti (8)	4,5

6 UNE ZONE DE SUBDUCTION AU NIVEAU DES ÎLES ÉOLIENNES ★★★ 45 min

(corrigés p. 87)

De nombreux témoignages dès l'Antiquité font cas de manifestations géologiques « infernales », meurtrières, dans les îles Éoliennes. On cherche à montrer que celles-ci sont liées à l'existence d'une subduction.

À partir de l'exploitation du document ci-dessous, extraire des arguments qui montrent que l'activité sismique de cette région résulte d'une subduction. Préciser le sens de la subduction et les lithosphères mises en jeu. Réaliser un schéma légendé au niveau du trait de coupe *AB* pour établir les relations géométriques entre les différentes composantes de cette zone.

Document : Principaux caractères des zones de subduction.

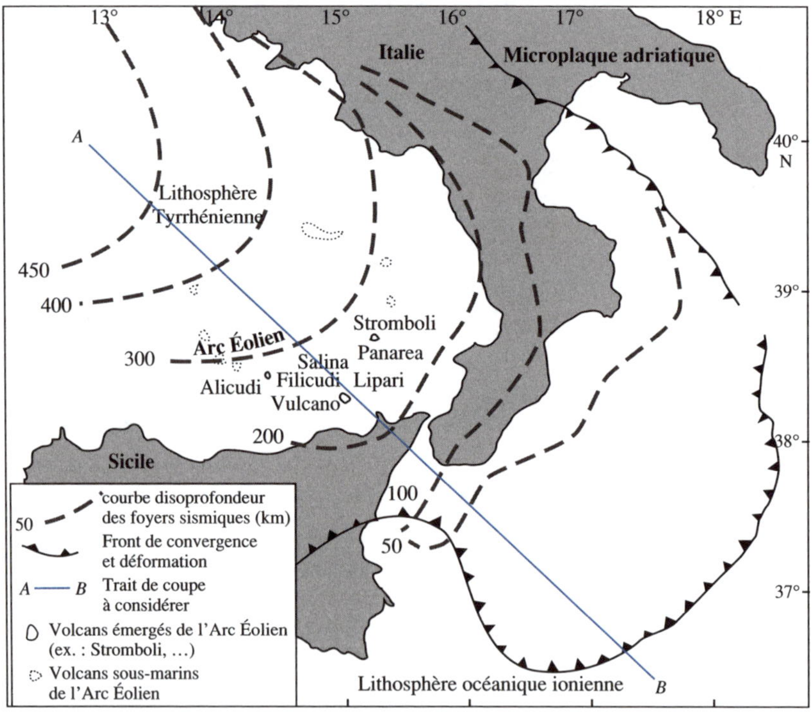

CORRIGÉS

Tester ses connaissances

1 **1°** Un point chaud est une zone de formation de magma située au sein du manteau et où la matière s'élève selon une colonne ascendante. Ce phénomène se traduit en surface par des manifestations volcaniques. Les points chauds sont fixes au cours du temps. Ils permettent de calculer la vitesse de déplacement des plaques.

2° Les failles transformantes sont de grandes fractures en arc de cercle qui interrompent le plus souvent des dorsales (les recoupant perpendiculairement), mais qui peuvent se situer aussi entre une dorsale et une zone de subduction.

3° La lithosphère a un comportement mécanique solide rigide (cassant), alors que l'asthénosphère a un comportement mécanique solide ductile (non cassant).

4° Dans les zones de subduction, la profondeur des foyers sismiques augmente de la fosse océanique en direction de la zone volcanique.

2 **1°** **a)** et **b)**. **2°** **c)**. **3°** **b)**.

3 Les différentes frontières qui délimitent les plaques lithosphériques sont : des zones de divergence au niveau des dorsales océaniques ; des zones de convergence où a lieu une subduction ; des zones de convergence où a lieu une collision (formation de chaîne de montagnes) ; des zones de coulissement (ou décrochement) au niveau de failles transformantes. Sur le document, on peut distinguer trois types de mouvements :

– des mouvements de convergence (avec des flèches vers la frontière des plaques lithosphériques) ;

– des mouvements de divergence (avec des flèches s'écartant de la frontière des plaques lithosphériques) ;

– des mouvements de coulissage ou de décrochement (avec des flèches montrant un déplacement horizontal de coulissement des plaques lithosphériques l'une sur l'autre).

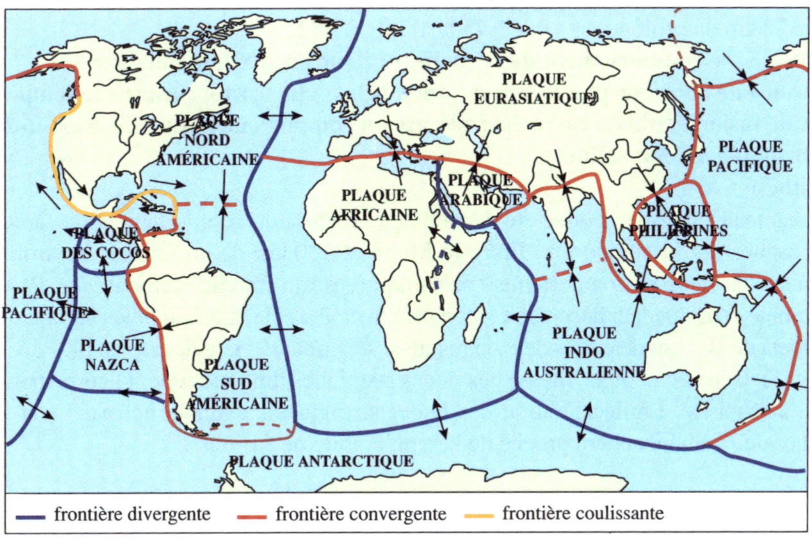

S'entraîner

4 Document 1

La vitesse de propagation varie en fonction de la profondeur. On constate une brusque augmentation de la vitesse vers 7 – 8 km de profondeur. La vitesse passe de 3,5 à 4,75 km · s^{-1}.

Il y a donc un brusque changement des propriétés physiques du milieu. Cette brusque variation délimite la croûte océanique du manteau supérieur ; **il s'agit de la discontinuité du Moho.**

L'augmentation de la vitesse indique une brusque augmentation de la densité.

Entre le Moho et la profondeur d'environ 100 km, la vitesse des ondes sismiques reste constante. Puis entre 100 et 250 km de profondeur la vitesse diminue progressivement. Au-delà de 250 km, la vitesse des ondes sismiques augmente progressivement pour atteindre la vitesse de 4,75 km · s^{-1}.

Entre 100 et 300 km de profondeur, le manteau supérieur présente des modifications de propriétés physiques qui entraînent des variations progressives de la vitesse des ondes sismiques.

Document 2

On recherche les différences de comportement mécanique des péridotites, roches constituant le manteau, en fonction de la profondeur.

C'est en laboratoire que les géologues évaluent la température de fusion d'une péridotite soumise à différentes pressions, donc à une profondeur donnée.

- À 50 km de profondeur : d'après le géotherme, la température qui règne est de 500 °C. La température de fusion de la péridotite à cette profondeur est de 1 250 °C. Le rapport *T* de la roche / *T*° de fusion est donc 500 / 1 250 = 0,4.

$R < 0,5$: **le comportement de la roche est donc cassant.**

- À 100 km de profondeur : $R = 800 / 1\,250 = 0,64$.

$R > 0,5$: **le comportement de la roche est donc ductile.**

- À 200 km de profondeur : $R = 1\,300 / 1\,550 = 0,83$.

$R \gg 0,5$: **le comportement de la roche est donc très ductile.**

- À 250 km de profondeur : $R = 1\,450 / 1\,750 = 0,82$.

$R \gg 0,5$: **le comportement de la roche est donc encore très ductile.**

On constate donc que plus la température de la roche se rapproche de sa température de fusion et plus cette roche présente un comportement ductile, c'est-à-dire déformable à l'état solide.

Synthèse :

Le manteau supérieur a donc été découpé en fonction du comportement mécanique des roches qui le composent. Entre le Moho et 100 km de profondeur environ, le manteau présente un comportement mécanique cassant comme la croûte (*doc. 2*). Cet ensemble constitue la lithosphère comprenant la croûte et le manteau lithosphérique.

Au-delà de 100 km de profondeur, le manteau supérieur devient de plus en plus ductile (*doc. 2*). Cette zone où la vitesse des ondes sismiques diminue (*doc. 1*) correspond à l'asthénosphère. La décélération des ondes sismiques s'explique ici par l'état des roches de l'asthénosphère proche de la température de fusion.

La limite entre la lithosphère et l'asthénosphère est une limite thermique.

5 D'après le document 1, l'archipel de la Société est constitué d'un alignement d'îles toutes issues d'un point chaud centré actuellement sur Mehetia. Cet alignement a une orientation nord-ouest / sud-est, avec le point chaud à l'extrémité de cet alignement au sud-est. Le document 2 nous montre que plus les îles sont éloignées du point chaud et plus elles sont âgées : Mehetia est l'île la plus jeune (moins de 200 000 ans) et Maupiti est l'île la plus vieille (4,5 Ma).
Nous savons que le point chaud est fixe et que c'est la plaque Pacifique qui se déplace au-dessus. On peut donc en déduire que la plaque Pacifique se déplace vers le nord-ouest. L'île de Maupiti s'est formée en premier en passant sur le point chaud, puis quand la plaque s'est déplacée vers le nord-ouest, les différentes îles se sont formées successivement jusqu'à Mehetia actuellement localisée à l'aplomb du point chaud.
On cherche à calculer la vitesse moyenne de déplacement de la plaque Pacifique depuis 5 Ma. Pour cela, on peut utiliser l'âge des roches volcaniques issues des îles de l'archipel de la Société et la distance entre les îles.
On utilise alors la formule suivante : Vitesse (cm · an^{-1}) = Distance (cm) / âge (an).
Il faut calculer la distance entre Mehetia et Maupiti, on obtient 495 km. On a alors :
Vitesse = $49{,}5 \,.\, 10^6 / 4{,}5 \,.\, 10^6 = 11$ cm · an^{-1}.
La plaque Pacifique se déplace donc de 11 cm · an^{-1} vers le nord-ouest.

L'interrogation écrite

6 Sur la carte de la mer Tyrrhénienne, on observe des courbes d'isoprofondeur de foyers sismiques. Le long de la coupe *AB*, en partant du sud-est (*B*) en allant vers le nord-ouest (*A*), les foyers des séismes sont de plus en plus profonds : on passe de 50 km à 450 km de profondeur.
Les séismes se réalisent dans la lithosphère (milieu à comportement cassant) ; toutefois, on observe des séismes à plus de 400 km de profondeur, alors que l'on doit se trouver normalement dans l'asthénosphère. Le comportement mécanique (ductile) de l'asthénosphère ne permet pas l'apparition de séismes.
La présence de séismes à grande profondeur (plus de 100 km) ne peut s'expliquer que par la présence de matériau rigide. Le plongement des foyers se réalise selon un plan incliné (plan de Wadati-Benioff). Ces arguments peuvent être interprétés comme un mouvement de subduction. Les foyers des séismes de plus en plus profonds marquent le sens de plongement de la lithosphère subduite vers le nord-ouest. C'est donc la lithosphère océanique ionienne qui entre en subduction sous la lithosphère tyrrhénienne dans l'asthénosphère.

cours exercices interro corrigés

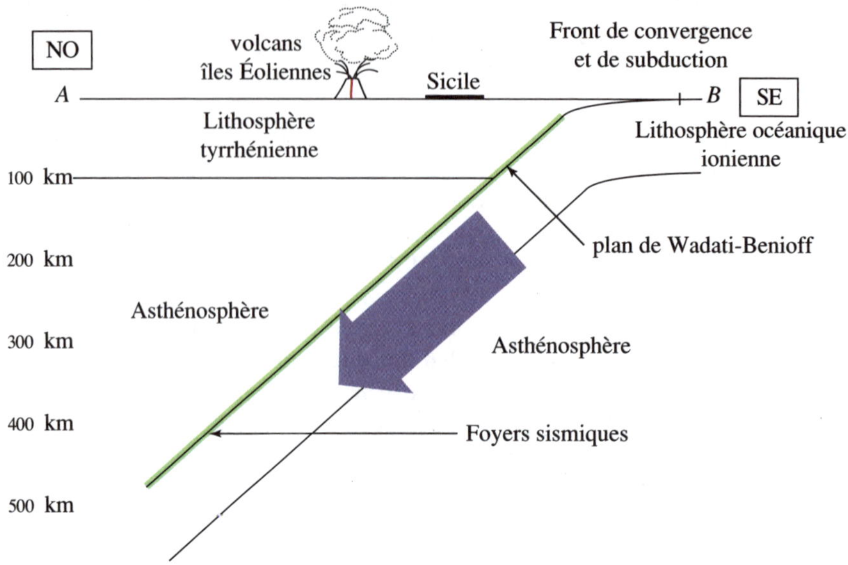

Schéma d'une zone de subduction au niveau de la coupe *AB*.

CHAPITRE 6

Évolution et renforcement du modèle d'une expansion océanique

LE COURS

Le renforcement du modèle d'une expansion océanique

▶ EXERCICES D'APPLICATION 3, 7 ET 8 pp. 92, 97, 99

Le modèle de la tectonique des plaques vu dans le chapitre précédent prévoit que la croûte océanique est d'autant plus vieille qu'on s'éloigne de la dorsale. Afin de vérifier cette hypothèse, les géologues entreprirent de dater les sédiments qui se déposent **sur les fonds océaniques basaltiques**.

▶ L'âge des sédiments océaniques

Grâce au programme de forages sous-marins dans les années 1960, les géologues ont pu réaliser des forages à grande profondeur (4 000 mètres) et remonter en surface des carottes de sédiments de 500 à 1 000 mètres de longueur. **L'âge des sédiments a pu être trouvé en étudiant les microfossiles contenus dans les prélèvements**.

Ces forages ont permis de vérifier l'hypothèse émise, en montrant que l'âge des sédiments en contact avec le basalte augmente régulièrement lorsqu'on s'éloigne de la dorsale. On a pu ainsi montrer que les vitesses d'expansion déduites de l'étude des sédiments est en accord avec celle déduite des anomalies magnétiques dans les différents océans du globe.

Le modèle prévoit des vitesses de déplacement des plaques. Il faut attendre la fin du XXe siècle avec l'utilisation de satellites pour confirmer ces vitesses.

▶ L'utilisation du GPS

En 2010, le système GPS (Global positionning system) est composé de 31 satellites orbitant à plus de 20 000 km d'altitude.

Les satellites émettent en permanence des signaux codés qui peuvent être captés par des récepteurs placés au sol. Sur le récepteur, on va pouvoir lire en temps réel les coordonnées géographiques (latitude, longitude et altitude) du point où il se trouve.

Les GPS de mesure scientifique ont une précision de quelques millimètres. On peut donc les utiliser **pour mesurer le déplacement des plaques lithosphériques**. Ceci nécessite un réseau très important de stations permanentes qui enregistrent en continu leurs coordonnées géographiques grâce au système GPS.

On a pu constater que **les vitesses « instantanées » de déplacement des plaques lithosphériques sont en accord avec les valeurs moyennes calculées sur plusieurs millions d'années à partir des données géologiques**.

L'évolution du modèle : le renouvellement de la lithosphère océanique

▶ EXERCICES D'APPLICATION 4, 5, 6 ET 9 pp. 93, 94, 95, 100

Comme nous l'avons vu dans les chapitres précédents, la lithosphère océanique est produite en permanence au niveau des dorsales. Toutefois, la surface terrestre n'augmente pas, il faut donc une disparition de matériaux. La lithosphère océanique est détruite dans les zones de subduction.

▶ La formation de la lithosphère océanique au niveau des dorsales

La lithosphère océanique est constituée de la croûte océanique et du manteau lithosphérique. La croûte océanique est formée en surface de basalte et en profondeur de gabbro. Le manteau lithosphérique est constitué de péridotite.

Le basalte et le gabbro sont des roches magmatiques. Ces roches ont la même composition minéralogique : elles sont issues d'un même magma dit de nature basaltique.

▶ L'origine du magma au niveau des dorsales

– Sous les dorsales, l'isotherme 1 300 °C est à une profondeur inférieure à la normale : la lithosphère est peu épaisse et la limite supérieure de l'asthénosphère est à une faible profondeur. Les péridotites de l'asthénosphère sont donc soumises à un mouvement d'ascension : elles subissent donc **une décompression (diminution de la pression) et à température constante (variation de pression adiabatique)** car l'asthénosphère qui remonte est un matériel plus chaud que le matériel mantellique qui l'entoure.

Ce mouvement ascendant de matériaux mantelliques s'accompagnant d'un transfert de chaleur correspond à un **phénomène de convection**.

– On a pu déterminer en laboratoire qu'une péridotite située à 160 km de profondeur est encore à l'état solide. Lorsqu'elle atteint une profondeur de l'ordre de 80 km, sa température est de 1 300 °C environ d'après le géotherme de dorsale : la fusion partielle peut alors débuter. **Cette fusion partielle ne correspond qu'à 5 à 15 % de la péridotite**.

– Le liquide issu de la fusion partielle s'accumule pour former un magma constitué d'une « bouillie cristalline ».

– Les dorsales océaniques sont le siège d'une production importante de magma, de l'ordre de 20 km^3 par an.

▶ La composition chimique du liquide de fusion partielle

– La péridotite initiale ne fondant que partiellement, le liquide qui en résulte présente une composition chimique différente de celle-ci. Donc **le magma basaltique présente la même composition chimique que le liquide de fusion partielle dont il provient**.

– La péridotite résiduelle, qui correspond à la partie non fondue de la péridotite initiale, n'a pas la même composition chimique que cette dernière. **Cette nouvelle péridotite constitue le nouveau manteau lithosphérique océanique**.

L'évolution de la lithosphère océanique

À l'aplomb de l'axe des dorsales, la lithosphère océanique est mince (quelques km) et chaude. L'arrivée de nouveaux matériaux issus du manteau vient créer une nouvelle portion de croûte océanique. De part et d'autre de l'axe de la dorsale, la lithosphère océanique s'éloigne progressivement de la zone d'accrétion.
Dans les zones de subduction, les données tomographiques confirment que de la lithosphère océanique âgée et froide plonge dans l'asthénosphère et s'incorpore au manteau. Ces mêmes données tomographiques ont aussi montré que des morceaux de lithosphère peuvent se retrouver à très grande profondeur sans fondre totalement.

LA DIFFICULTÉ DU CHAPITRE

Il faut comprendre que la fusion de péridotite peut se réaliser partiellement. Cette fusion est liée à des variations de pression et/ou de température.
Dans le cas de la formation de magma à l'aplomb des dorsales, le facteur permettant la fusion partielle est la diminution de pression. En effet, les mouvements ascendants des péridotites asthénosphériques s'accompagnent d'un transfert de chaleur : il s'agit d'un phénomène de convection. La température de ces péridotites reste relativement constante du fait de l'inertie des échanges thermiques entre ce matériel chaud et le matériel froid encaissant. Ces péridotites sont donc soumises à une diminution de la pression à température constante.

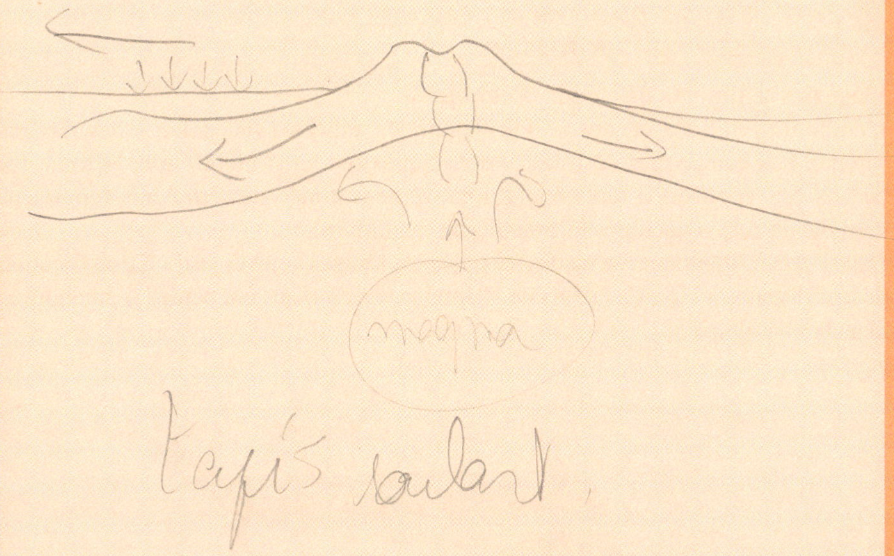

cours
exercices
interro
corrigés

EXERCICES

Tester ses connaissances

1 VÉRIFIER SES CONNAISSANCES ★ 5 min (corrigés p. 101)

1° Citer les éléments nouveaux étudiés dans les années 1960 à 2000 qui ont permis de renforcer le modèle d'une expansion océanique.

2° Définir le phénomène de convection.

3° Expliquer l'origine d'une fusion partielle des péridotites à l'aplomb des dorsales.

2 QCM ★ 3 min (corrigés p. 101)

Choisir la (ou les) bonne(s) proposition(s).

1° L'âge des sédiments en contact avec le plancher océanique :

a) diminue lorsqu'on s'éloigne de l'axe de la dorsale.

b) diminue lorsque l'on s'approche de l'axe de la dorsale.

c) permet de calculer une vitesse instantanée de déplacement des plaques.

d) est rarement de plus de 200 millions d'années.

2° À l'aplomb de la dorsale, le magma se forme à partir :

a) d'une augmentation de la température du matériel mantellique.

b) d'une baisse de pression du matériel mantellique.

c) d'une baisse de pression et d'une augmentation de température de la péridotite.

S'entraîner

3 VITESSE D'EXPANSION OCÉANIQUE CALCULÉE À PARTIR DES SÉDIMENTS ★★ 20 min (corrigés p. 101)

L'âge des sédiments des fonds océaniques

L'étude du fond des océans se fait depuis les années 1960 grâce à des navires foreurs. Les campagnes de forages océaniques ont ainsi montré que le fond des océans est recouvert d'une couche relativement mince de sédiments (épaisseur variable de zéro à quelques kilomètres au maximum).

Dans l'océan Atlantique, on a effectué plusieurs forages notés A jusqu'à F en fonction de leur distance à l'axe de la dorsale atlantique. Ces forages ont permis d'atteindre le plancher basaltique.

Doc. 1. A

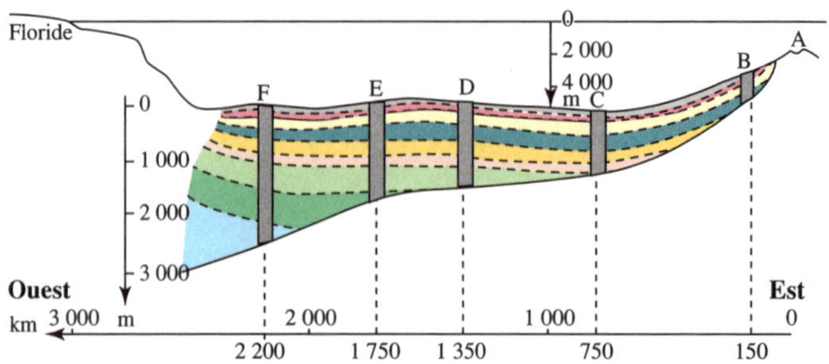

B

Doc.2. On a reporté sur ce document les sédiments les plus âgés qui reposent directement sur le plancher basaltique. L'échelle des temps donne l'âge des sédiments en millions d'années.

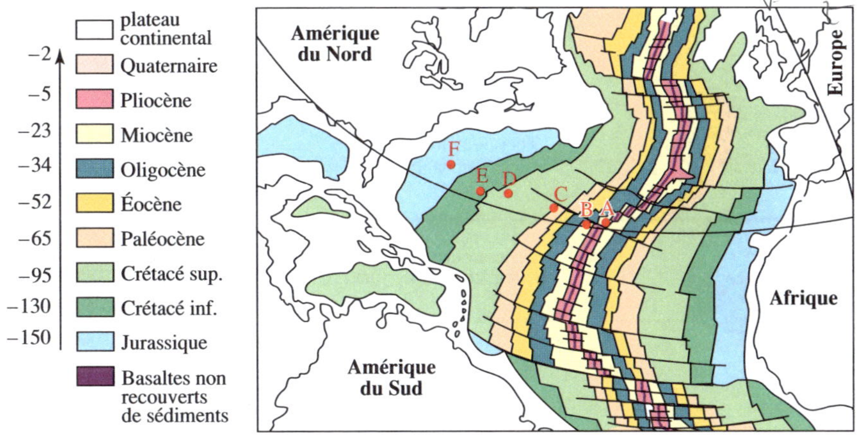

1° Que constate-t-on sur l'âge des sédiments directement en contact avec le plancher basaltique ? Justifier la réponse en utilisant quelques exemples.
2° Que peut-on déduire sur l'âge des basaltes ? Comment expliquer cette dernière observation ?
3° En s'aidant de l'échelle stratigraphique, tracer un graphique de l'âge des sédiments en fonction de la distance des forages par rapport à la dorsale.
4° Calculer la vitesse d'expansion à l'aide du forage F.
5° Quel est l'âge de l'océan Atlantique ? Justifier les réponses.
6° Comparer l'âge de cet océan à celui des continents sur lesquels on a retrouvé des roches de plus de 3,5 Ga. Que suggère cette observation ?

4 MODÉLISATION D'UNE CONVECTION ★★ 20 min (corrigés p. 102)

Les phénomènes de convection et de conduction correspondent à des transferts de chaleur. Mais dans le cas de la conduction, il n'y a pas de mouvement de matière, alors qu'au cours de la convection, ce transfert s'accompagne d'un mouvement de la matière.

On peut modéliser ces phénomènes en laboratoire en utilisant des matériaux simples comme de l'eau et du bleu de méthylène qui permettront de visualiser les éventuels mouvements de matière.

En utilisant les données des expériences suivantes, montrer quelle expérience montre un phénomène de convection en justifiant la réponse.

Protocole expérimental : On utilise deux grands béchers contenant de l'eau. Au fond de chaque bécher, on introduit ensuite délicatement à l'aide d'une pipette du bleu de méthylène froid. Le bleu de méthylène étant froid, sa densité est plus importante et restera plus facilement au fond du bécher. Dans les deux cas, deux thermomètres sont

cours
exercices
interro
corrigés

utilisés : l'un permettra de suivre l'évolution de la température en surface et l'autre celle au fond du bécher. Un thermoplongeur permet de chauffer le dispositif soit en surface (expérience 1), soit par le fond (expérience 2).

Expérience 1 à $t = 0$		Expérience 2 à $t = 0$

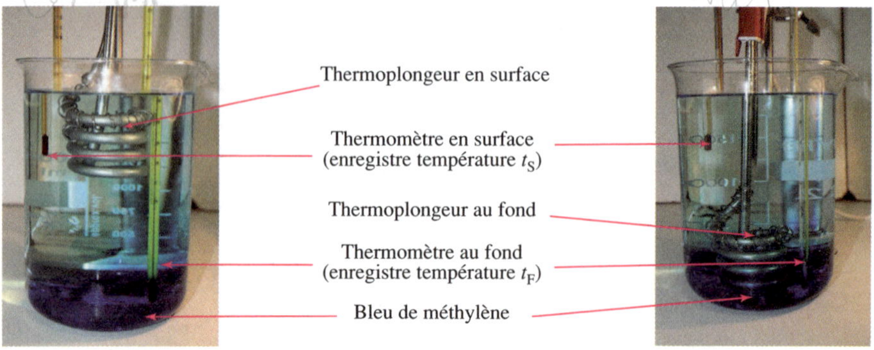

Expérience 1 à $t = 6$ min

Évolution des températures lors de l'expérience 1		Évolution des températures lors de l'expérience 2	
t_S	t_F	t_S	t_F
20	21	20	19
48	21	28	23
59	21	33	30
68	22	38	37
77	22	43	44
87	23	49	61
90	24	58	67
91	24	63	71

Expérience 2 à $t = 6$ min

5 EXPLOITATION D'UN DIAGRAMME PRESSION-TEMPÉRATURE ★★ 20 min

(corrigés p. 102)

À l'aide de vos connaissances, exploiter le document suivant afin de montrer que la formation des magmas au niveau de l'axe des dorsales est liée à la remontée de matériel asthénosphérique.

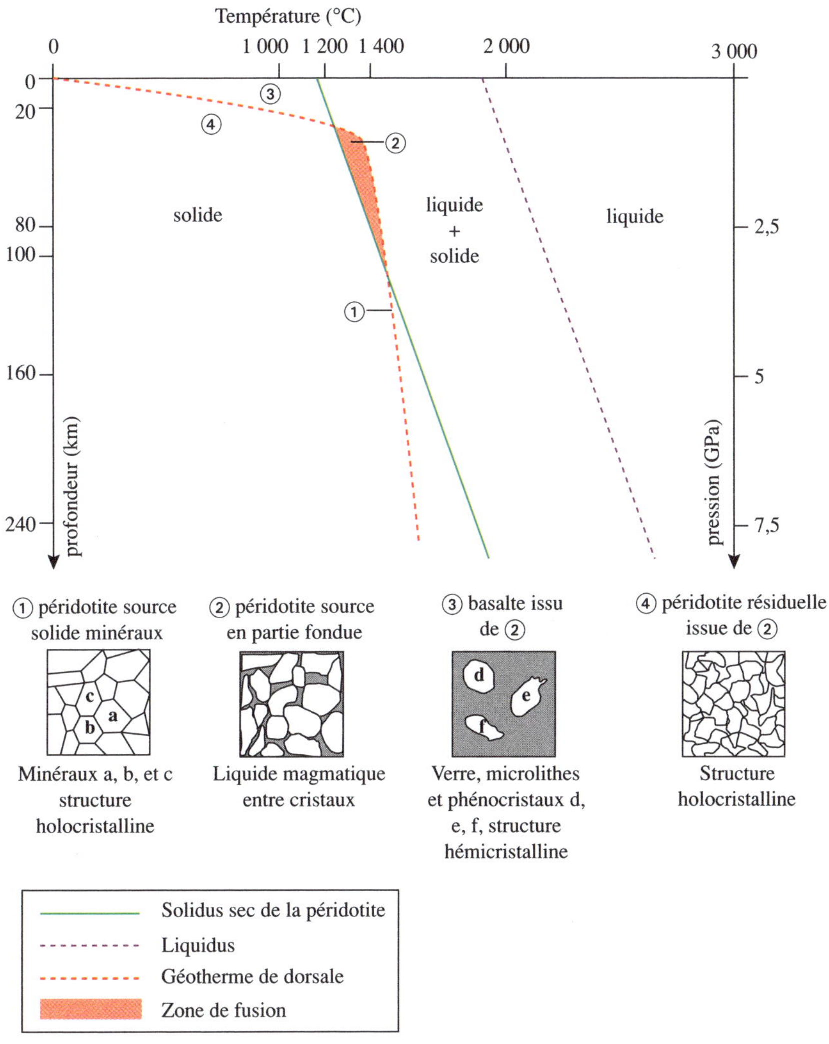

6 ÉVOLUTION DE LA COMPOSITION CHIMIQUE DU LIQUIDE DE FUSION PARTIELLE ★★ 25 min

(corrigés p. 103)

Lors de la fusion partielle des péridotites, une différenciation chimique se produit. Le liquide magmatique issu de cette fusion partielle aura donc une composition chimique différente de celle de la péridotite initiale.

À partir de l'exploitation des documents 1 et 2, montrer que la péridotite initiale, la péridotite résiduelle, ainsi que les basaltes de la croûte océanique ont des compositions chimiques différentes. Pour cela, montrer que la composition du basalte océanique dépend du pourcentage de fusion partielle et calculer le pourcentage massique en éléments chimiques de la péridotite résiduelle. La synthèse devra inclure le document de référence.

Document de référence :

Ce schéma montre de façon simplifiée comment, à partir d'une péridotite A, on obtient les différentes roches qui entrent dans la composition de la lithosphère océanique. Basalte et gabbro constituent la nouvelle croûte océanique, la péridotite B constitue le nouveau manteau lithosphérique.

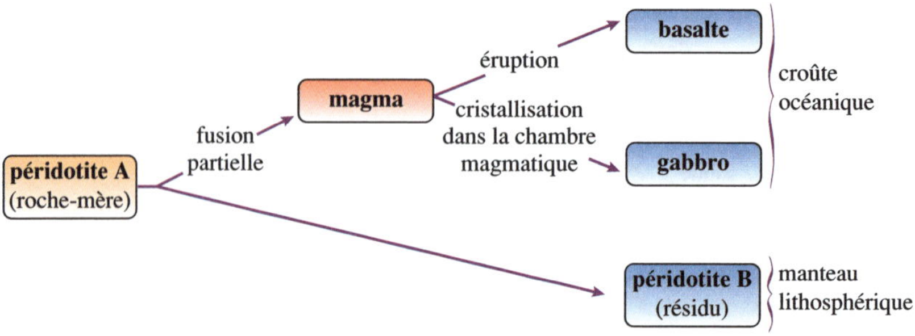

Doc. 1. **Expérience en laboratoire de fusion partielle d'une péridotite.**

On place une péridotite broyée dans un autoclave. Elle est portée à différentes températures qui déterminent sa fusion partielle (de 5 à 30 % de fusion). On analyse la composition chimique du matériel fondu pour chaque expérience de fusion partielle. Les résultats, regroupés dans le tableau ci-dessous, sont comparés à la composition chimique du basalte.

Composition chimique *	Basalte de dorsale	Péridotite utilisée lors de l'expérience	% de fusion				
			5 %	15 %	20 %	25 %	30 %
SiO_2	48	44,9	47	48	48,6	50,1	50,5
Al_2O_3	14,3	3,2	15,7	13,2	12,8	11,8	10,5
Fe_2O_3	11	8,6	13,9	12,1	8,9	8,3	8,9
MgO	12	40	10,4	12	15,4	18,8	19,2
CaO	12	3	9,2	12,6	13,2	10,1	9,9
Na_2O	2,2	0,3	2,6	1,5	1,1	0,8	0,9
K_2O	0,5	0,1	1,2	0,6	0,1	0,1	0,1

* exprimée en % de masse d'oxydes

Doc. 2. **Composition des roches de la péridotite asthénosphérique et des roches de la croûte océanique.** (Valeurs exprimées en pourcentage massique des différents éléments.)

	Si	Al	Fe	Mg	Ca	Na	K	O
Péridotite asthénosphérique	21,1	1,9	6,5	22,5	2,2	0,5	0,02	43,15
Basalte et gabbro de la croûte océanique	23,6	7,9	9,6	2,5	7,2	1,9	0,1	44,15

7 CALCUL DE LA VITESSE DE DÉPLACEMENT ET DU SENS DE DÉPLACEMENT DES PLAQUES D'APRÈS DES DONNÉES GPS ★★ 25 min (corrigés p. 104)

Les systèmes GPS permettent de déterminer avec une grande précision le déplacement d'un point à la surface du globe.

On dispose de trois stations, nommées PAMA, EISL et SANT, respectivement situées sur la plaque pacifique, la plaque Nazca et la plaque sud-américaine. Le déplacement de ces stations a été étudié pendant une dizaine d'années.

Principe de la méthode :

Les données GPS permettent de connaître le déplacement de chaque station en latitude et longitude en fonction du temps. On peut donc tracer une droite $y = f(x)$, avec y le déplacement et x le temps.

Le coefficient directeur de la droite peut alors être calculé ($a = (y_B - y_A) / (x_B - x_A)$) et celui-ci correspond à la vitesse de déplacement d'une station.

Le sens du déplacement est donné par le signe du coefficient directeur :

– pour les latitudes :

$a < 0$: déplacement vers le sud,

$a > 0$: déplacement vers le nord ;

– pour les longitudes :

$a < 0$: déplacement vers l'ouest,

$a > 0$: déplacement vers l'est.

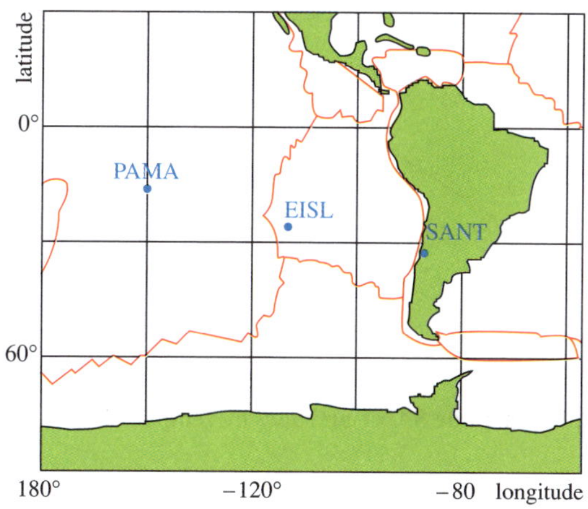

1° À l'aide des résultats graphiques, calculer les vitesses de déplacement de chaque station en latitude et en longitude.

Présenter les résultats dans un tableau.

2° Déduire des résultats précédents le sens du déplacement des stations en latitude et en longitude.

3° Construire sur la carte le vecteur vitesse global de déplacement de chaque station et en déduire la vitesse globale. (On peut aussi la calculer : $\|\vec{v}\| = \sqrt{v_{lat.}^2 + v_{long.}^2}$.)

4° Montrer que ces résultats confirment des mouvements de divergence et de convergence.

Résultats graphiques obtenus pour les trois stations :

Déplacement de PAMA au cours du temps

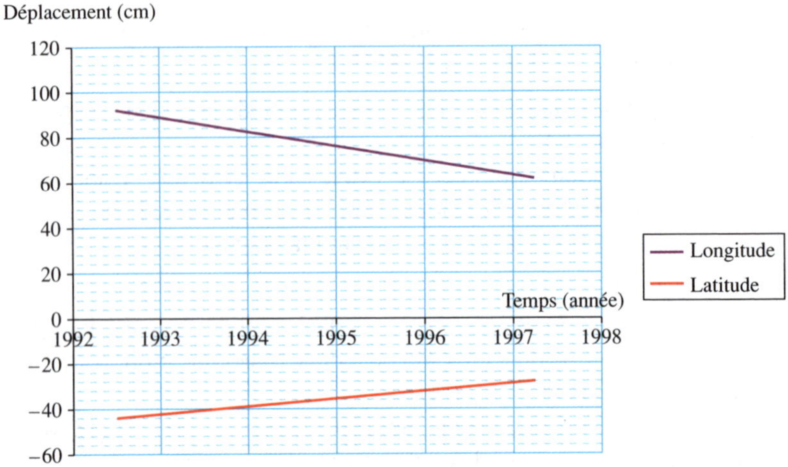

Déplacement de EISL au cours du temps

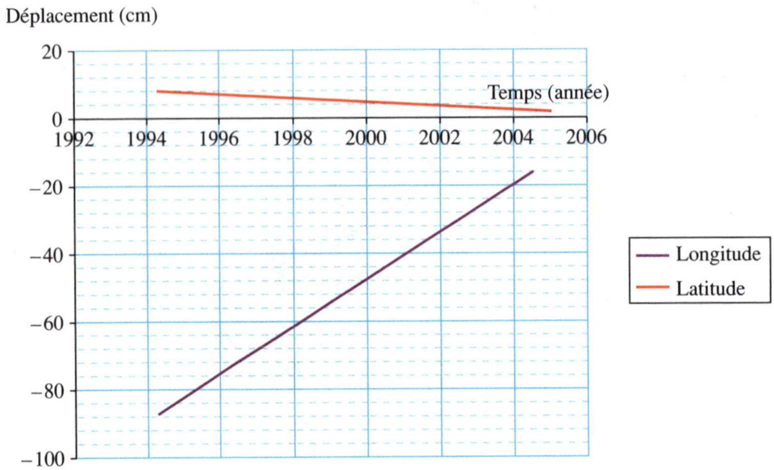

Déplacement de SANT au cours du temps

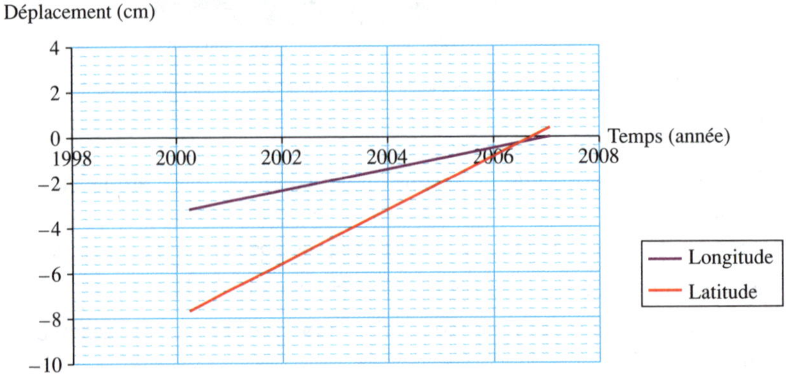

8 EXPANSION OCÉANIQUE DANS L'ATLANTIQUE NORD ★★★ 45 min

(corrigés p. 106)

L'Islande est une terre jeune. En effet, elle n'a que quelques dizaines de millions d'années d'existence, ses terrains les plus anciens étant datés de l'Oligocène (ère tertiaire).

À l'aide de l'exploitation des documents ci-dessous et de vos connaissances, montrer que la région entre l'Islande et le Groenland est une zone d'expansion océanique.

(On calculera, à l'aide du document 1, la vitesse absolue (en cm/an) entre chaque point.)

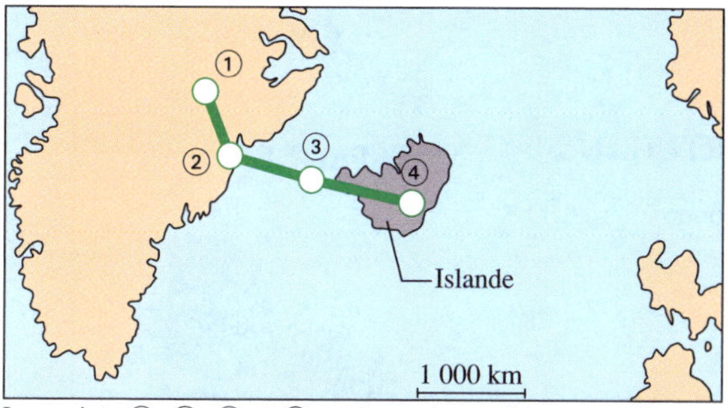

Les points ①, ②, ③ et ④ restituent les positions actuelles des roches volcaniques issues de ce point chaud.
① 60 Ma ② 50 Ma ③ 36 Ma ④ aujourd'hui.

Doc. 1. **Carte paléogéographique de la position d'un point chaud centré actuellement sur l'Islande.**

Les points ①, ②, ③ et ④ restituent les positions des roches volcaniques issues de ce point chaud il y a respectivement 60, 50, 36 Ma et actuellement.

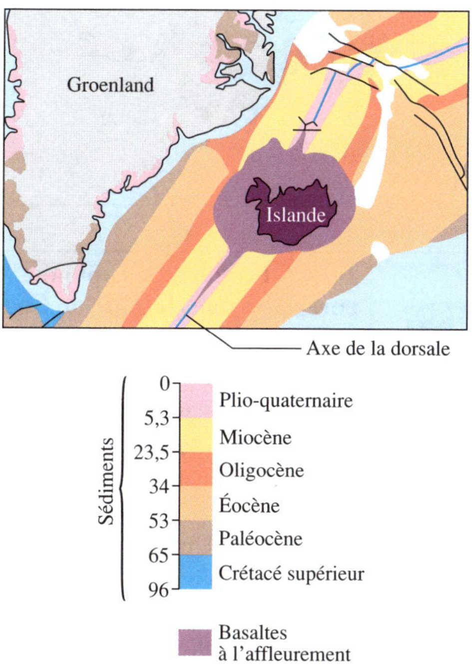

Doc. 2. **Carte géologique des sédiments directement en contact avec le plancher basaltique de l'Atlantique nord.**

9 DISPARITION DE LA LITHOSPHÈRE OCÉANIQUE ★★★ 45 min (corrigés p. 107)

En mettant en relation les informations des deux documents, expliquer pourquoi des géologues envisagent l'existence d'une zone de subduction dans la région de Gibraltar.

Préciser le sens dans lequel la plaque subduite plonge.

Doc. 1. **Carte de la région de Gibraltar.**

Localisation des épicentres de séismes ayant affecté la région et profondeur des foyers sismiques correspondant aux épicentres.

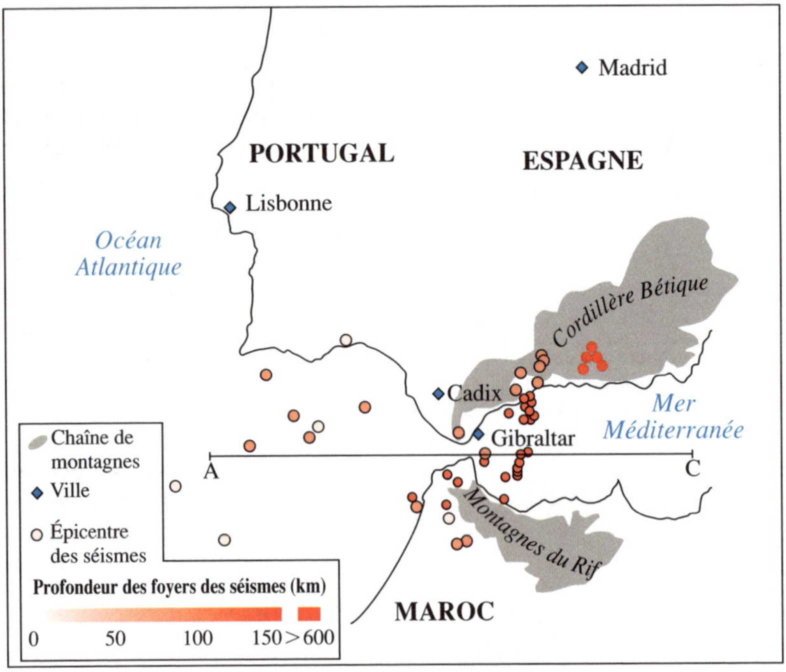

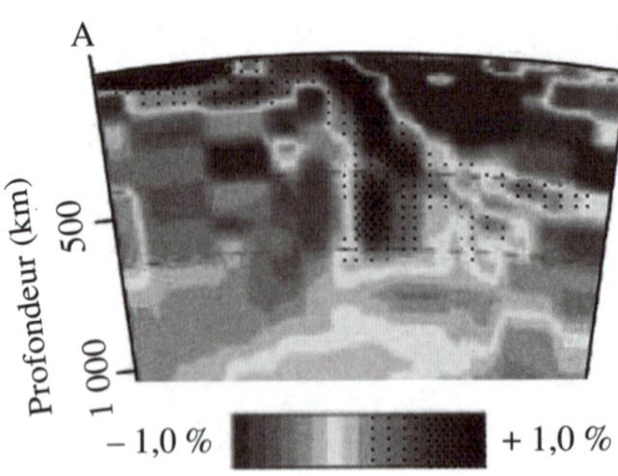

D'après un sujet du Bac général, SVT, série S, session 2007. D.R.

Doc. 2. **Profil tomographique enregistré dans le golfe de Cadix.**

La tomographie indique les anomalies de vitesse de propagation des ondes sismiques à une profondeur donnée (en % par rapport à la valeur normale). Les anomalies sont interprétées comme des anomalies de température. Une anomalie négative est associée à une zone chaude, une anomalie positive à une zone froide.

D'après *Geology*, décembre 2002.

CORRIGÉS

Tester ses connaissances

1 1° Des forages sous-marins dans les années 1960 ont permis de montrer que l'âge des sédiments océaniques directement en contact avec le plancher basaltique augmente lorsqu'on s'éloigne de l'axe de la dorsale. L'âge du plancher océanique augmente donc aussi de la même façon : ces arguments renforcent l'idée d'une expansion océanique. Dans les années 2000, le système GPS permet de calculer le déplacement des plaques lithosphériques et les calculs de vitesse de déplacement concordent avec les vitesses calculées à l'aide des sédiments océaniques. Le modèle d'une expansion océanique est donc renforcé.

2° Le phénomène de convection correspond à un déplacement de matière accompagné d'un transfert de chaleur. Cette convection a lieu, par exemple, au niveau de l'axe des dorsales lors du mouvement ascendant de matériaux mantelliques.

3° Au niveau de l'axe des dorsales, la remontée de péridotites d'origine mantellique entraîne une décompression. Au cours de cette remontée, la température reste constante. Lorsque les péridotites atteignent une profondeur d'environ 80 km, et alors que la température est de 1 300 °C, la fusion partielle débute.

2 1° **b**) et **d**). 2° **b**).

S'entraîner

3 1° D'après le document 2, l'âge des sédiments directement en contact avec le plancher basaltique augmente au fur et à mesure que l'on s'éloigne de l'axe de la dorsale. Par exemple, à 150 km de l'axe de la dorsale, au niveau du forage B, les sédiments sont datés du Miocène, ce qui correspond à un âge moyen de 23 millions d'années. Mais à 1 750 km de l'axe de la dorsale, au niveau du forage E, les sédiments océaniques sont datés du Crétacé inférieur, ce qui correspond à un âge moyen de 130 millions d'années donc plus anciens que les sédiments directement en contact avec les basaltes du forage B.

2° Les sédiments se déposent au cours du temps sur le plancher basaltique. Les basaltes sont donc un peu plus anciens que les sédiments qui se déposent. On peut donc en déduire que l'âge des basaltes augmente aussi avec la distance à l'axe de la dorsale. Le plancher océanique se forme donc progressivement au cours du temps : le modèle d'une expansion océanique est renforcé.

3°

Évolution de l'âge des sédiments en contact avec le basalte en fonction de leur distance à l'axe de la dorsale

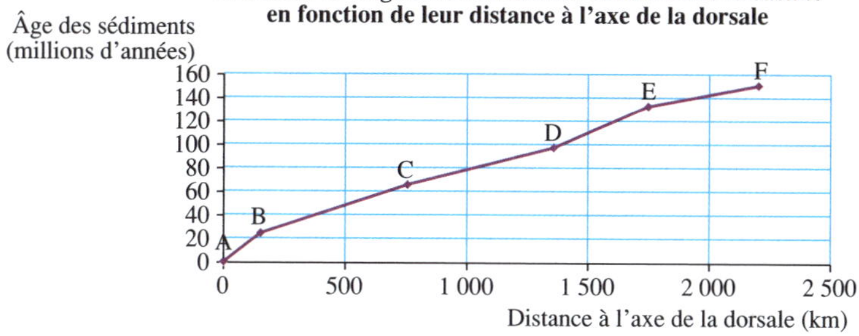

4° La vitesse d'expansion correspond au rapport entre la distance parcourue par un point sur le temps de parcours. Ici, la distance du forage F par rapport à l'axe de la dorsale est de 2 200 km. Les sédiments directement en contact avec le basalte sont âgés d'environ 150 millions d'années. La vitesse est de 2 200/150, soit 14,6 km par million d'années.
La vitesse d'expansion s'exprime en cm par an. On a donc ici 1,4 cm/an.
5° L'océan Atlantique est âgé au moins de 150 millions d'années car les sédiments les plus anciens ont 150 millions d'années (sédiments du Jurassique).
6° Les roches continentales ont donc des âges plus élevés. Les roches basaltiques de la croûte océanique sont récentes. Cela montre qu'il y a un renouvellement des fonds océaniques. L'océan Atlantique est né il y a un peu plus de 150 millions d'années.

4 Le phénomène de convection s'accompagne d'un déplacement de matière.
Le bleu de méthylène permet de visualiser s'il y a ou non un tel déplacement.
Dans l'expérience 1, on constate que le bleu de méthylène est resté au fond du bécher en fin d'expérience. Alors que, dans l'expérience 2, pour laquelle les conditions initiales sont identiques, le bleu de méthylène s'est propagé dans tout le bécher. Il y a donc eu déplacement, mouvement du colorant. Le facteur qui permet d'expliquer ce mouvement est la position du thermoplongeur. Le thermoplongeur placé en surface n'a pas permis le mouvement du colorant. Seul celui placé au fond a provoqué ce déplacement. **L'expérience 2 pourrait correspondre à un phénomène de convection car il y a bien déplacement.**
Il faut vérifier s'il y a transfert de chaleur. Or, les résultats des mesures de température montrent que les températures au fond et en surface augmentent rapidement lors de l'expérience 2, alors que, dans l'expérience 1, seule la température de surface augmente de façon notable.
La température de surface passe ainsi de 20 à 63 °C dans l'expérience 2. Or, la source de chaleur provient du thermoplongeur placé au fond du bécher. **Il y a donc un transfert de chaleur très efficace qui s'effectue du fond vers la surface.**
Le déplacement du bleu de méthylène, ainsi que les mesures de température montrent qu'il y a conjointement déplacement de matière et transfert de chaleur. On peut donc parler de convection dans le cas de l'expérience 2.

5 Si on suit le géotherme de la dorsale, on constate que :
• Le géotherme de dorsale permet de déterminer la température à laquelle se trouve une roche en fonction de la pression. Ainsi, une péridotite située à plus de 100 km de profondeur, soit à une pression de 3 GPa, est soumise à une température de l'ordre de 1 300 °C. Dans ces conditions, d'après la figure 1, les cristaux constituant la péridotite sont jointifs.
Dans les conditions de pression et de température correspondant à la zone 1, la péridotite est à l'état solide et est entièrement cristallisée.

Bien comprendre que le géotherme indique la température à laquelle se trouvent les roches en fonction de la profondeur.

• Entre –20 et –100 km, les péridotites se trouvent à des profondeurs pour lesquelles la température varie peu (la température reste voisine de 1 300 °C). Par contre, la pression varie de 3 GPa à 1 GPa. Dans ces conditions, la péridotite se trouve dans le domaine d'état solide + liquide et est composée, d'après la figure 2, d'une association de matière à l'état liquide et solide.

Si on suit le géotherme, on constate donc que la diminution de pression importante (sans variation de température) entraîne la fusion partielle de la péridotite. On obtient donc un mélange de liquide magmatique issu de la fusion partielle de la péridotite et des cristaux de péridotite non fondus.

• De 0 à –20 km, une roche située sur le géotherme se trouve à une température inférieure à 1 100 °C. Cette température diminue fortement (de 1 100 °C sur 20 km environ). D'après le géotherme, la roche se trouve dans la phase solide. Selon la profondeur, on trouvera soit le basalte proche de la surface avec une structure microlitique, soit de la péridotite entièrement cristallisée plus en profondeur avec une structure holocristalline.
Le liquide issu de la fusion partielle de la zone 2 (vue précédemment) s'accumule. Il donnera les basaltes (zone 3) après refroidissement. La phase solide restante formera la péridotite entièrement cristallisée (zone 4) du manteau lithosphérique.

Conclusion : Ce document montre que la formation des magmas au niveau de l'axe de la dorsale se forme grâce à une remontée de la péridotite asthénosphérique. Cette remontée se réalise avec une diminution de pression, mais sans variation de température. Ceci permet la fusion partielle de la péridotite dans une zone comprise entre –100 et –20 km à une température de l'ordre de 1 200 à 1 300 °C.

6 Document 1

Dans cette expérience, on connaît la composition chimique de la péridotite initiale. On constate que, pour une fusion partielle de 5 % de cette péridotite, le basalte obtenu à partir de cette fusion présente un pourcentage en SiO_2 de 47 %, alors qu'avec une fusion de 15 %, le pourcentage en SiO_2 dans le basalte obtenu est de 48 %. Globalement, c'est avec une fusion partielle de 15 % que le basalte obtenu à la suite de l'expérience présente les pourcentages massiques en oxydes les plus proches de ceux du basalte océanique.

La composition du basalte dépend donc du pourcentage de fusion partielle de la péridotite initiale. Dans les conditions qui règnent au niveau des dorsales, on peut raisonnablement penser que la fusion partielle de la péridotite initiale est de 15 %.
On constate d'autre part que, lors d'une fusion partielle, la composition chimique de la péridotite initiale et celle du basalte issu du liquide de fusion sont différentes.
La fusion partielle entraîne donc une différenciation chimique.

Document 2

• *Calcul du pourcentage massique en Si dans la péridotite résiduelle*

La péridotite initiale (péridotite asthénosphérique ou péridotite A du document de référence) contient 21,1 % de Si. On obtient, par fusion partielle de 15 % de cette péridotite, des basaltes et des gabbros contenant 23,6 % de Si.

Les roches issues du liquide de fusion se sont donc enrichies relativement en Si. La péridotite résiduelle s'est donc appauvrie en Si.

Sur 100 g de péridotite A, 15 g vont permettre la formation de 15 g de roches de la croûte océanique (fusion de 15 %). Les 85 g restants (non fondus) vont donner la péridotite résiduelle (péridotites B du document de référence).
On recherche la masse de Si présente dans 15 g de basalte : $23,6 \times 15/100 = 3,54$ g.

Dans les 85 g de péridotites restantes, il y a donc 21,1 – 3,54 = 17,56 g de Si, soit un pourcentage massique de 17,56 × 100/85 = 20,6.

• Le même raisonnement est tenu pour les autres éléments chimiques et on obtient théoriquement :

% massique dans B = (% massique dans A – 0,15 × % massique dans le basalte)/0,85.

	Si	Al	Fe	Mg	Ca	Na	K	O
Péridotite résiduelle	20,6	0,8	5,9	26	1,3	0,25	0,006	42,9

La composition de la péridotite résiduelle est donc différente de la composition de la péridotite asthénosphérique.

Synthèse

La fusion de la péridotite initiale n'étant que partielle (15 % d'après le *doc.1*), la composition du liquide issu de la fusion partielle sera donc différente de celle de la péridotite initiale. Gabbros et basaltes résultant de ce liquide ont donc une composition chimique différente de celle de la péridotite initiale.

D'après le document de référence, la fusion d'une péridotite initiale (péridotite asthénosphérique) entraîne l'apparition d'une nouvelle péridotite dite résiduelle. Elle provient des 85% non fondus de la péridotite initiale. Cette péridotite n'a pas la même composition chimique que la péridotite initiale (*doc.2*) : elle s'enrichit ou s'appauvrit relativement en certains éléments chimiques. Cette péridotite résiduelle formera le nouveau manteau lithosphérique océanique.

Basaltes et gabbros, issus du refroidissement du liquide de la fusion partielle, formeront la nouvelle croûte océanique.

7 1°

	Déplacement de la station PAMA	**Déplacement de la station EISL**	**Déplacement de la station SANT**
Période choisie	$x_A = 1993$ et $x_B = 1997$	$x_A = 1996$ et $x_B = 2004$	$x_A = 2002$ et $x_B = 2006$
Ordonnées de la station en latitude : en latitude : coefficient directeur :	$y_A = -42$ cm $y_B = -28$ cm $\boldsymbol{a_1} = 14/4$ **= 3,5 cm/an**	$y_A = 7$ cm $y_B = 2$ cm $\boldsymbol{a_3} = -5/8$ **= – 0,6 cm/an**	$y_A = -5{,}6$ cm $y_B = -0{,}8$ cm $\boldsymbol{a_5} = 4{,}8/4$ **= 1,2 cm/an**
Ordonnées de la station en longitude : en longitude : coefficient directeur :	$y_A = 88$ cm $y_B = 64$ cm $\boldsymbol{a_2} = -24/4$ **= – 6 cm/an**	$y_A = -76$ cm $y_B = -20$ cm $\boldsymbol{a_4} = 56/8$ **= 7 cm/an**	$y_A = -2{,}4$ cm $y_B = -0{,}4$ cm $\boldsymbol{a_6} = 2/4$ **= 0,5 cm/an**

2° • Déplacement de la station PAMA :

– en latitude, le coefficient directeur $a_1 = 3{,}5$ cm/an, donc $a_1 > 0$, donc le vecteur vitesse est orienté vers le nord ;

– en longitude, le coefficient directeur $a_2 = -6$ cm/an avec $a_2 < 0$, donc le vecteur vitesse est orienté vers l'ouest.

On peut en déduire que la station PAMA se déplace vers le nord à une vitesse de 3,5 cm/an et vers l'ouest à une vitesse de 6 cm/an.

• Déplacement de la station EISL :
– en latitude, le coefficient directeur $a_3 = -0{,}6$ cm/an, donc $a_3 < 0$, donc le vecteur vitesse est orienté vers le sud ;
– en longitude, le coefficient directeur $a_4 = 7$ cm/an avec $a_4 > 0$, donc le vecteur vitesse est orienté vers l'est.
On peut en déduire que la station EISL se déplace vers le sud à une vitesse de 0,6 cm/an et vers l'est à une vitesse de 7 cm/an.

• Déplacement de la station SANT :
– en latitude, le coefficient directeur $a_5 = 1{,}2$ cm/an, donc $a_5 > 0$, donc le vecteur vitesse est orienté vers le nord ;
– en longitude, le coefficient directeur $a_6 = 0{,}5$ cm/an avec $a_6 > 0$, donc le vecteur vitesse est orienté vers l'est.
On peut en déduire que la station SANT se déplace vers le nord à une vitesse de 1,2 cm/an et vers l'est à une vitesse de 0,5 cm/an.

3°

Vitesse globale :
PAMA ≈ 7 cm/an

EISL ≈ 7 cm/an

SANT ≈ 1,3 cm/an

⟶ 3 cm/an

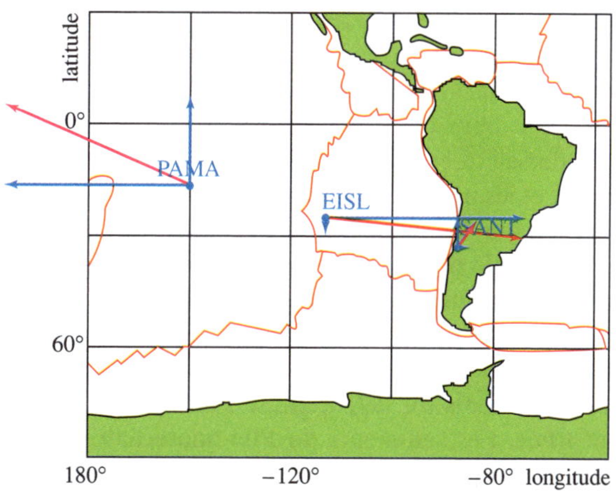

4° Les stations PAMA et EISL sont situées sur deux plaques différentes dont la frontière est marquée par une zone d'expansion océanique : il s'agit de la dorsale pacifique. **Le sens des vecteurs montre qu'ils sont opposés, les deux plaques s'écartent l'une de l'autre à une vitesse similaire. Il y a bien entre ces deux plaques une zone de divergence.**
Les stations EISL et SANT sont également situées sur deux plaques différentes. Les sens des deux vecteurs ne sont pas opposés, mais on constate que la **vitesse de déplacement de la plaque qui porte EISL est largement supérieure à celle qui porte SANT. La plaque Nazca va donc plus vite et converge vers la plaque sud-américaine. La frontière entre ces deux zones est une frontière de convergence** (marquée par une zone de subduction).

8 On cherche des preuves d'une expansion océanique entre le Groenland et l'Islande.

Document 1

Ce document représente les différentes positions d'un point chaud au cours du temps entre le Groenland et l'Islande. À l'aplomb du point chaud, on trouve actuellement l'Islande.

On constate que les roches issues de l'activité du point chaud se retrouvent alignées selon une orientation :

– nord-ouest, sud-est pour les roches comprises entre –60 et –50 Ma ;

– ouest-est pour les roches comprises entre –50 Ma et l'actuel.

On sait que les points chauds sont des régions volcaniques intraplaques fixes par rapport aux plaques. On peut donc interpréter ces alignements de roches volcaniques et l'âge des volcans comme des indicateurs du mouvement de la plaque vers l'ouest au-dessus du point chaud. Ainsi, on peut calculer la vitesse du déplacement de la plaque.

Pour le calcul de la vitesse de déplacement de la plaque au-dessus du point chaud, il faut utiliser l'échelle des distances donnée sur le document.

Entre –60 et –50 Ma, on a une vitesse de 6,4 cm/an. Entre –50 et –36 Ma, on a une vitesse de 5,9 cm/an. Entre –36 Ma et l'actuel, on a une vitesse de 2,5 cm/an. Le Groenland se trouvait donc sur le point chaud, il y a 60 Ma. L'expansion océanique dans cette zone a décalé ce continent vers l'ouest.

Document 2

Ce document représente les sédiments en contact direct avec le fond océanique.

On constate que l'âge des premiers sédiments reposant sur la croûte océanique montre une répartition symétrique par rapport à l'axe de la dorsale qui traverse l'Islande. De plus, les sédiments les plus récents (Plio-quaternaire) sont les plus proches de l'axe de la dorsale. Les sédiments les plus âgés (Paléocène) sont les plus éloignés de la dorsale et les plus près du Groenland.

• **On sait que les sédiments se déposent sur la totalité des fonds océaniques. Sur la carte géologique proposée, les sédiments représentés se sont déposés sur des fonds océaniques nouvellement formés. La symétrie des dépôts implique que la formation du plancher océanique s'effectue au niveau de l'axe de la dorsale et de façon symétrique par rapport à cet axe.**

• **Les sédiments du Paléocène se sont déposés sur un plancher océanique d'âge paléocène. Les sédiments du Plio-quaternaire se sont déposés sur un plancher océanique d'âge plio-quaternaire. Donc, plus on s'éloigne de l'axe de la dorsale et plus le plancher océanique est ancien.**

L'expansion océanique a entraîné un déplacement du Groenland vers l'ouest.

Synthèse

La présence d'alignements de produits volcaniques issus d'un point chaud centré sur l'Islande (*doc. 1*) et l'augmentation symétrique de l'âge du plancher océanique par rapport à l'axe de la dorsale (*doc. 2*) montrent une expansion de fonds océaniques.

L'expansion de ces fonds océaniques dans l'Atlantique nord s'est initialisée au Paléocène (–60 Ma) (*doc. 1*). La vitesse moyenne d'expansion est de 5 cm/an (*doc. 1*). La formation de fonds océaniques au niveau de la dorsale a entraîné un déplacement du Groenland vers l'ouest.

L'Islande est une île volcanique basaltique avec une double origine : l'activité du point chaud et l'activité de la dorsale.

démarche scientifique

L'interrogation écrite

9 Document 1

Ce document représente une carte de la région de Gibraltar. On y constate la présence de séismes dont la profondeur des foyers varie selon la localisation. En effet, de l'ouest vers l'est, la profondeur de ces foyers de séismes augmente : on trouve des foyers de séismes à 50 km de profondeur à l'ouest et, en allant vers l'est, la profondeur des foyers augmente progressivement pour atteindre une profondeur supérieure à 600 km au niveau de la Cordillère Bétique.

La présence de foyers de séismes caractérise un milieu solide rigide (cassant). Ce type de milieu ne se trouve que dans la lithosphère, donc à des profondeurs maximales de 150 km. La présence de foyers à plus de 150 km de profondeur est anormale car on se trouve dans l'asthénosphère solide ductile (non cassante). On ne peut donc expliquer la présence de foyers de séismes à plus de 150 km de profondeur que par la présence d'un milieu solide rigide (de la lithosphère) dans l'asthénosphère.

Document 2

Ce document représente le profil tomographique enregistré entre les points A et C du document 1.

On constate la présence à l'ouest (vers le point A) d'une anomalie positive de vitesse de propagation des ondes sismiques sur les 100 premiers kilomètres. Cette anomalie se retrouve plus en profondeur en allant vers l'est (à mi-distance entre A et C). Cette anomalie positive plonge en profondeur vers l'est jusqu'à 700 km de profondeur. L'anomalie positive est présente dans une zone d'une épaisseur relativement constante de 100 km et qui forme un plan incliné.

La tomographie sismique est une technique qui se base sur la vitesse des ondes sismiques. On considère que le globe est composé de couches concentriques dont on connaît la composition chimique et minéralogique. Les scientifiques connaissent aussi la vitesse de propagation des ondes sismiques dans ces différents matériaux. Toutefois, dans certaines zones, on constate un ralentissement ou une accélération de la vitesse de propagation des ondes sismiques. Cela permet d'identifier des zones avec des anomalies de vitesse de propagation par rapport à une valeur théorique correspondant au milieu normalement traversé. Ces anomalies de vitesse sont ensuite interprétées comme des anomalies de température. Ainsi, une anomalie positive de vitesse de propagation des ondes sismiques est interprétée comme une zone froide, alors qu'une anomalie négative de la vitesse de propagation des ondes sismiques est interprétée comme une zone chaude.

La zone correspondant à une anomalie positive de vitesse peut être interprétée comme une zone froide. On peut donc constater la présence d'une zone froide d'une centaine de kilomètres d'épaisseur qui plonge selon un plan incliné à 700 km de profondeur vers l'est.

Synthèse

Le document 1 permet de mettre en évidence la présence d'un milieu rigide cassant à plus de 150 km de profondeur. Le document 2 nous montre qu'une zone froide d'une centaine de kilomètres d'épaisseur plonge de l'ouest vers l'est à plus de 600 km de profondeur. Le milieu solide rigide du document 1 et la zone froide du document 2 correspondent à une lithosphère solide rigide et froide qui entre en subduction dans l'asthénosphère à plus de 600 km de profondeur. Cette subduction se réalise de l'ouest vers l'est.

CHAPITRE 7

Tectonique des plaques et recherche d'hydrocarbures

LE COURS

La prospection de gisements pétrolifères consiste à identifier des lieux qui correspondent à des bassins sédimentaires actuels ou anciens qui ont pu constituer des pièges favorables à l'accumulation, à la conservation et à la maturation de la matière organique.

Le tiers de la production pétrolière mondiale provient de l'exploitation de champs pétrolifères offshore (se déroulant au large des côtes).

Par exemple, dans l'Atlantique sud, on constate une symétrie de la répartition de ces champs pétrolifères localisés au niveau de structures géologiques appelées marges passives. Ces gisements n'ont pu se former qu'au cours de conditions spécifiques en relation directe avec la tectonique des plaques. Ces conditions particulières de formation expliquent la rareté et la localisation restreinte de ces gisements.

Les roches et sédiments permettant la formation d'un gisement pétrolifère

▶ EXERCICE D'APPLICATION 3, p. 113

Les gisements pétrolifères se trouvent dans les bassins sédimentaires.

La formation de gisement nécessite la présence simultanée de plusieurs éléments :

– une **roche-mère** : c'est une roche sédimentaire contenant beaucoup de débris organiques accumulés en même temps que les sédiments minéraux. Ces roches sont le plus souvent des argiles (issues de l'érosion de roches continentales) ou des marnes (mélanges d'argiles et de calcaires). Elles contiennent des restes d'algues planctoniques ou de bactéries. Pour qu'une roche soit qualifiée de roche-mère, il faut que la matière organique qu'elle contient représente au moins 1 à 2 % du poids de la roche ;

– une **roche-réservoir** : c'est une roche poreuse et perméable souvent fracturée et faillée permettant le déplacement des hydrocarbures au sein du bassin sédimentaire. Ces roches sont souvent des calcaires ;

– une **roche couverture** : elle se situe au-dessus des roches-réservoirs. C'est une roche imperméable (souvent des argiles ou des roches évaporitiques) qui confine les hydrocarbures dans les roches-réservoirs ;

– le **piège** : c'est un obstacle géologique qui arrête la progression des hydrocarbures vers la surface.

■ **Système pétrolier**

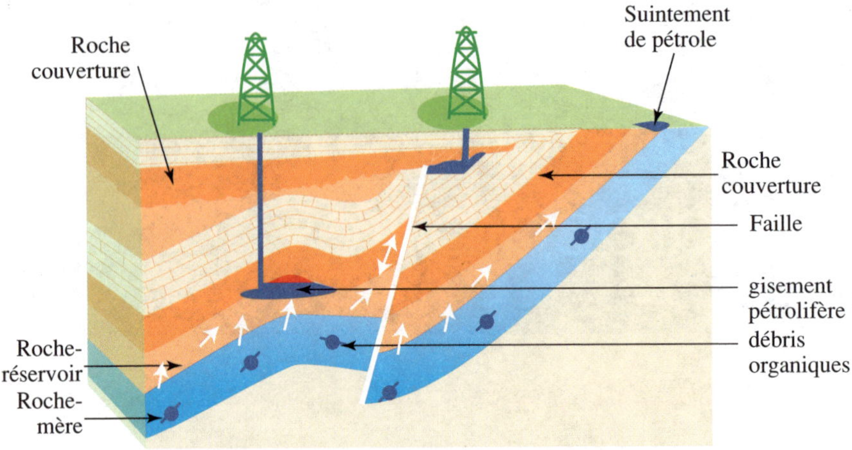

Schéma de formation d'un gisement pétrolifère

Le remplissage des bassins sédimentaires dure plusieurs dizaines de millions d'années, à raison de quelques millimètres par an en moyenne. L'accumulation de plusieurs kilomètres de sédiments est permise grâce **à la subsidence** qui correspond **à l'approfondissement des bassins sédimentaires sous le double effet de mouvements tectoniques et de la surcharge des sédiments**. Ces conditions sont réalisées au niveau des marges passives.

Les marges passives des continents

▶ EXERCICES D'APPLICATION 4 ET 5, pp. 114, 115

▶ Caractéristiques des marges continentales passives

Les marges continentales passives marquent le passage progressif de la croûte continentale à la croûte océanique et présentent une faible activité sismique.

Les marges continentales passives actuelles correspondent aux deux bords jointifs d'un ancien rift continental séparés par plusieurs milliers de kilomètres d'océan.

Ces marges passives sont donc la mémoire géologique d'une fracture continentale par extension.

▶ La formation d'une marge passive

Sous l'effet d'une remontée asthénosphérique et d'un mouvement de divergence, la croûte continentale s'étire, s'amincit et se fracture.

Il se forme progressivement un rift continental. La nature, l'âge et la disposition des sédiments qui recouvrent le socle granitique permettent de dater le stade précoce de l'océanisation.

On distingue trois types de séries sédimentaires :

– les **sédiments anté-rift** : séries sédimentaires **solidaires du socle**. Elles sont affectées par des failles normales qui sont apparues postérieurement à leur dépôt. Ces séries sédimentaires sont souvent d'origine continentale ou lacustre ;

– les **sédiments syn-rift** : séries sédimentaires déposées initialement à l'horizontale, elles présentent un **aspect en « éventail »** et se sont déposées sur un socle instable en phase de fracturation sous l'effet de l'extension. Un rift continental s'est mis en place : la croûte continentale est étirée et amincie, des failles normales encadrent un fossé central effondré dans lequel s'accumulent des sédiments fluviatiles et lacustres ou des dépôts d'évaporites. Sous l'effet conjugué de la subsidence, les séries sédimentaires syn-rift peuvent s'accumuler sur plusieurs centaines de mètres ;

– Les **sédiments post-rift** : séries sédimentaires **déposées en discordance** sur les précédentes. Elles se sont formées après la formation du rift, alors que la marge était structurée. Elles ne sont pas affectées par les failles normales dont l'activité cesse dès la mise en place de la lithosphère océanique : à ce stade, un océan est né.

▶ Exemple de la marge passive au large de l'Angola

Dans **l'Atlantique sud, on constate une symétrie de la répartition de ces champs pétrolifères.** On retrouve des gisements d'une part au large du Brésil et d'autre part au large d'une zone comprenant l'Angola, le Congo et le Nigéria.

Au large de l'Angola, cette extraction d'hydrocarbures se fait à 1 400 mètres de profondeur au niveau de la marge passive.

La marge passive au large des côtes angolaises est issue de l'ouverture de l'océan Atlantique sud qui a débuté il y a 140 Ma. À cette période, des mouvements de divergence fracturent la Pangée (un super-continent) en divers endroits (notamment, entre l'Afrique et l'Amérique du Sud).

Un rift continental se met en place entre l'Amérique du Sud et l'Afrique de l'Ouest. La croûte continentale est étirée et amincie, des failles normales encadrent un fossé central effondré. Sur les sédiments anté-rift s'accumulent des sédiments syn-rift (sédiments fluviatiles, lacustres ou évaporitiques). C'est durant cette phase que se sont déposés la matière organique et les sédiments formant la roche-mère. Ces roches-mères se sont intercalées avec des sédiments sableux et carbonatés formant les roches réservoirs.

Sous l'effet de la surcharge des sédiments, des mouvements tectoniques de divergence et des glissements des blocs basculés le long des failles normales, les sédiments s'accumulent sur plusieurs kilomètres d'épaisseur : c'est un phénomène de subsidence.

La divergence se poursuit et une croûte océanique se met en place au niveau de la dorsale. Sur les marges passives de part et d'autre de l'océan naissant, se mettent en place des sédiments post-rift.

La subsidence se poursuit au fur et à mesure que les marges passives s'éloignent de l'axe de la dorsale. L'accumulation des sédiments provoque l'enfouissement et la maturation des roches-mères. Les hydrocarbures s'accumulent dans les roches-réservoirs et se retrouvent piégés à la faveur d'accidents tectoniques tels que les failles normales de la marge passive.

LA DIFFICULTÉ DU CHAPITRE

Les conditions de formation de gisement pétrolifère induisent une rareté des gisements.

Il faut bien comprendre que les conditions favorisant la formation de pétrole sont nombreuses et variées.

Ces conditions sont :

– un environnement de haute productivité biologique afin d'avoir un apport important en matière organique ;

– un milieu anaérobie pour éviter la dégradation de la matière organique sédimentée ;

– un bassin sédimentaire favorable au dépôt de la matière organique. Un bassin sédimentaire est une dépression de la croûte terrestre située sur un continent, un plateau continental, ou dans un océan, formée par subsidence et/ou tectonique et qui recueille d'importantes quantités de sédiments ;

– une tectonique associée à une subsidence importante afin de permettre un enfouissement rapide et important, une transformation de la matière organique et la mise en place d'un gisement avec des roches adaptées (roche-réservoir, roche couverture).

La rareté des gisements pétrolifères et leur localisation restreinte s'expliquent par le fait que cette succession d'événements ne se déroule que rarement à la surface du globe.

Les marges passives des continents permettent de regrouper toutes les conditions indispensables à la formation de gisements d'hydrocarbures.

EXERCICES

Tester ses connaissances

1 VÉRIFIER SES CONNAISSANCES ★ 5 min (corrigés p. 116)

1° Qu'appelle-t-on marge passive ?

2° Qu'est-ce qu'un rift continental ?

3° Quels sont les différentes roches et événements géologiques permettant la formation de gisements pétrolifères ?

2 QCM ★ 3 min (corrigés p. 116)

Choisir la (ou les) bonne(s) proposition(s).

1° Une marge passive :
a) se caractérise par la présence de failles normales.
b) se trouve à proximité d'une fosse océanique.
c) correspond à un des deux bords autrefois jointifs d'un ancien rift continental.
d) est un lieu de sédimentation intense.

2° Un gisement d'hydrocarbures se situe :
a) dans la roche-mère.
b) dans la roche-réservoir.
c) dans la roche couverture.
d) dans le piège.

3° L'accumulation de plusieurs centaines de mètres de sédiments au niveau des marges passives se produit grâce :
a) à la subsidence seule.
b) aux déformations tectoniques dues à l'étirement.
c) à la subsidence et aux déformations tectoniques dues à l'étirement.
d) à un apport important de sédiments provenant de l'érosion des continents.

S'entraîner

3 PIÉGEAGE DU PÉTROLE ★ 20 min (corrigés p. 116)

Des géologues ont réalisé des forages dans une région potentiellement riche en hydrocarbures.

À partir du document fourni et de vos connaissances acquises, déterminer le(s) forage(s) susceptible(s) d'être rentable(s). Argumenter la réponse.

Document : Coupe schématique de la région prospectée et nature des terrains

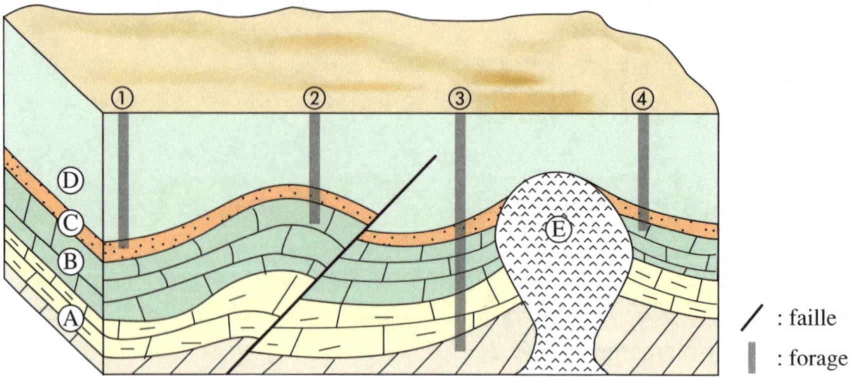

Légende des couches :

A : Marne (mélange de calcaire et d'argile) riche en débris organiques B : calcaire	C : Argile D : sable E : Dôme de sel (roche évaporitique)

4 SÉDIMENTATION DES MARGES PASSIVES ★★ 30 min (corrigés p. 117)

Les marges passives sont les bordures des continents, zones de transition entre les continents et les océans. Les caractères morphologiques et géologiques des marges sont révélés par des profils sismiques. Les marges passives ont enregistré l'histoire précoce des océans actuels.

Sur le profil sismique ci-dessous, retrouver les différentes étapes qui permettent de reconstituer l'histoire de l'ouverture de l'océan Atlantique nord.
Ensuite, schématiser les trois étapes, anté-rift, syn-rift et post-rift, permettant de récapituler son histoire.

Document : Profil sismique de la marge passive de l'Atlantique nord.

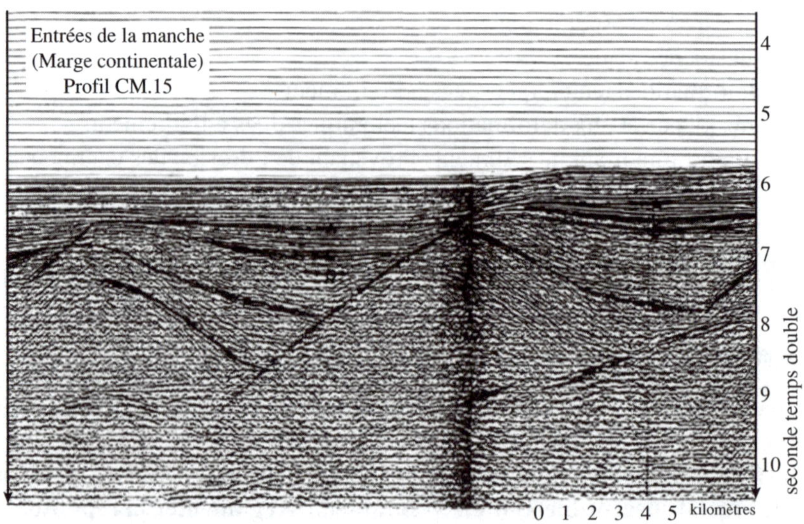

L'interrogation écrite

5 UN OCÉAN EN FORMATION ★★ 30 min (corrigés p. 119)

Les gisements d'hydrocarbures du Moyen-Orient ont été datés entre –250 et –200 Ma (Trias-début du Jurassique).
À cette période, un super-continent (la Pangée formée au nord de la Laurasia et au sud du Gondwana) se fracture d'est en ouest pour laisser la place à un océan en formation : la Téthys.
Pour les scientifiques, la formation d'hydrocarbures dans cette région est à corréler avec une sédimentation importante au niveau de marges passives.

À partir des documents proposés et de vos connaissances, proposer des arguments compatibles avec l'affirmation proposée par les scientifiques.

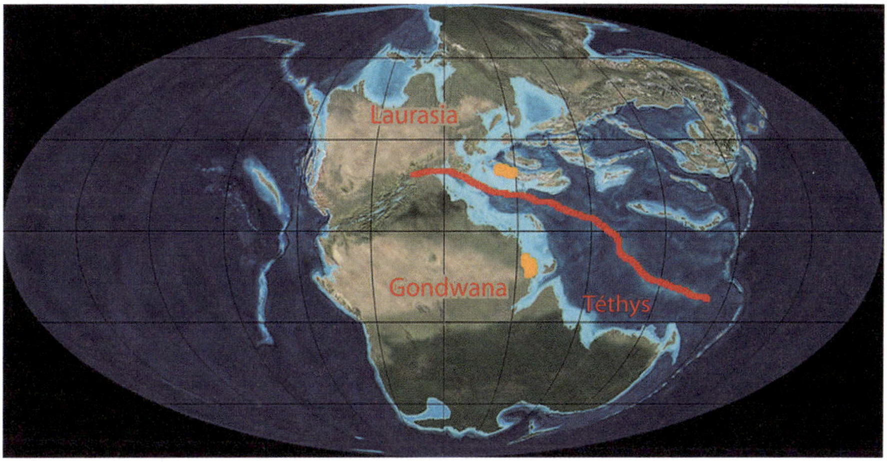

— : dorsale
■ : position paléogéographique du Moyen-Orient

Reconstitution paléogéographique de la position des continents il y a 200 Ma.

CORRIGÉS

Tester ses connaissances

1 1° Une marge passive ne présente pas d'activité volcanique ni sismique importante. C'est une région immergée de la bordure continentale faisant le raccord avec les fonds océaniques.

2° Un rift continental est un bassin sédimentaire en milieu continental qui s'est formé dans un contexte tectonique d'extension. Il est bordé par des failles normales et des blocs basculés au sein desquels s'accumulent des sédiments.

3° Pour former un gisement pétrolifère, il faut :

– une roche-mère : c'est une roche sédimentaire riche en débris organiques ;

– une roche-réservoir : c'est une roche poreuse et perméable dans laquelle s'accumulent les hydrocarbures qui ont migré de la roche-mère ;

– une roche couverture : c'est une roche imperméable qui limite la progression des hydrocarbures vers la surface.

L'accumulation de ces hydrocarbures dans la roche réservoir se réalise aux abords de pièges qui peuvent être de nature structurale (faille) et/ou de nature sédimentaire (dôme de sel).

2 1° **a), c)** et **d).** 2° **b).** 3° **c).**

S'entraîner

3 Les géologues ont prospecté une région en réalisant différents forages plus ou moins profonds.

D'après le document fourni, la région est constituée de différentes couches de terrains. On peut reconnaître :

– une couche de marne riche en débris organique (couche A). **La richesse en débris organique laisse à penser que cette couche de terrain peut correspondre à une roche-mère** ;

– une couche de calcaire (couche B) au-dessus de la roche-mère (A). **Les calcaires sont des roches poreuses qui constituent de bonnes roches-réservoirs. Les hydrocarbures peuvent s'y accumuler après migration à partir de la roche-mère ;**

– une couche d'argile (couche C) au-dessus de la roche-réservoir (B). **Les argiles sont des roches imperméables qui peuvent former ici une roche couverture limitant la progression des hydrocarbures vers la surface** ;

– la présence d'une faille et d'un dôme de sel (terrain E), qui, recoupant les terrains A, B et C, peuvent former des pièges à hydrocarbures en favorisant leur accumulation dans la roche-réservoir (B).

Le forage 1 atteint uniquement la roche couverture (C). La roche couverture ne contient pas d'hydrocarbures. **Le forage 1 n'est donc pas rentable**.

Le forage 3 va au-delà de la roche-mère. Cette zone ne contenant pas d'hydrocarbures, **ce forage n'est pas rentable**.

Les forages 2 et 4 atteignent la roche-réservoir. Ces forages se situent à proximité de pièges à hydrocarbures : une faille pour le forage 2 et un dôme de sel pour le forage 4. **Ces deux forages sont susceptibles de rencontrer des hydrocarbures, si toutefois toutes les conditions de formation ont été rencontrées.**

4

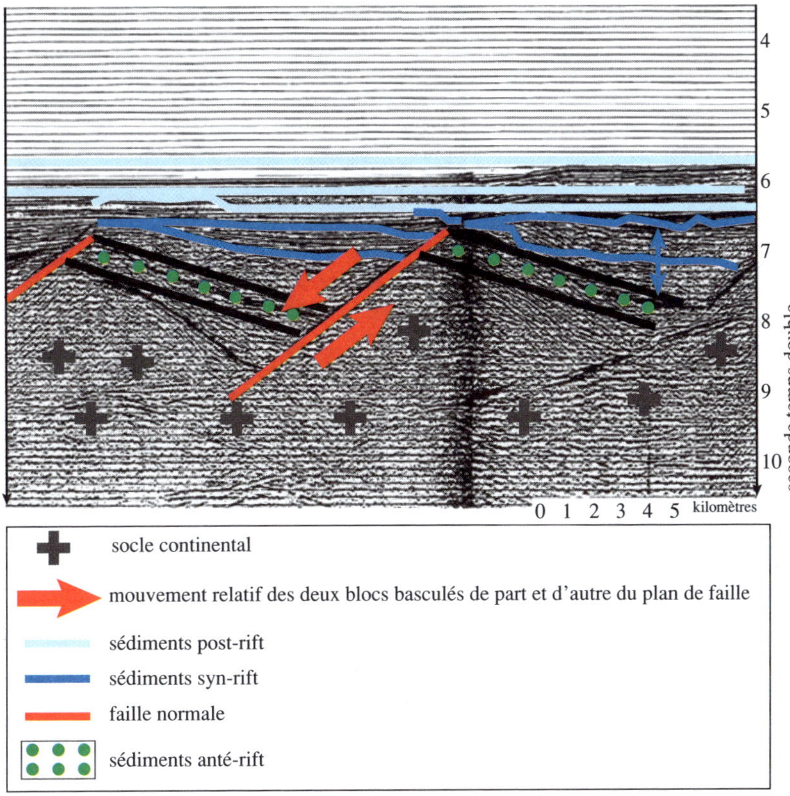

Sur le profil sismique ci-dessus, on distingue des blocs basculés séparés par des failles normales formées dans un contexte tectonique d'extension.

Ces failles affectent le socle continental et les sédiments anté-rift (première série) qui se sont déposés avant la phase d'extension et sont solidaires du socle.

La deuxième série de sédiments présente un aspect en éventail. Ces sédiments se sont déposés sur le socle soumis à des contraintes tectoniques extensives au cours de la phase de rift continental. **La subsidence participe aussi à une accumulation importante de sédiments durant cette période. L'aspect en éventail est dû au basculement progressif des blocs : ce sont de sédiments syn-rift**.

La dernière série est horizontale : elle correspond à une sédimentation qui s'est déposée après le stade de rift continental. **Ce sont des sédiments post-rift**.

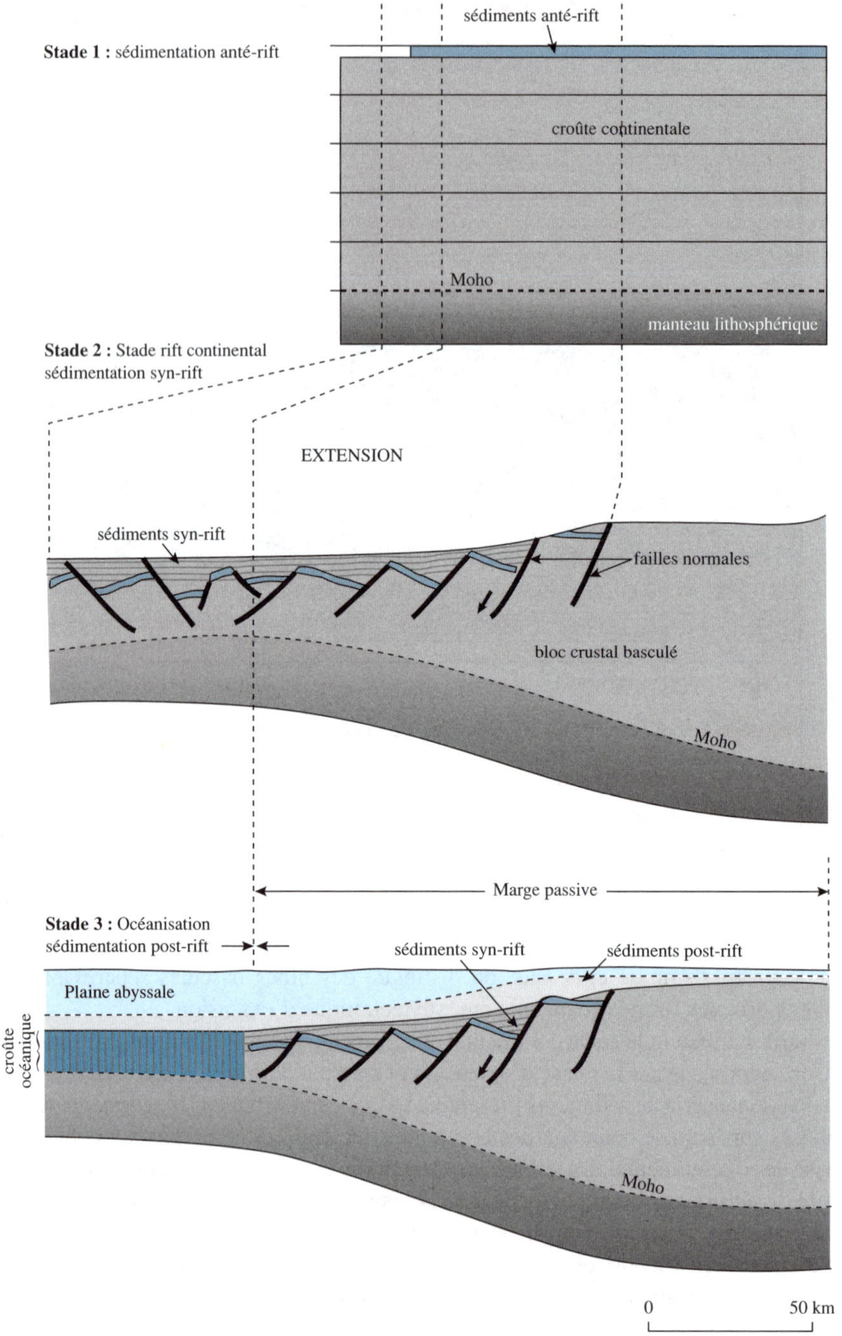

Les différentes étapes de l'histoire précoce d'un océan

L'interrogation écrite

5 Il y a 200 Ma, les continents sont regroupés dans un super-continent appelé Pangée. Cette Pangée se scinde en deux blocs : au nord, la Laurasia et, au sud, le Gondwana. Cette scission est due à l'ouverture d'un océan, la Téthys, qui coupe la Pangée d'est en ouest. Une dorsale peut être observée au milieu de la Téthys. Il y a 250 Ma, les terrains, qui forment actuellement le Moyen-Orient, se retrouvaient de part et d'autre de la Téthys sur les bordures, notamment au nord du Gondwana.

Il y a 250 Ma, un phénomène de distension a affecté la Pangée. L'ouverture de l'océan Téthys a dû commencer il y a 250 Ma, par la mise en place d'un rift continental orienté est-ouest au sein de la Pangée. Durant cette période, des sédiments chargés en débris organiques ont pu s'accumuler. Le phénomène de distension s'est poursuivi, entraînant l'éloignement des terrains formant actuellement le Moyen-Orient. Il y a 200 Ma, ces terrains se trouvaient au niveau de marges passives, zones d'intense sédimentation susceptibles de favoriser la formation d'hydrocarbures. On peut donc corréler l'origine des gisements d'hydrocarbures du Moyen-Orient avec la mise en place de la Téthys et la sédimentation intense au niveau de ses marges passives.

CHAPITRE 8

La production primaire : à l'origine des ressources alimentaires

LE COURS

L'explosion démographique de la population humaine pose le problème des ressources alimentaires : six milliards d'êtres humains en 2000, neuf milliards en 2050 selon les projections démographiques actuelles.

La **production primaire est à l'origine de toutes les ressources alimentaires** soit directement par la consommation de végétaux, soit indirectement par la consommation d'animaux.

Pour subvenir à ses besoins alimentaires, l'Homme a modifié son milieu en créant des écosystèmes agricoles : l'alimentation humaine dépend de ces écosystèmes entretenus et gérés par l'Homme.

La production végétale : utilisation de la productivité primaire

▶ EXERCICES D'APPLICATION 3, 4 ET 5, pp. 125, 126

▶ Les écosystèmes naturels

La **productivité primaire** correspond à la masse de matière végétale produite par les végétaux chlorophylliens par unité de surface et par unité de temps (par unité de volume dans les écosystèmes aquatiques).

Cette productivité est directement dépendante de l'énergie lumineuse car c'est au cours de la photosynthèse que cette énergie, captée par le végétal, est convertie en énergie chimique. Les végétaux chlorophylliens sont donc le siège d'un **flux d'énergie**.

L'énergie chimique résultante permet la synthèse de matière organique à partir de matière minérale, dioxyde de carbone, eau et sels minéraux. Les végétaux chlorophylliens sont donc le siège d'un **flux de matière**.

La productivité primaire dépend de plusieurs paramètres environnementaux : l'intensité lumineuse, les quantités d'eau et de sels minéraux disponibles, mais aussi du nombre de consommateurs présents, de la diversité des espèces présentes, de la qualité du sol… Il est donc nécessaire de prendre en compte l'ensemble des paramètres présents dans un écosystème : la composante vivante, à savoir la **biocénose**, au sein de laquelle s'instaurent des relations trophiques, mais aussi la composante non vivante, à savoir le **biotope**.

Le fonctionnement de l'écosystème dépend de la productivité primaire qui est elle-même dépendante des interactions qui se déroulent entre les différentes composantes de l'écosystème : les écosystèmes sont dans un **équilibre dynamique**, gain et perte de matière s'équilibrent. Les relations trophiques au sein de la biocénose, la minéralisation de matière organique dans les sols, la biodiversité, l'adaptation des espèces à leur milieu permettent cet équilibre dynamique auto-entretenu naturellement.

▶ Les écosystèmes agricoles ou agrosystèmes

L'**agrosystème** repose sur la mise en œuvre de moyens permettant d'augmenter les rendements par une productivité primaire en moyenne plus élevée que dans les écosystèmes naturels.

Pour améliorer la productivité primaire, on augmente les apports en eau avec le développement de l'**irrigation** des cultures.

Dans l'agrosystème, l'exportation de la matière végétale au cours des récoltes est un autre problème qu'il faut solutionner. En effet, la matière végétale exportée ne participe pas au renouvellement des sols en matière minérale. À terme, le risque est un appauvrissement des sols. Pour compenser ces pertes, **l'apport de fertilisants** est donc indispensable.

D'autre part, afin d'éliminer la concurrence d'espèces végétales, l'agrosystème bénéficie de produits **désherbants** visant à éliminer les espèces qui entrent en compétition avec l'espèce cultivée.

L'agrosystème est caractérisé par une diversité biologique faible, ce qui entraîne une moindre concurrence entre les espèces. Un équilibre est ainsi rompu entre ravageurs, parasites qui peuvent alors proliférer. Pour diminuer ces risques, l'agrosystème bénéficie de **pesticides** divers.

L'agrosystème est donc un écosystème artificiel entretenu et géré par l'Homme : l'apport d'**intrants** est nécessaire : engrais minéraux et organiques pour la fertilisation, produits phytosanitaires divers permettant de lutter contre les ravageurs des cultures et contre les maladies...

▶ Comparaison des rendements énergétiques

Le rendement énergétique d'un écosystème est basé sur le rapport entre **quantité d'énergie fournie par la matière végétale produite** (soit la productivité primaire) et **quantité d'énergie nécessaire pour produire cette matière.**

Dans un agrosystème, les techniques employées permettent d'augmenter les rendements de productions de matière végétale. Toutefois, cela suppose un **investissement en énergie qui est croissant** : énergie nécessaire à la production de tous les intrants, au transport, énergie nécessaire à l'irrigation, énergie nécessaire pour répandre sur de vastes surfaces les pesticides, les engrais...

C'est ainsi que, **dans les agrosystèmes, au flux d'énergie solaire s'ajoute un flux d'énergie issu notamment des énergies fossiles** (pétrole). Pour calculer véritablement le rendement énergétique des agrosystèmes, il faut tenir compte de la totalité de l'énergie consommée.

On constate alors que **le rendement énergétique des agrosystèmes, même les plus performants, ne dépasse pas celui des écosystèmes naturels qui fonctionnent dans des conditions optimales.**

La production animale : une rentabilité réduite

▶ EXERCICE D'APPLICATION 4, p. 126

▶ L'organisation d'un écosystème

Les **relations trophiques** qui lient les êtres vivants assurent une **circulation de matière et d'énergie**. La matière produite par les producteurs primaires est consommée par les producteurs secondaires qui comprennent différents niveaux : les consommateurs de 1er ordre (les phytophages) qui consomment la matière végétale à partir de laquelle ils produisent leur propre matière animale ; les consommateurs de 2e ordre qui consomment la matière produite par les consommateurs de 1er ordre et ainsi de suite.

▶ Le rendement d'un niveau trophique à un autre

D'un niveau trophique au suivant, le rendement de la production de matière diminue. Autrement dit, la masse de matière produite par un niveau est supérieure à celle produite par le niveau suivant. Des pertes de matière et d'énergie s'effectuent à chaque niveau.

La productivité primaire doit donc être largement supérieure à celle de la productivité secondaire.

Ces notions peuvent être schématisées sous forme d'une **pyramide des productivités** où chaque niveau trophique est représenté par un rectangle dont la superficie est proportionnelle à la productivité de ce niveau.

▶ La consommation de matière animale

Dans un agrosystème, le rendement de la production par rapport aux consommateurs (énergie, matière) dépend de la place du produit consommé dans la pyramide des productivités. Ainsi, consommer un produit végétal ou consommer de la viande n'ont pas le même impact sur l'environnement : la quantité d'énergie nécessaire à la production de matière végétale sera moindre que celle nécessaire à la même quantité de matière animale.

Pratiques alimentaires collectives et perspectives globales

▶ EXERCICE D'APPLICATION 6, p. 127

La productivité primaire a des limites et les surfaces cultivables ne peuvent être étendues indéfiniment sans impacter durablement l'équilibre de l'écosystème Terre dans sa globalité. À cela, s'ajoutent les limites des ressources en eau et en sols cultivables.

Les pratiques alimentaires sont déterminées par les ressources disponibles, mais aussi par les habitudes collectives. La consommation de certains produits a entraîné des surplus énergétiques liés d'une part au mode de production, mais aussi au mode de distribution.

Les pratiques de chacun, répétées à l'ensemble de la société, ont des conséquences environnementales.

LA DIFFICULTÉ DU CHAPITRE

Les calculs des rendements énergétiques sont des notions importantes afin d'évaluer l'impact des agrosystèmes sur l'environnement. Les bases scientifiques de ces calculs doivent permettre de faire évoluer les pratiques culturales et alimentaires afin de réduire la facture énergétique de l'agriculture, assurer la préservation de l'environnement, et afin de nourrir l'humanité dans son ensemble, ce qui reste un défi pour les années à venir.

EXERCICES

Tester ses connaissances

1 VÉRIFIER SES CONNAISSANCES ★ 5 min (corrigés p. 129)

1° Expliquer pourquoi les végétaux chlorophylliens sont le siège d'un flux d'énergie et de matière.

2° Expliquer pourquoi les agrosystèmes ne sont pas des écosystèmes en équilibre.

3° Expliquer pourquoi la production animale présente une faible rentabilité.

2 QCM ★ 3 min (corrigés p. 129)

Choisir la (ou les) bonne(s) proposition(s).

1° La productivité primaire correspond :

a) à la masse de matière produite par l'ensemble des êtres vivants.

b) à la masse de matière végétale produite par les végétaux chlorophylliens par unité de surface et par unité de temps.

c) à la masse de matière produite par l'ensemble des êtres vivants par unité de surface et par unité de temps.

2° La biocénose correspond :

a) à l'ensemble des caractéristiques physico-chimiques du milieu dans lequel vivent les êtres vivants d'un écosystème.

b) à l'écosystème dans son entier.

c) à l'ensemble des êtres vivants établissant des relations entre eux et présents dans un écosystème.

3° La pyramide des productivités représente :

a) la biomasse présente à chaque niveau trophique.

b) la masse de matière produite par chaque niveau trophique par unité de surface et de temps.

c) la masse totale des êtres vivants présents dans un écosystème.

S'entraîner

3 COMPARAISON DE LA PRODUCTIVITÉ DE QUELQUES ÉCOSYSTÈMES ★ 15 min (corrigés p. 129)

À l'aide des informations fournies par le tableau, comparer la productivité des écosystèmes naturels à celle des agrosystèmes et conclure sur l'efficacité de la productivité de ces écosystèmes en utilisant ses connaissances sur la gestion des agrosystèmes.

	Écosystèmes naturels		Agrosystèmes	
Zone tempérée	Forêt mixte de chênes et de pins	Forêt de hêtres	Champ de maïs	Champ de blé
	1 200	1 350	3 250	1 000
Zone tropicale	Forêt des Indes occidentales	Forêt en Côte d'Ivoire	Canne à sucre à Java	Riz à Ceylan
	6 000	1 340	9 400	450

La productivité est calculée en grammes de carbone par mètre carré et par an.
Remarque : Les quantités sont des moyennes car il existe des disparités de productivité des agrosystèmes en fonction des pays.

4 QUANTIFIER LE FLUX D'ÉNERGIE DANS UN ÉCOSYSTÈME ★ 20 min

(corrigés p. 130)

À l'aide des informations données par le document, calculer le rendement énergétique et construire un schéma montrant le flux d'énergie au sein de l'écosystème présenté.

On a évalué la quantité d'énergie solaire moyenne reçue par une prairie entretenue par l'Homme, ainsi que la quantité d'énergie correspondant à la productivité de chaque niveau trophique.

Niveau trophique	Matière végétale	Bovins se nourrissant de la prairie	Autres animaux se nourrissant de la prairie
Quantité d'énergie en kJ/m^2/an	60 000	9 000	120

La quantité d'énergie solaire reçue par cette prairie est de 5 000 000 kJ/m^2/an.

5 PRODUCTION VÉGÉTALE ET DÉVELOPPEMENT DURABLE ★★ 20 min

(corrigés p. 130)

Le concept de développement durable se résume aujourd'hui en une simple phrase : « Un développement qui répond aux besoins du présent sans compromettre la capacité des générations futures à répondre aux leurs. »
Pour y parvenir, les entreprises, les pouvoirs publics et la société civile devront travailler main dans la main afin de réconcilier trois mondes qui se sont longtemps ignorés : l'économie, l'écologie et le social. À long terme, il n'y aura pas de développement possible s'il n'est pas économiquement efficace, socialement équitable et écologiquement tolérable.

Extrait du site du Ministère de l'écologie et du développement durable.

En s'appuyant sur la définition du concept de développement durable et en exploitant le document proposé, montrer en quoi ces essais menés près de Bâle répondent à ce concept.

Document : Productivité et agriculture biologique

Dans certaines conditions, l'agriculture biologique peut aussi afficher de bons rendements. C'est la conclusion, encourageante pour les fermiers en « bio », d'une étude agronomique comparative menée par une équipe suisse sur une période de vingt et un ans.

L'essai a démarré en 1978 près de Bâle sur 1,5 hectare. Au total, quatre systèmes agraires ont été étudiés : une parcelle en agriculture conventionnelle, traitée aux pesticides ; une autre où un apport en fumier organique a été joint aux traitements chimiques ; une troisième cultivée purement en bio (fumier, arrachage manuel des mauvaises herbes, extraits de plantes pour combattre les ravageurs) ; une quatrième en « biodynamie », une pratique bio qui s'accompagne de traitements spécifiques, comme l'ajout de certaines herbes au fumier. Sur une vingtaine d'années, le rendement des deux parcelles bio a atteint en moyenne 80 % de celui de l'agriculture conventionnelle, avec 34 à 53 % d'engrais en moins, et 97 % de produits phytosanitaires en moins. […]
L'étude souligne le rôle important de l'activité biologique au niveau du sol dans cette bonne productivité : les micro-organismes du sol sont près de deux fois plus nombreux dans les parcelles bio, accroissant leur fertilité.[…]
Par ailleurs, les parcelles bio apparaissent en meilleure santé avec, par exemple, trois fois plus de vers de terre, et deux fois plus d'araignées et d'arthropodes s'attaquant aux ravageurs. De même, la densité des champignons formant des mycorhizes (association bénéfique avec les racines) est supérieure de 40 % dans ces parcelles : la nutrition minérale des plantes est ainsi améliorée.

Aline Richard, La Recherche n° 367, Septembre 2003.

L'interrogation écrite

6 CONSOMMATION DE VIANDE ★★★ 35 min *(corrigés p. 131)*

En exploitant les documents et à l'aide de vos connaissances, montrer que l'augmentation de la consommation de viande n'est pas une solution durable et qu'elle peut être en partie compensée par la consommation de certaines plantes.

Document 1 : Évolution de la consommation de viande (en kg par habitant et par année).

	Années	
	1964-1966	**1997-1999**
Monde	24,2	36,4
Pays en développement	10,2	25,5
Pays industrialisés	61,5	88,2

D'après les rapports techniques de l'OMS 2003.

Document 2 :

« La pénurie alimentaire pourrait s'inscrire comme l'un des fléaux du XXIe siècle » […], l'élévation du niveau de vie dans certains pays […] devrait se traduire par une alimentation plus riche en protéines, ce qui ne manquera pas de se répercuter sur la demande de consommation de viande. En Chine, par exemple, la consommation de viande est déjà passée de 20 à 38 kg par habitant entre 1986-88 et 1993-95.

Et lorsque la consommation de viande augmente, celle de céréales augmente aussi, mais dans des proportions bien plus importantes : en moyenne, la production de 1 kg de volaille, de porc et de bœuf nécessite respectivement 2 kg, 4 kg et 7 kg de céréales.

D'après Pierre-Alain Schieb, Nourrir la planète de demain, OECD Observer n° 217-218, 1999, www.observateurocde.org

Document 3 :

D'un point de vue nutritionnel, les légumineuses [...] complètent généralement très bien une alimentation à base de céréales riches en glucides. Il y a souvent plus de protéines dans les légumineuses que dans la viande, mais elles sont souvent d'une qualité légèrement inférieure [...]. À moins d'avoir une très bonne raison pour introduire une nouvelle culture [...], il est plus sensé d'encourager l'augmentation de la production et de la consommation des légumineuses qui sont déjà cultivées et populaires dans une région. Les populations locales sont habituées à leur goût, et les conditions agricoles sont généralement adaptées.

D'après Michael C. Latham, Chap. 27. La nutrition dans les pays en développement. Organisation des Nations Unies pour l'alimentation et l'agriculture, www.fao.org, 09/2008

Teneur en acides aminés essentiels* du blé et du pois chiche séparément et en combinaison, en comparaison avec la teneur d'une protéine idéale (en mg/g d'azote de l'aliment).

Aliment \ Acide aminé	Lysine	Thréonine	Méthionine	Leucine
Blé (céréale)	179	185	253	417
Pois chiche (légumineuse)	428	235	139	468
Blé 67 % + Pois chiche 33 %	304	209	196	443
Protéine idéale**	340	250	220	440

Aliment \ Acide aminé	Isoleucine	Valine	Phénylalanine	Tryptophane
Blé (céréale)	204	276	469	68
Pois chiche (légumineuse)	277	284	541	50
Blé 67 % + Pois chiche 33 %	241	280	505	59
Protéine idéale**	250	310	380	60

* acide aminé essentiel : acide aminé qui doit être apporté par l'alimentation car l'organisme ne peut pas le synthétiser.

** protéine idéale = protéine dont la composition en acides aminés essentiels est équilibrée et optimale pour l'Homme.

D'après Michael C. Latham, Chap. 27. La nutrition dans les pays en développement. Organisation des Nations Unies pour l'alimentation et l'agriculture, www.fao.org, 09/2008

CORRIGÉS

Tester ses connaissances

1 1° Au cours de la photosynthèse, l'énergie captée par le végétal est convertie en énergie chimique. Les végétaux chlorophylliens sont donc le siège d'un flux d'énergie. Cette énergie permet la synthèse de matière organique à partir de matière minérale, dioxyde de carbone, eau et sels minéraux. Les végétaux chlorophylliens sont donc le siège d'un flux de matière.

2° L'exportation de la matière végétale produite rompt le cycle de la matière : la matière organique exportée ne participe plus au recyclage de la matière organique en matière minérale. Il s'ensuit un appauvrissement des ressources du sol en matière minérale à l'origine d'un déséquilibre.

3° D'un niveau trophique au suivant, le rendement de la production de matière diminue. Ainsi, la masse de matière produite par les producteurs secondaires est inférieure à celle produite par les producteurs primaires. Des pertes de matière et d'énergie s'effectuent d'un niveau trophique au suivant.

2 1° **b).** 2° **c).** 3° **b).**

S'entraîner

3 La moyenne de la productivité des quatre écosystèmes naturels est de (9 890/4), soit 2 472,5 grammes de carbone par mètre carré et par an, alors que la productivité des quatre agrosystèmes est de (14 100/4), soit 3 525 grammes de carbone par mètre carré et par an.

La productivité de l'ensemble des agrosystèmes est donc supérieure à celle des écosystèmes naturels.

Toutefois, les cultures de canne à sucre et de maïs sont particulièrement productives. La productivité des agrosystèmes est donc inégale suivant le type de plantes cultivées.

On constate que certaines forêts tropicales, comme celle des Indes occidentales, ont des **productivités particulièrement élevées et supérieures à la productivité de certains agrosystèmes** comprenant des cultures comme le maïs, le blé ou le riz.

D'autre part, la productivité des forêts des zones tempérées est également importante et domine celles des agrosystèmes à blé et à riz.

Certains agrosystèmes sont donc particulièrement productifs.

Toutefois, ces données ne prennent pas en compte le **rendement énergétique** qui permet de rapporter la quantité d'énergie fournie par la matière végétale produite à celle de la quantité d'énergie qui a été nécessaire à la production végétale.

Dans le cas des écosystèmes naturels, la quantité d'énergie nécessaire correspond à l'énergie effectivement captée par le végétal chlorophyllien et qui a servi à la production de matière végétale.

Dans le cas des agrosystèmes, il faut prendre en compte cette énergie à laquelle il faut ajouter l'énergie utilisée pour entretenir les cultures. Dans ce dernier cas, l'efficacité de l'écosystème agricole comparée à celle de l'écosystème naturel ne sera pas aussi importante. Le rendement énergétique des agrosystèmes ne dépasse pas celui des écosystèmes naturels qui fonctionnent dans des conditions optimales (cas des forêts tempérées et tropicales).

Les données chiffrées doivent toujours être manipulées avec précaution car on peut orienter l'analyse de ces données en fonction de ce que l'on veut montrer.
D'autre part, il est nécessaire de partir d'une analyse globale des données pour ensuite regarder le détail.

4 La quantité d'énergie reçue par la prairie est de $5 . 10^6$ kJ/m²/an et seuls $6 . 10^4$ kJ/m²/an se retrouvent dans la matière végétale produite. Le rendement est donc de $(6 . 10^4/5 . 10^6) \times 100$, soit 1,2 %.

Cette prairie permet d'alimenter les bovins et d'autres animaux qui représentent le niveau trophique suivant, les producteurs secondaires qui stockent globalement (9 000 + 120), soit 9 120 kJ/m²/an.

Le rendement énergétique est donc de $(9\,120/6 . 10^4) \times 100$, soit 15,2 %.

Pyramide des productivités exprimées en équivalent énergétique kJ/m²/an :

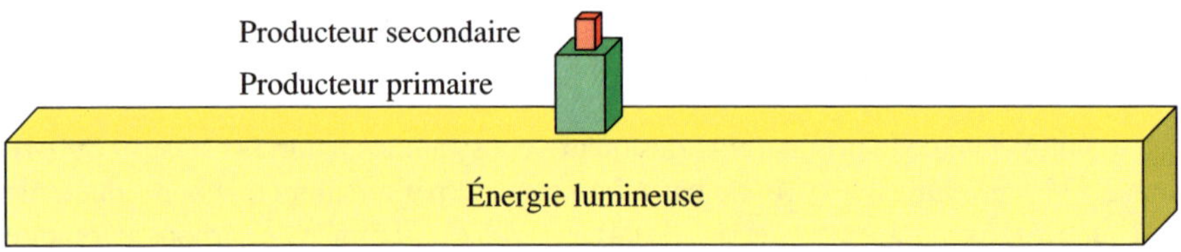

5 D'après les études réalisées près de Bâle, l'agriculture pratiquée permet d'obtenir de bons rendements qui atteignent 80 % de ceux d'une agriculture conventionnelle. Les parcelles bio ont permis d'économiser 34 à 35 % d'engrais, ainsi que 97 % de produits phytosanitaires. Les économies ainsi effectuées ajoutées à un rendement assez élevé permettraient à l'agriculteur de vivre de sa production. **L'agriculture biologique est donc économiquement et socialement intéressante.**

D'autre part, ces études montrent que les sols des parcelles bio sont mieux préservés : la biodiversité est plus importante avec des micro-organismes deux fois plus nombreux et des vers de terre trois fois plus nombreux que dans les autres sols des cultures traditionnelles. Ces caractéristiques assurent une meilleure fertilité des sols. La biodiversité assure un meilleur équilibre entre les espèces et une lutte plus efficace des ravageurs (notamment, grâce à la présence d'araignées et d'arthropodes). D'autres avantages permettent d'améliorer la nutrition minérale par la présence de champignons. **L'agriculture biologique est donc écologiquement tolérable.**

L'interrogation écrite

6 **Document 1 :** Entre les années 1960 et les années 1990, soit en 30 ans environ, la consommation de viande au niveau mondial a augmenté de 12,2 kg/an/habitant. Dans le même temps, la consommation est également croissante dans les pays en développement avec une augmentation de 15,3 kg/an/habitant. Mais, ce sont les pays industrialisés qui détiennent le record de cette consommation avec une augmentation de 26,7 kg/an/habitant.

Document 2 : L'élévation du niveau de vie se traduit par une consommation en protéines plus importante et donc de viande. Or, la production de viande dépend de la production de matière végétale, comme les céréales. Mais la production de 1 kg de viande nécessite en moyenne 4,5 kg de céréales.

Ainsi, la consommation de viande est davantage consommatrice d'énergie pour plusieurs raisons : d'un niveau trophique au suivant, le rendement de la production de matière diminue ; d'un point de vue énergétique, la production de viande nécessite une consommation d'énergie nécessaire à la production de la nourriture (céréales, par exemple) car une partie de l'alimentation actuelle des animaux d'élevage en dépend ; l'entretien des animaux d'élevage, leur transport sont également consommateurs d'énergie.

Document 3 : Certaines plantes, comme les légumineuses, sont riches en protéines et pourraient avantageusement remplacer la viande d'un point de vue nutritif.
Cependant, la qualité des protéines dans les légumineuses est un peu moins élevée.
Dans certaines régions, il serait intéressant toutefois de favoriser la consommation de légumineuses par certaines populations qui sont déjà habituées à leur goût plutôt que de favoriser la consommation de viande.
La teneur en acides aminés essentiels du blé n'est pas la même que celle du pois chiche qui fait partie de la famille des légumineuses.
Comparé au pois chiche, le blé contient beaucoup moins de lysine et de thréonine et la teneur en ces acides aminés est très inférieure à celle d'une protéine idéale. Par contre, le blé contient des acides aminés dont la teneur dépasse celle du pois chiche comme pour la méthionine.
Une alimentation basée uniquement sur l'une des deux cultures n'apportera donc pas les quantités nécessaires en acides aminés essentiels.
Par contre, une alimentation associant 67 % de blé et 33 % de pois chiche apporte des teneurs en acides aminés essentiels proches de celle de la protéine idéale.

Il ne s'agit pas dans l'analyse de ce tableau de tout décrire, mais d'en extraire les données essentielles.

Synthèse :

La consommation de viande est importante, en particulier, dans les pays industrialisés. À cela, s'ajoute une augmentation de cette consommation non seulement dans les pays riches, mais aussi dans les pays en développement (*doc. 1*).

Or, consommer un produit végétal ou consommer de la viande n'a pas le même impact sur l'environnement : la quantité d'énergie nécessaire à la production de matière végétale sera moindre que celle nécessaire à la même quantité de matière animale (*doc. 2*). L'augmentation de la consommation de viande afin de subvenir aux besoins alimentaires n'est pas une solution durable.
Des solutions peuvent être apportées en conjuguant la consommation de céréales et de légumineuses en particulier dans les pays qui ont des habitudes alimentaires encore suffisamment différentes de celles des pays industrialisés gros consommateurs de viande et dont les habitudes seront plus difficiles à changer (*doc. 3*).
Les pratiques alimentaires de chacun (consommation de viande) ont donc un effet global sur les pratiques collectives (augmentation de la consommation viande) et donc sur l'environnement (bilan énergétique très peu intéressant).

CHAPITRE 9

Devenir femme ou homme

LE COURS

Les phénotypes masculin et féminin

▶ EXERCICE D'APPLICATION 3, p. 138

Les phénotypes masculin et féminin se distinguent par des différences :

- **Au niveau anatomique** par des caractères sexuels primaires qui sont bien différenciés :

– l'homme possède un pénis, des testicules, des spermiductes (canaux déférents) ;

– la femme possède des ovaires, des oviductes (trompes utérines), un utérus et un vagin.

L'homme et la femme se distinguent aussi par des caractères sexuels secondaires : l'homme présente un développement de la pilosité faciale et corporelle, une augmentation de la musculature… ; la femme présente un développement des seins, de la pilosité pubienne, l'acquisition d'une morphologie féminine (hanches larges, taille fine)…

- **Au niveau physiologique :**

– l'homme est capable de se reproduire de la puberté jusqu'à sa mort : la fabrication des gamètes est continue durant cette période ;

– la femme a un fonctionnement cyclique de son appareil reproducteur de la puberté jusqu'à la ménopause.

- **Au niveau chromosomique :**

Le sexe d'un individu est déterminé dès la fécondation par la présence des chromosomes sexuels. Le sexe génétique femelle correspond à la présence de la paire de chromosomes XX, alors que la paire de chromosomes XY caractérise le sexe génétique mâle. Le sexe génétique est par conséquent déterminé sans ambiguïté par l'examen du caryotype.

La mise en place des structures et de la fonctionnalité des appareils reproducteurs

▶ EXERCICES D'APPLICATION 4 À 9, p. 138 À 144

Cette mise en place se déroule sur une longue période qui va de la fécondation à la puberté, en passant par le développement embryonnaire et fœtal.

▶ Le stade phénotypique indifférencié (première étape)

Chez tous les êtres humains, **l'appareil génital passe par un stade indifférencié** où il a le même aspect chez l'embryon mâle et chez l'embryon femelle.

Ce stade est défini par :

– des **gonades** de structure identique contenant des **cellules germinales** et **somatiques** diploïdes ;

– la présence de voies génitales constituées par deux paires de canaux, les **canaux de Wolff** et les **canaux de Müller**.

Ce stade indifférencié est réalisé chez l'embryon humain à la 5e semaine. Les organes génitaux externes existent, mais sont aussi au stade indifférencié.

▶ Du sexe génétique au sexe gonadique (deuxième étape)

La **différenciation** des gonades est réalisée chez l'embryon :

– chez l'individu XY, les gonades se différencient en **testicules** ;

– chez l'individu XX, les gonades se différencient en **ovaires**.

Des anomalies du caryotype montrent l'importance de la présence d'un chromosome Y pour la détermination du sexe gonadique mâle. Le sexe gonadique femelle semblerait lié à l'absence du chromosome Y.

Différenciation du sexe gonadique	
Chez le mâle	**Chez la femelle**
La différenciation de la gonade en testicule se traduit par l'apparition de cordons cellulaires contenant des **cellules germinales mâles**. Ce processus se déroule sous le contrôle du **gène SRY** présent sur la **partie propre au chromosome Y**. Ce gène est responsable de la synthèse de la **protéine TDF** (ou SRY). Cette protéine déclenche l'expression de nombreux gènes qui conduisent à la différenciation de la gonade indifférenciée en testicule. Le **gène SRY est donc un gène architecte (ou gène du développement)**. Cette différenciation se produit vers la 7e semaine de développement embryonnaire.	La différenciation de la gonade en ovaire se traduit par l'apparition de **follicules** contenant chacun **une cellule germinale femelle**. Ce processus se déroule **en l'absence du gène SRY**. Le phénotype sexuel féminin n'a pas besoin pour se réaliser d'un « signal » : il apparaît lorsque, chez l'embryon, il n'y a pas de « signal » de masculinisation. Cette différenciation se produit vers la 8e semaine du développement embryonnaire.

C'est lors de la réalisation du sexe gonadique, et seulement à ce moment, qu'intervient la différence entre XX et XY.

▶ Du sexe gonadique au sexe phénotypique différencié (troisième étape)

Le **sexe phénotypique** correspond aux **gonades**, aux **voies génitales internes** et aux **organes génitaux externes**.

Différenciation du sexe phénotypique	
Chez le mâle	**Chez la femelle**
Chez le fœtus mâle, deux hormones sont produites par le testicule : la **testostérone** et l'**hormone antimüllérienne** ou AMH. – **La testostérone empêche la régression des canaux de Wolff et masculinise les organes génitaux.** – **L'AMH est responsable de la régression des canaux de Müller.** L'action de la testostérone entraîne alors la différenciation des canaux de Wolff en **spermiductes (canaux déférents)**. La testostérone est produite par les cellules de Leydig et l'AMH par les cellules de Sertoli. Ces deux types cellulaires sont présents dans les testicules.	Chez le fœtus femelle, **l'absence de testostérone et d'AMH entraîne une féminisation** des voies génitales internes : les **canaux de Wolff disparaissent** et les **canaux de Müller se différencient** pour donner les **oviductes (trompes utérines)**, l'**utérus** et une partie du **vagin**. On peut donc conclure qu'en l'absence de « signal » en provenance des gonades, toutes les structures du **tractus génital** ont un programme de différenciation de type féminin.

C'est pendant la vie fœtale que la différenciation du phénotype sexuel s'effectue.

► La puberté (quatrième étape)

L'acquisition d'un phénotype sexuel différencié ne suffit pas pour que l'individu soit apte à se reproduire. La dernière étape, qui est décalée dans le temps, est **l'acquisition de la fonctionnalité des appareils génitaux,** ainsi que des **caractères sexuels secondaires**.

Au cours du développement fœtal, les **caractères sexuels primaires** sont apparus progressivement.

La puberté, qui débute entre 8 et 13 ans chez la fille et 10 et 14 ans chez le garçon, est la période où l'individu acquiert **la faculté de procréer**. Elle est marquée par un ensemble de **transformations morphologiques, physiologiques et psychologiques**.

- **Chez le garçon**

À la puberté, la **production de testostérone augmente** considérablement. Cette augmentation entraîne :

– L'expression des caractères sexuels primaires : développement des voies génitales, du pénis, fonctionnalité des glandes annexes (vésicules séminales et prostate), et production de spermatozoïdes.

Ainsi, les deux fonctions du testicule, production de spermatozoïdes d'une part et production de testostérone d'autre part, rendent l'organisme capable de produire du sperme.

– L'expression des caractères sexuels secondaires : pilosité faciale et corporelle, mue de la voix…

• **Chez la fille**

À la puberté, la **production d'hormones ovariennes augmente** considérablement. Les hormones ovariennes, notamment les **œstrogènes**, entraînent :

– L'expression des caractères sexuels primaires : maturation des voies génitales internes (utérus, vagin) et des organes génitaux externes, capacité d'émettre des **ovocytes** par les ovaires.

Ainsi, les ovaires acquièrent une double fonctionnalité : celle d'émettre des ovocytes d'une part et celle de sécréter des hormones d'autre part. Les cycles sexuels se mettent en place et sont marqués par l'apparition des règles.

– L'expression des caractères sexuels secondaires : développement des seins, de la pilosité pubienne…

Ainsi, contrairement à ce qui se passe durant la période fœtale où elles n'interviennent pas, les **hormones ovariennes, à la puberté, sont indispensables à l'acquisition de la fonctionnalité de l'appareil génital féminin et donc à la réalisation complète du phénotype sexuel féminin.**

LA DIFFICULTÉ DU CHAPITRE

Au cours de ce chapitre, il faut :

– bien faire la différence entre le sexe gonadique qui correspond à la différenciation des gonades et le sexe phénotypique qui correspond à la différenciation des voies génitales ;

– bien comprendre que la différenciation des gonades en testicules dépend d'un gène (le gène SRY) et non pas d'une augmentation de la concentration plasmatique de l'hormone testiculaire. Les gonades se différencient en ovaires en l'absence SRY sans aucune augmentation de la concentration plasmatique d'hormones de type féminin ;

– à la puberté, l'acquisition de la capacité à se reproduire est due à une augmentation de la production d'hormones testiculaires chez l'homme et d'hormones ovariennes chez la femme.

EXERCICES

Tester ses connaissances

1 VÉRIFIER SES CONNAISSANCES ★ 10 min

(corrigés p. 146)

1° Qu'est-ce que le sexe phénotypique ?

2° Expliquer quand et comment les chromosomes sexuels sont impliqués dans la mise en place de l'appareil génital.

3° Qu'est-ce que l'AMH ?

4° Quel est le devenir des canaux de Wolff et de Müller chez la femme et chez l'homme au cours du développement fœtal ?

2 QCM ★ 4 min

(corrigés p. 146)

Choisir la (ou les) bonne(s) proposition(s).

1° Le gène SRY permettant la formation de la protéine TDF :

a) n'intervient qu'au moment de la différenciation des gonades.

b) intervient tout au long de la vie d'un individu.

c) n'intervient qu'à la naissance.

2° La présence d'un chromosome sexuel X :

a) permet de déterminer le sexe gonadique de type féminin.

b) ne permet pas de déterminer le sexe gonadique.

c) permet de déterminer le sexe gonadique de type masculin.

3° Chez un fœtus, la féminisation des voies génitales internes est permise par :

a) la présence d'œstrogènes produits par les ovaires.

b) l'absence de testostérone et d'AMH.

c) la présence d'œstrogènes et de progestérone.

4° La puberté est contrôlée par :

a) l'AMH.

b) l'âge des individus.

c) les hormones sexuelles.

3 LES APPAREILS REPRODUCTEURS DE LA FEMME ET DE L'HOMME ★ 10 min

(corrigés p. 146)

Légender les schémas ci-dessous.

Schéma de l'appareil urogénital de la femme (vu de profil)

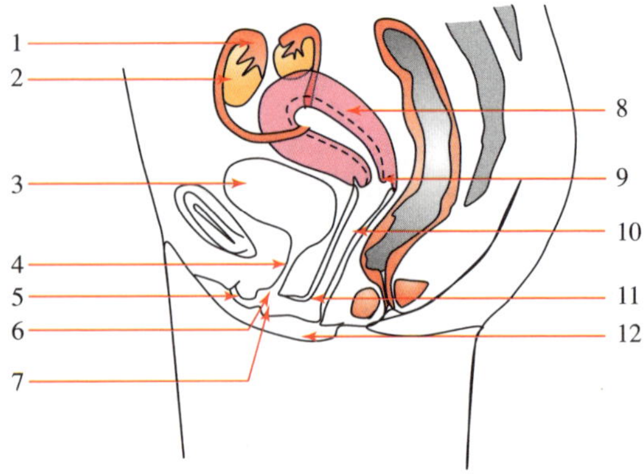

Schéma de l'appareil urogénital de l'homme (vu de profil)

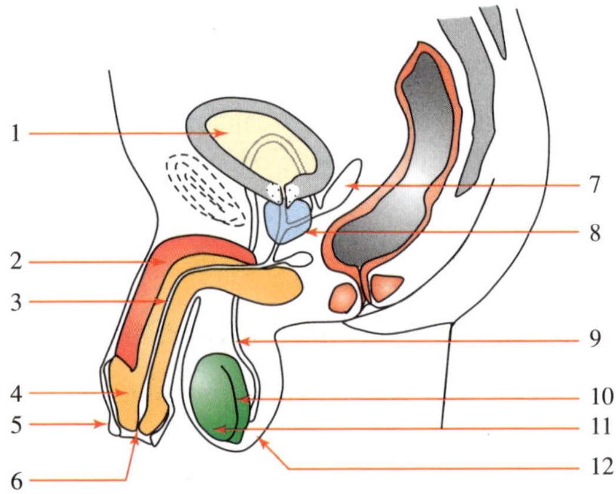

S'entraîner

4 L'EFFET FREE-MARTIN ★★ 30 min

(corrigés p. 146)

Chez tous les Mammifères, à un stade fœtal précoce, l'appareil génital est semblable chez les deux sexes : des gonades indifférenciées, les canaux de Wolff et les canaux de Müller à l'origine des voies génitales. Au cours du développement, la différenciation des gonades précède celle des voies génitales.

À partir des informations apportées par l'exploitation du document, préciser en quoi consiste la masculinisation des voies génitales. Expliquer les mécanismes qui en sont à l'origine.

Document : Coupes transversales au niveau d'un canal de Müller à deux stades différents du développement embryonnaire de fœtus de veau (MO × 500).

Chez la vache, les gestations gémellaires (jumeaux) présentent très fréquemment une communication des vaisseaux sanguins des deux fœtus au niveau du placenta. Dans ce cas, et lorsque les sexes des deux fœtus sont différents, on observe des organes génitaux internes masculinisés chez le fœtus femelle. Un tel individu est appelé *free-martin*.

À 49 jours de gestation

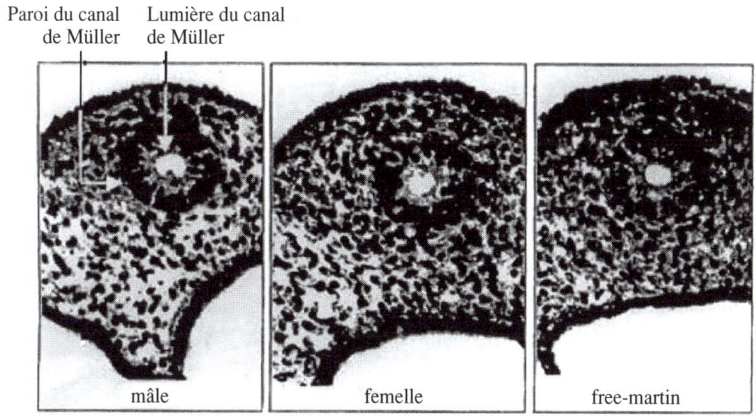

À 60 jours de gestation

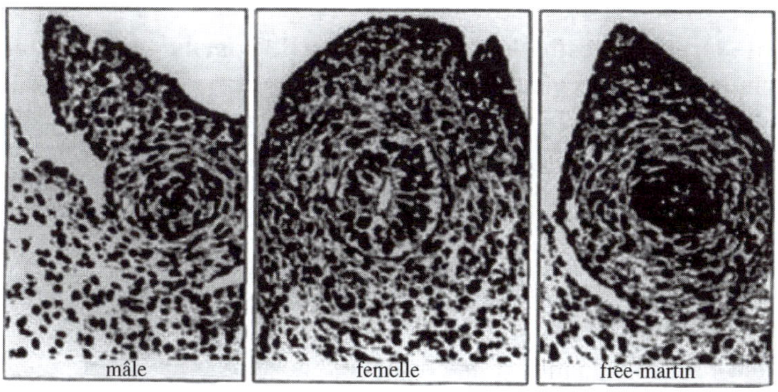

D'après Jost, Vigier et Prépin. D.R.

D'après Jost, Vigier et Prépin. D.R.

5 L'HORMONE ANTIMÜLLÉRIENNE ★★ 30 min *(corrigés p. 147)*

L'AMH, hormone antimüllérienne synthétisée par les cellules de Sertoli immatures, a pour cible les canaux de Müller dont elle entraîne la disparition chez le fœtus mâle. Elle agit aussi sur les cellules interstitielles du testicule. On constate d'autre part que des souris mâles transgéniques produisant de l'AMH en grande quantité présentent un appareil génital atrophié.

Exploiter le document pour proposer une explication de l'atrophie de l'appareil génital chez ces souris transgéniques.

Document

La synthèse de testostérone à partir du cholestérol s'effectue dans les cellules interstitielles du testicule. Le cholestérol est d'abord transporté par une protéine appelée StAR, puis traité par une chaîne de biosynthèse dans laquelle interviennent successivement les enzymes El, E2 et E3. Le graphique ci-après traduit les résultats du dosage des quatre molécules : la protéine StAR et les enzymes El, E2 et E3 chez des souris mâles transgéniques.

Quantités moyennes de protéines étudiées, produites par les souris mâles transgéniques, en % par rapport aux souris mâles témoins

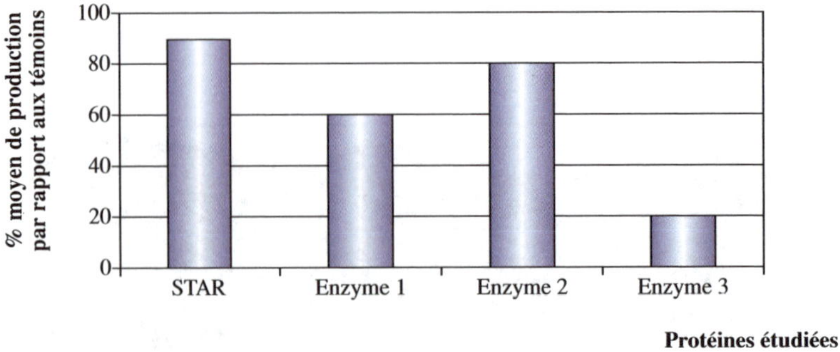

6 RÔLE DE LA TESTOSTÉRONE DANS LA MISE EN PLACE DE L'APPAREIL GÉNITAL ★★ 30 min

(corrigés p. 148)

À partir des expériences proposées, expliquer le rôle de la testostérone sur la différenciation des voies génitales.

Document : Greffe de testicule et implantation de cristal de testostérone avant différenciation des voies génitales.

Les expériences sont réalisées sur des embryons de 20 jours présentant des voies génitales encore indifférenciées. Les résultats sont observés 8 jours après.

– **Témoin** : développement des voies génitales chez un embryon femelle avec ovaires en place.

– **Expérience 1** : greffe chez un embryon femelle d'un testicule prélevé chez un embryon mâle de même âge.

– **Expérience 2** : implantation d'un cristal de testostérone.

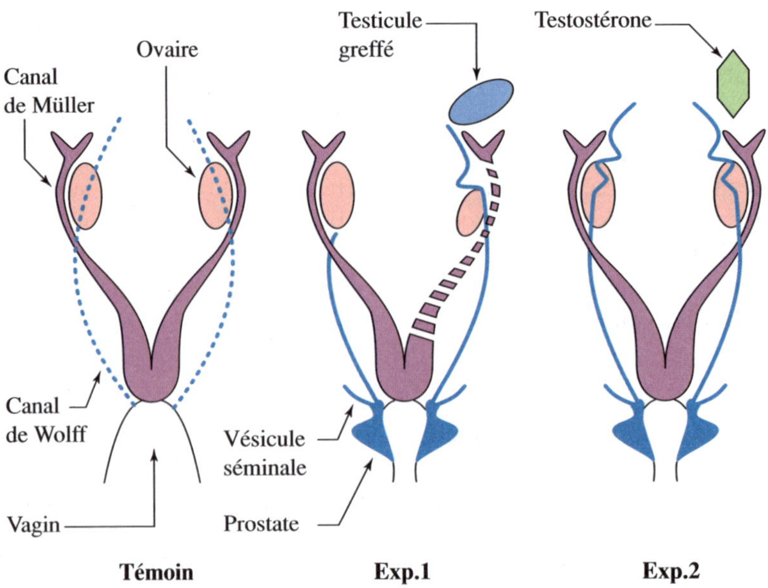

7 DYSGÉNÉSIE GONADIQUE ★★ 30 min (corrigés p. 148)

Certains individus souffrent d'une maladie nommée dysgénésie gonadique. Ils présentent un phénotype féminin, alors que leur caryotype comporte 46 chromosomes dont XY ; leurs gonades sont indifférenciées.

Mettre en relation les informations extraites des documents proposés et vos connaissances afin d'expliquer la relation entre le sexe génétique et le sexe gonadique observée chez ces individus.

Document 1 : Comparaison d'ADN de souris témoins et transgéniques par électrophorèse.

Des souris transgéniques ont été obtenues par insertion du gène Sry dans le génome d'une cellule œuf de génotype XX. Dans plusieurs cas, ces embryons transgéniques ont développé des testicules.

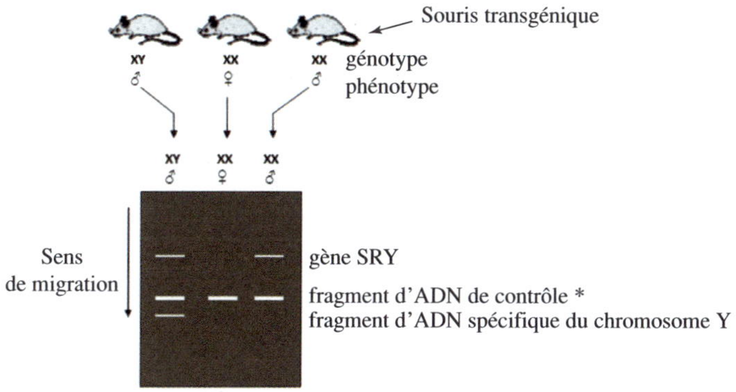

* Fragment d'ADN qui atteste du bon déroulement de l'électrophorèse.

Document 2 : Comparaison d'extraits de séquences peptidiques de la protéine TDF codée par le gène SRY.

– Chez un témoin non atteint : séquence A.
– Chez un individu atteint de dysgénésie gonadique : séquence B.

1 5 10 15 20 25

A MetGlnAspArgValLysArgProMetAsnAlaPheIleValTrpSerArgAspGlnArgArgLysMetAlaLeuGluAsn

B MetGlnAspArgValLysArgP r o I l e AsnAlaPheIleValTrpSerArgAspGlnArgArgLysMetAlaLeuGluAsn

Document 3 : Action de la protéine TDF sur l'ADN de la cellule cible.

La protéine TDF possède un domaine HMG (High Mobility Group) qui lui permet de se fixer sur l'ADN. Cette fixation induit une courbure de l'ADN qui aurait pour conséquence de permettre le rapprochement de certaines zones de l'ADN.
Ce rapprochement déclencherait l'expression des gènes contrôlant la différenciation des gonades.

Les conséquences de l'interaction protéine TDF-ADN sont présentées ci-dessous.

Témoin non atteint

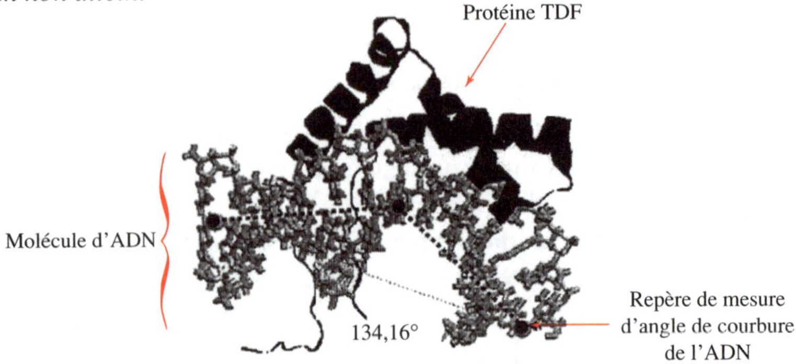

Individu atteint de dysgénésie gonadique

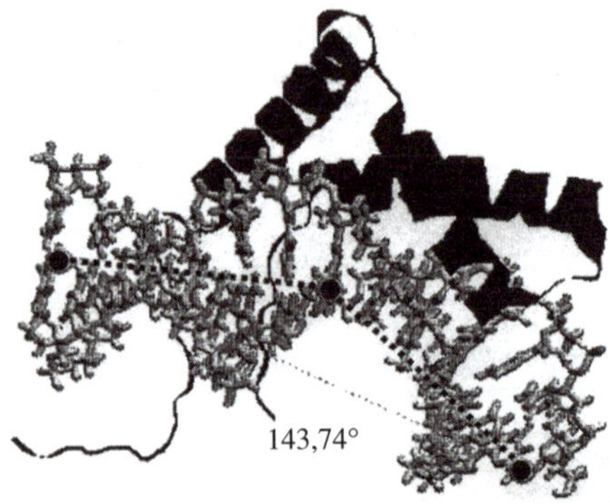

8 MÉCANISMES DE MISE EN PLACE DE L'APPAREIL GÉNITAL MASCULIN ★★ 30 min (corrigés p. 150)

La formation de l'appareil génital masculin se fait en plusieurs étapes :
– masculinisation des gonades ;
– développement des organes génitaux internes mâles ;
– régression des canaux de Müller (ces derniers, lorsqu'ils persistent, sont à l'origine des voies génitales femelles, en particulier les trompes et l'utérus).
On cherche à identifier les mécanismes qui contrôlent chacune de ces étapes en étudiant le phénotype d'individus dont la différenciation de l'appareil génital est anormale.

À partir des documents proposés, préciser les différents mécanismes qui contrôlent la mise en place de l'appareil génital masculin.

Document 1 : Comparaison des caryotypes et phénotypes de trois sujets A, B et C.

	Caryotype	Organes génitaux externes	Organes génitaux internes	Gonades
Sujet A	22 paires d'autosomes* + XY	Féminins	Féminins	Indifférenciées
Sujet B	22 paires d'autosomes* + XY	Féminins	Féminins	Testicules
Sujet C	22 paires d'autosomes* + XY	Masculins	Masculins	Testicules

* Autosomes : chromosomes non sexuels.

L'analyse de l'ADN des individus A et B a révélé une anomalie :
– le sujet A présente une mutation ponctuelle du gène SRY ;
– le sujet B présente une mutation ponctuelle du gène récepteur à la testostérone.

Document 2 : Quelques données cliniques et génétiques concernant le syndrome de persistance des canaux de Müller (documents 2a, 2b et 2c).
Le PMDS (*Persistent Müllerian Duct Syndrome*) ou syndrome de la persistance des canaux de Müller est une anomalie rare de l'appareil génital présente chez certains hommes dont les organes génitaux externes sont normalement masculinisés.

Document 2a : Comparaison de l'anatomie de différents individus.
Seules les gonades et les voies génitales internes sont représentées.

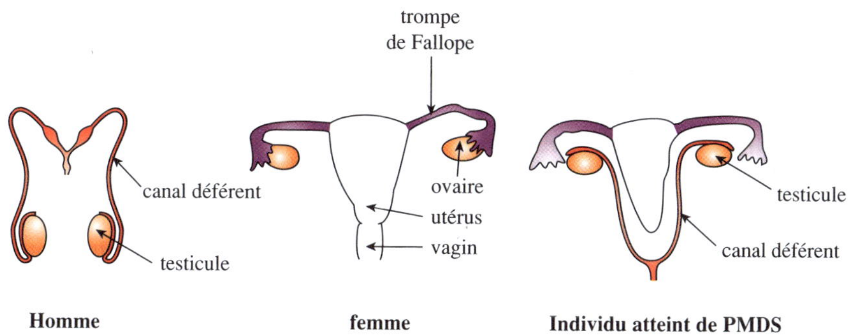

(Trompe de Fallope = trompe utérine.)

Document 2b : Mesure de la concentration de l'hormone « AMH » dans le sang.
L'analyse de la concentration d'AMH sanguine montre qu'il existe deux types de sujets atteints de PMDS.

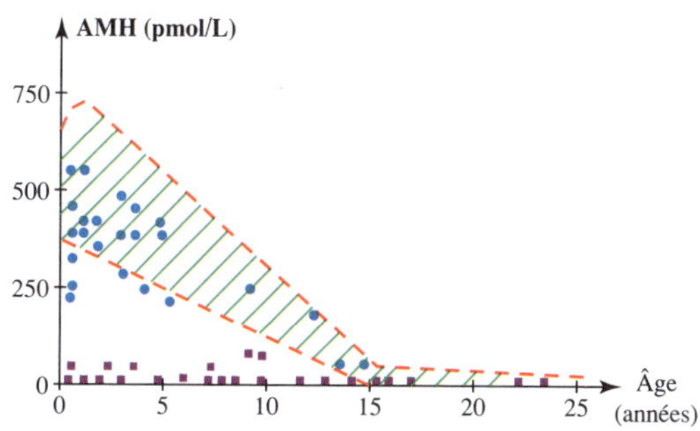

– Les sujets de type « PMDS 1 » sont représentés par ■
– Les sujets de type « PMDS 2 » sont représentés par ●
La zone hachurée représente l'étendue des valeurs de concentrations d'AMH chez les sujets non atteints par le PMDS.

Document 2c : Analyse de l'ADN de deux individus atteints de PMDS.
• Individu de type « PMDS 1 » : l'analyse de l'ADN a révélé une mutation ponctuelle affectant le gène responsable de la synthèse de l'AMH. En position 282 (nombre total de nucléotides : 1 683), G a été remplacé par T, ce qui entraîne l'apparition d'un codon stop.

• Individu de type « PMDS 2 » : l'analyse de l'ADN a révélé une mutation ponctuelle du gène codant le récepteur à l'AMH ayant entraîné le remplacement de C par T au niveau du nucléotide 514 (nombre total de nucléotides : 1 722). Cette mutation entraîne l'apparition d'un codon stop.

D'après INRP,
Dossier « Une approche de la physiologie à partir de l'étude de phénotypes sexuels ».

L'interrogation écrite

9 DÉTERMINATION DU SEXE PHÉNOTYPIQUE DE MADAME X★★ 30 min

(corrigés p. 152)

L'acquisition d'un sexe phénotypique différencié et fonctionnel se fait en plusieurs étapes depuis la vie embryonnaire jusqu'à la puberté. L'étude porte sur le cas de madame X qui possède un phénotype particulier : ses organes génitaux externes sont féminins, mais les seins ne se sont pas développés et elle ne présente pas de menstruations (règles).

À partir des trois documents et de vos connaissances, identifier le sexe génétique de madame X, puis expliquer la mise en place de ses gonades et de ses voies génitales.

La mise en place des organes externes n'est pas à considérer.

Document 1 : Les caractéristiques des gonades et voies génitales de madame X (documents 1a et 1b).

Document 1a : À l'échelle des organes.

L'examen interne révèle une absence de gonades femelles (ovaires) et une absence de voies génitales femelles.

En revanche, madame X possède deux gonades mâles (testicules) en position interne, accompagnées de voies génitales mâles réduites.

Document 1b : À l'échelle tissulaire.

On connaît chez le rat des caractéristiques comparables à celles de madame X. Les observations microscopiques de coupes de testicules de rat permettent de préciser la structure des testicules de madame X.

Coupe transversale d'un testicule de rat dont la structure est semblable à celle des testicules de madame X (×200).	*Coupe transversale d'un testicule de rat adulte dont la structure est semblable à celle des testicules humains normaux (×200).*
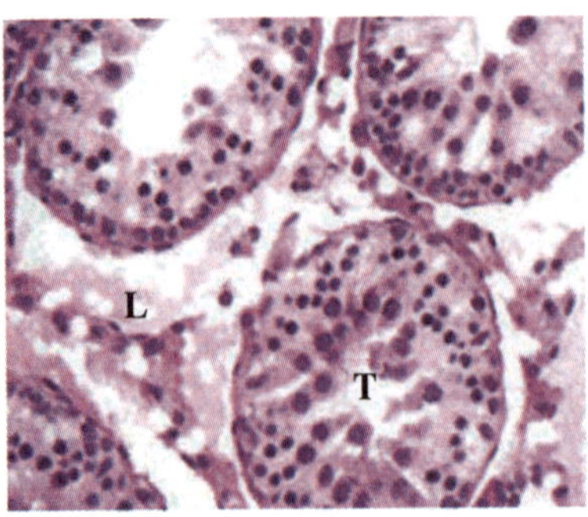	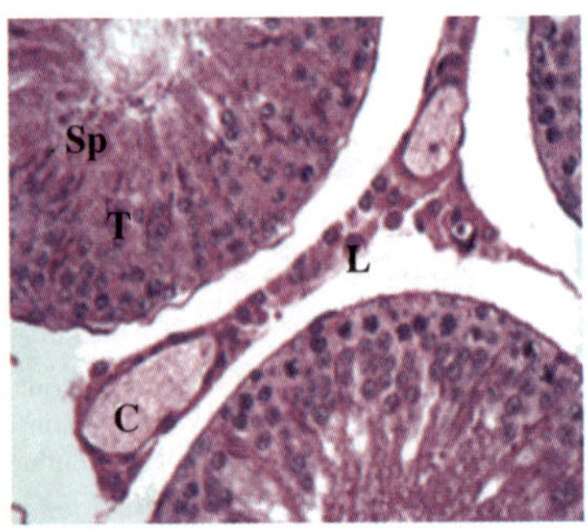
L : cellules de Leydig peu actives T : tube séminifère	L : cellules de Leydig normales C : capillaire sanguin T : tube séminifère Sp : spermatozoïdes

Document 2 : Caryotype d'une cellule somatique de madame X.

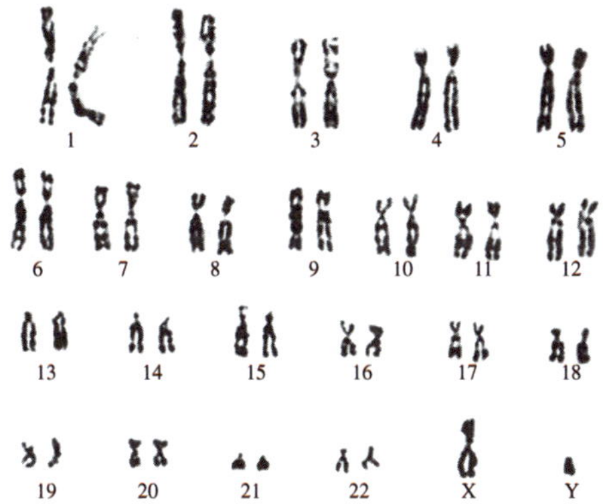

Document 3 : Concentration de la testostérone plasmatique, avec ou sans stimulation.

Pour vérifier le fonctionnement des testicules, on mesure la concentration de testostérone, puis on relève la variation de cette concentration à la suite d'une stimulation hormonale des testicules.

	Mesures chez madame X	**Mesures standard chez un homme adulte**
Concentration de testostérone dans le plasma (en nmol/L), sans stimulation artificielle	0,69	10 à 38
Variation de la concentration de testostérone, suite à la stimulation hormonale des testicules	Faible augmentation de la concentration de testostérone	Forte augmentation de la concentration de testostérone

CORRIGÉS

Tester ses connaissances

1 1° Le sexe phénotypique correspond aux gonades, aux voies génitales internes et aux organes génitaux externes.

2° C'est lors de la réalisation du sexe gonadique, et seulement à ce moment, qu'intervient la différence entre les chromosomes sexuels (XX, XY) de la femme et de l'homme. La présence du gène SRY sur le chromosome Y permet la synthèse d'une protéine TDF intervenant dans la mise en place des gonades mâles (testicules) au cours de la 7e semaine de développement embryonnaire.

3° L'AMH est l'abréviation de « Hormone AntiMüllérienne ». Cette hormone est synthétisée au niveau des cellules de Sertoli dans les testicules. Elle intervient dans la régression des canaux de Müller chez l'homme.

4° Chez l'homme, la présence de la testostérone empêche la régression des canaux de Wolff qui se transforment en spermiductes. En présence de l'AMH, les canaux de Müller régressent.

Chez la femme, en l'absence de testostérone, les canaux de Wolff dégénèrent. En l'absence d'AMH, les canaux de Müller persistent et se transforment en oviductes.

2 **1° a). 2° b). 3° b). 4° c).**

3 **Schéma de l'appareil urogénital de la femme :**

1 : Pavillon de la trompe ; **2 :** Ovaire ; **3 :** Vessie ; **4 :** Urètre ; **5 :** Clitoris ; **6 :** Orifice urinaire ; **7 :** Vulve ; **8 :** Utérus ; **9 :** Col de l'utérus ; **10 :** Vagin ; **11 :** Orifice génital ; **12 :** Lèvres.

Schéma de l'appareil urogénital de l'homme :

1 : Vessie ; **2 :** Pénis ; **3 :** Urètre ; **4 :** Gland ; **5 :** Prépuce ; **6 :** Orifice uro-génital ; **7 :** Vésicules séminales ; **8 :** Prostate ; **9 :** Canal déférent (spermiducte) ; **10 :** Épididyme ; **11 :** Testicule ; **12 :** Bourse ou scrotum.

S'entraîner

4 On observe l'évolution des voies génitales chez des fœtus de veau à deux moments de la gestation (à 49 jours et à 60 jours de gestation).

On réalise des coupes transversales au niveau des canaux de Müller chez trois individus : un mâle, une femelle et un fœtus femelle qualifié de « free-martin ».

• À 49 jours de gestation, on observe chez tous les individus testés la présence d'un canal de Müller avec une paroi et une lumière bien distinctes.

À 49 jours de gestation, on se trouve à un stade où les voies génitales ne sont pas encore différenciées.

• À 60 jours de gestation :

– On observe toujours ce canal de Müller bien visible chez la femelle, alors que, chez le mâle, l'ensemble du canal a dégénéré.

On en déduit que la différenciation des voies génitales mâles passe par la disparition des canaux de Müller. Les voies génitales chez le mâle sont donc uniquement formées par les canaux de Wolff.

– On observe chez la femelle « free-martin » le même phénomène que chez le mâle, il y a dégénérescence des canaux de Müller. On a, de plus, une masculinisation des voies génitales de cette femelle « free-martin ». Cette femelle est issue d'une grossesse gémellaire où on a pu constater une communication sanguine entre les vaisseaux sanguins de son jumeau de sexe masculin.

La seule relation existant entre les deux jumeaux est la voie sanguine. La femelle « free-martin » possède des chromosomes sexuels (XX), on aurait dû avoir une persistance des canaux de Müller. Les testicules du fœtus mâle synthétisent l'AMH (hormone antimüllérienne), ce qui entraîne la dégénérescence des canaux de Müller. Cette hormone a circulé par voie sanguine vers le fœtus femelle « free-martin » entraînant une masculinisation des voies génitales de cette dernière et donc la régression des canaux de Müller.

La masculinisation des voies génitales chez les embryons est caractérisée par la dégénérescence de canaux de Müller et le développement de canaux de Wolff. L'observation d'un individu « free-martin » montre que cette masculinisation est sous le contrôle d'une hormone mâle (l'AMH) produite par les testicules.

5 On observe des souris mâles transgéniques capables de produire de l'AMH en grande quantité qui possèdent toutefois un appareil génital atrophié.

Normalement, de telles souris devraient posséder un appareil génital de type mâle correctement développé. En effet, l'AMH entraîne la dégénérescence des canaux de Müller, mais elle active les cellules interstitielles (cellules de Leydig) qui fabriquent la testostérone responsable du maintien des canaux de Wolff. L'atrophie observée chez ces souris ne peut donc pas venir de la quantité d'AMH, mais peut-être de celle de testostérone.

La synthèse de testostérone dans les cellules de Leydig nécessite la présence de la protéine StAR et de trois enzymes (E1, E2 et E3). On a dosé la quantité de ces quatre molécules et on a rapporté ces productions par rapport à des productions de ces protéines chez des souris témoins (production normale de protéine). On constate que, chez les souris transgéniques, la production de la protéine StAR est de 90 % par rapport aux témoins. La production de l'enzyme 1 est de 60 %, celle de l'enzyme 2 est de 80 % et celle de l'enzyme 3 est de 20 % par rapport aux souris témoins.

On constate que, chez les souris transgéniques, la production de ces quatre protéines est, dans tous les cas, inférieure à celle des souris témoins. Les enzymes 1 et surtout les enzymes 3 sont très faiblement produites. On peut donc imaginer que la synthèse de la testostérone à partir du cholestérol dans les cellules de Leydig ne se déroule pas convenablement. La chaîne de biosynthèse de la testostérone ne s'effectuant pas correctement par manque de l'enzyme 3, les souris transgéniques n'ont pas suffisamment de testostérone pour maintenir en place les canaux de Wolff.

Ainsi, l'AMH agit en entraînant la dégénérescence des canaux de Müller et le manque de testostérone entraîne la régression des canaux de Wolff, d'où l'atrophie de l'appareil génital.

6 Ce document représente les évolutions des voies génitales (canaux de Wolff et de Müller) après une greffe de testicule ou un apport de testostérone.

– Le témoin représente l'évolution des voies génitales chez une femelle. On constate que les canaux de Wolff dégénèrent et que les canaux de Müller persistent. On observe aussi la présence d'un vagin et d'ovaires de taille normale.

Chez une femelle, les voies génitales indifférenciées au 20e jour se différencient (8 jours plus tard) avec la régression des canaux de Wolff et la persistance des canaux de Müller.

– L'expérience 1 consiste à greffer un testicule prélevé chez un embryon mâle de même âge, au niveau de l'appareil génital. On observe que, du côté de la greffe, le canal de Müller dégénère, l'ovaire s'atrophie et le canal de Wolff se développe, mais il reste plus petit. De plus, on observe la présence de vésicules séminales et d'une prostate.

La seule différence avec l'expérience témoin, c'est la présence d'un testicule greffé. Donc, si on observe une différence dans l'évolution des voies génitales indifférenciées, 8 jours plus tard, cela sera dû à la présence du testicule.

On peut donc en déduire que la présence de testicule entraîne la dégénérescence des canaux de Müller, le maintien des canaux de Wolff, ainsi que l'apparition des vésicules séminales et de la prostate. Alors qu'en l'absence de testicule, les canaux de Müller se maintiennent et les canaux de Wolff dégénèrent.

– L'expérience 2 consiste à implanter un cristal de testostérone sur les voies génitales indifférenciées. On observe, 8 jours plus tard, un maintien des deux types de voies génitales (canaux de Wolff et de Müller) des deux côtés, ainsi que le développement des vésicules séminales et de la prostate.

La seule différence avec l'expérience témoin est la présence d'un cristal de testostérone. Donc, si on observe une différence dans l'évolution des voies génitales indifférenciées, 8 jours plus tard, cela sera dû à la présence de la testostérone.

Cette expérience permet de préciser que c'est en fait la présence de la testostérone (fabriquée par les testicules) qui est à l'origine du maintien des canaux de Wolff et de l'apparition des vésicules séminales et de la prostate. Toutefois, la seule présence de l'hormone masculine testostérone ne suffit pas à la dégénérescence des canaux de Müller.

7 On cherche à expliquer la relation entre le sexe génétique et le sexe gonadique car on a constaté l'existence d'individus de sexe génétique mâle (XY) qui possèdent un phénotype féminin, mais sans gonade différenciée : ces individus sont atteints de dysgénésie gonadique.

Exploitation du document 1

Ce document présente les résultats d'électrophorèse d'ADN de trois souris différentes.

Pour les trois souris, la présence d'un fragment d'ADN de contrôle atteste du bon déroulement de l'électrophorèse.

• Pour la souris de phénotype mâle et de génotype (XY), on observe deux fragments d'ADN : un correspondant au gène SRY et un correspondant à un fragment d'ADN spécifique du chromosome Y.

• Pour la souris de phénotype femelle et de génotype (XX), on observe juste le fragment d'ADN de contrôle.

La différence entre ces deux souris (mâle et femelle) est la présence d'un chromosome Y, la différence dans le résultat obtenu sera donc dû à la présence du chromosome Y. La souris de génotype (XX) ne possède pas de gène SRY car celui-ci est sur le chromosome Y.

• Pour la souris transgénique de phénotype mâle mais de génotype (XX), on observe la présence du fragment d'ADN correspondant au gène SRY, mais pas de fragment d'ADN spécifique du chromosome Y.

La différence entre la souris transgénique et les deux souris témoins, c'est que l'on a réalisé une transgenèse du gène SRY. Si on observe une différence par rapport aux souris témoins, cela sera dû à la transgenèse. On peut donc en déduire que le gène SRY induit un phénotype mâle même en l'absence du chromosome Y. Ce gène SRY semble donc essentiel dans la réalisation du phénotype mâle.

Une transgenèse est le transfert d'un gène d'intérêt du génome d'un organisme A dans le génome d'un organisme B. On insère uniquement un fragment d'ADN et non la totalité d'un chromosome.

Exploitation du document 2

Ce document permet de réaliser la comparaison de fragments de séquences peptidiques de la protéine TDF issue de l'expression du gène SRY chez un individu sain (séquence A) et chez un individu atteint de dysgénésie gonadique (séquence B).

Sur les 27 acides aminés comparés, on constate qu'il y a une seule différence au niveau du 9e acide aminé. La séquence A possède l'acide aminé Met (méthionine) en 9e position, alors que la séquence B possède l'acide aminé Ile (isoleucine) en 9e position.

Les individus sains et atteints de dysgénésie gonadique peuvent synthétiser la protéine TDF. Toutefois, les structures primaires (séquences d'acides aminés) de ces deux protéines diffèrent d'un acide aminé. Ces deux protéines sont donc différentes.

Exploitation du document 3

La protéine TDF se fixe sur un site spécifique de l'ADN pour permettre l'expression des gènes contrôlant la différenciation des gonades.

– Chez l'individu sain, la protéine TDF se fixe sur son site spécifique de l'ADN et induit une courbure de 134,16° de l'ADN.

– Chez l'individu atteint de dysgénésie gonadique, la protéine TDF se fixe sur son site spécifique de l'ADN et induit une courbure de 143,74° de l'ADN.

La protéine TDF chez les individus atteints de dysgénésie gonadique se fixe sur l'ADN, mais induit une courbure de l'ADN supérieure à celle des protéines TDF des individus sains. On peut imaginer que cette courbure excessive ne permette pas l'expression convenable des gènes contrôlant la différenciation des gonades.

Synthèse

Les individus atteints de dysgénésie gonadique possèdent des chromosomes sexuels XY. Le chromosome Y possède un gène SRY impliqué dans la mise en place du phénotype masculin (*doc. 1*). Toutefois, on constate que les individus atteints de la dysgénésie gonadique sont de phénotype féminin. Chez ces individus, le gène SRY cst présent et il s'exprime pour former une protéine TDF (*doc. 2*). Toutefois, cette protéine TDF a une structure primaire différente des protéines TDF des individus sains (*doc. 2*). Cette différence porte sur un acide aminé. La protéine TDF a la capacité de se fixer sur un site spécifique de l'ADN, en induisant une courbure de l'ADN, afin de permettre l'expression d'une série de gènes contrôlant la différenciation des gonades indifférenciées en gonades mâles (testicules) (*doc. 3*). Chez les individus atteints de dysgénésie gonadique, la protéine TDF se fixe sur le site spécifique de l'ADN, mais induit une courbure trop importante, ce qui empêche l'activation des gènes contrôlant la différenciation des gonades : les gonades restent donc indifférenciées (*doc. 3*).

8 On cherche à identifier les mécanismes qui contrôlent les étapes de la formation de l'appareil génital masculin. Pour cela, on étudiera des individus dont la différenciation de l'appareil génital est anormale.

Exploitation du document 1

Ce document permet de comparer les caryotypes et les phénotypes de 3 individus A, B et C.

Tous les individus ont un caryotype avec des chromosomes sexuels XY.

– Le sujet C a des testicules et des organes génitaux internes et externes de type masculin.

Le sujet A a des gonades indifférenciées et des organes génitaux internes et externes de type féminin. Il possède aussi une mutation ponctuelle du gène SRY.

Les deux sujets A et C ont le même caryotype avec un sexe génétique de type masculin à cause des chromosomes sexuels XY. Mais si l'individu C est sain, l'individu A a un phénotype « anormal ».

La différence entre ces deux individus est que le sujet A possède une mutation ponctuelle du gène SRY. La différence des deux phénotypes sexuels est donc due à cette mutation. Chez le sujet A, la mutation ponctuelle du gène SRY peut entraîner la synthèse d'une protéine TDF non fonctionnelle ne permettant pas d'activer les gènes contrôlant la différenciation des gonades indifférenciées en testicules. Ainsi, en l'absence de testicule donc de testostérone et d'AMH, les organes génitaux se différencient en type féminin.

– Le sujet B a des testicules, mais des organes génitaux internes et externes de type féminin. Il présente une mutation ponctuelle du gène du récepteur à la testostérone.

Les deux sujets B et C ont le même caryotype avec un sexe génétique de type masculin à cause des chromosomes sexuels XY. La différence entre ces deux individus est que le sujet B possède une mutation ponctuelle du gène du récepteur à la testostérone. L'individu a un sexe génétique (chromosome Y) et gonadique (testicule) de type masculin. Ses testicules synthétisent la testostérone, mais on peut imaginer que la mutation ponctuelle du gène du récepteur à la testostérone ne permette pas la reconnaissance de la testostérone par son récepteur spécifique. Ainsi, les cellules cibles à la testostérone localisées sur les voies génitales indifférenciées ne captent pas la présence de testostérone, d'où la régression des canaux de Wolff à l'origine des voies génitales mâles. De même, cette non-reconnaissance de la testostérone ne permet pas la mise en place d'organes génitaux externes de type masculin. Les organes génitaux internes et externes qui se mettent en place sont donc de type féminin.

Exploitation du document 2

Ce document présente le syndrome de la persistance des canaux de Müller (PMDS) qui atteint des hommes ayant des organes génitaux externes de type masculin.

Le **document 2a** permet la comparaison anatomique de trois individus : un homme sain, une femme saine et un individu atteint de PMDS.

L'homme sain possède des testicules et des canaux déférents.

La femme possède des ovaires, des trompes de Fallope, un utérus et un vagin.

L'individu atteint de PMDS présente des testicules, des canaux déférents mais aussi des trompes de Fallope, un utérus mais pas de vagin.

Si on compare l'individu atteint de PMDS aux deux individus témoins, on constate que celui-ci possède des voies génitales internes de type masculin et féminin.

Le **document 2b** est un graphique représentant la concentration d'AMH sanguine chez deux individus atteints de PMDS, ainsi que les valeurs de concentrations d'AMH chez des sujets sains en fonction de l'âge.

Les individus de type « PMDS 1 » ont un très faible taux d'AMH compris entre 0 et 25 pmol/L. Cette valeur est stable au cours du temps.

Les individus de type « PMDS 2 » ont un taux d'AMH qui diminue au cours du temps. On passe d'environ 500 pmol/L à 0 pmol/L en 15 ans.

Chez les sujets sains, le taux d'AMH est identique à celui du sujet de type « PMDS 2 ».

Les sujets « PMDS 2 » ont des taux normaux d'AMH, alors que les sujets « PMDS 1 » ont un taux trop faible d'AMH. L'AMH est l'hormone antimüllérienne, sa présence entraîne la régression des canaux de Müller à l'origine des voies génitales internes de type féminin. Ainsi, on peut expliquer la présence de voies génitales internes de type féminin pour les sujets « PMDS 2 » car les canaux de Müller n'ont pas régressé par manque d'AMH. Toutefois, on ne peut pas expliquer leur présence pour les individus « PMDS 1 » car le taux d'AMH est normal, on aurait dû avoir une régression des canaux de Müller.

D'après le **document 2c**, les individus de type « PMDS 1 » ont une mutation ponctuelle (en position 282) sur le gène responsable de la synthèse de l'AMH (composé de 1 683 nucléotides). Cette mutation induit l'apparition d'un codon stop au moment de la traduction.

La mutation ponctuelle (intervenant au début de la séquence nucléotidique) du gène responsable de la synthèse de l'AMH induit une synthèse partielle de la molécule d'AMH. Cette molécule n'est donc pas fonctionnelle, d'où la persistance des canaux de Müller et les voies génitales internes de type féminin chez ces sujets.

Les individus de type « PMDS 2 » ont une mutation ponctuelle (en position 514) sur le gène responsable de la synthèse du récepteur à l'AMH (composé de 1 722 nucléotides). Cette mutation induit l'apparition d'un codon stop au moment de la traduction.

La mutation ponctuelle (intervenant dans la première partie de la séquence nucléotidique) du gène responsable de la synthèse du récepteur à l'AMH induit une synthèse partielle du récepteur à l'AMH. Cette molécule ne peut donc pas reconnaître convenablement l'AMH. Ces sujets synthétisent l'AMH, mais elle n'est pas captée par les cellules cibles à l'AMH, d'où la persistance des canaux de Müller en présence d'AMH.

Synthèse

La mise en place de l'appareil génital masculin nécessite plusieurs étapes :

- **La masculinisation des gonades** nécessitant la présence du gène SRY sur le chromosome Y (*doc. 1*).
- **Le développement des organes génitaux internes mâles,** nécessitant :

– la présence de testostérone et qu'elle soit captée par des récepteurs spécifiques sur les canaux de Wolff (*doc. 1*) ;

– la présence d'AMH en quantité suffisante, mais aussi la présence de récepteurs spécifiques à l'AMH présents sur les canaux de Müller (*doc. 2*) afin d'assurer leur régression.

L'interrogation écrite

9 À partir des documents fournis et de nos connaissances, nous allons identifier le sexe génétique de madame X, puis nous expliquerons la mise en place de ses gonades et de ses voies génitales.

Exploitation du document 2

On constate que le caryotype d'une cellule somatique de madame X contient 23 paires de chromosomes, soit 46 chromosomes, dont une paire de chromosomes sexuels : un chromosome long qui correspond à un chromosome sexuel X et un chromosome court qui correspond à un chromosome sexuel Y.

Madame X possède des chromosomes sexuels X et Y, elle possède donc un sexe génétique mâle.

Exploitation du document 1

Document 1a

Madame X ne possède pas de gonades femelles (ovaires), ni de voies génitales femelles (utérus, vagin), mais elle possède deux testicules en position interne et des voies génitales mâles réduites.

La présence du chromosome Y a permis la différenciation des gonades en testicules. En effet, le chromosomes Y est porteur du gène SRY. L'expression de ce gène permet la synthèse de la protéine SRY (ou TDF) responsable de la mise en place des testicules.

Les voies génitales mâles sont réduites car les canaux de Wolff n'ont pas dû être suffisamment stimulés.

Document 1b

Sur la coupe transversale d'un testicule de rat dont la structure est comparable à celle des testicules de madame X, on constate que les cellules de Leydig sont peu développées et peu actives, contrairement aux cellules de Leydig de la coupe transversale d'un testicule de rat adulte dont la structure est semblable à celle de testicules humains, et qui, elles, présentent un développement satisfaisant et une activité normale.

On constate, de même, que les tubes séminifères chez le rat dont le testicule est de structure semblable à celui de madame X présentent une structure normale comparable à celle des tubes séminifères chez le rat adulte normal.

Les tubes séminifères sont composés d'une paroi contenant les cellules de Sertoli et des cellules souches à l'origine de la fabrication des spermatozoïdes. Les spermatozoïdes fabriqués sont ensuite libérés dans la lumière des tubes séminifères.

L'examen de ces coupes testiculaires montre donc que les cellules de Leydig sont peu développées et fonctionnent anormalement chez madame X, ce qui entraînerait une production de testostérone insuffisante étant donné que les cellules de Leydig sont les cellules sécrétrices de testostérone.

Cette production insuffisante de testostérone ne permettrait pas le développement des canaux de Wolff (voies génitales mâles réduites).

De plus, les tubes séminifères présentant un aspect normal fabriqueraient correctement l'AMH, ce qui expliquerait que les voies génitales femelles n'ont pas pu se développer : pas d'utérus (absence de menstruations).

Exploitation du document 3

On constate sur ce document que la concentration de testostérone dans le plasma, sans stimulation artificielle, chez madame X est de 0,69 nmol/L contre 10 à 38 nmol/L chez l'homme adulte normal.

De plus, suite à une stimulation hormonale des testicules, on constate que la concentration de testostérone augmente faiblement chez madame X, alors qu'elle subit une forte augmentation chez l'homme adulte normal.

Chez Madame X, les concentrations de testostérone sont dans tous les cas (stimulation ou pas des testicules) inférieures à celles chez l'homme adulte normal. Les testicules de madame X ne produisent donc pas assez de testostérone du fait du faible développement et de la faible activité de leurs cellules de Leydig.

Synthèse

Madame X présente un sexe génétique mâle car elle possède des chromosomes sexuels XY (*doc. 2*).

Ce sexe génétique a permis la différenciation des gonades en testicules (*doc. 1a*). Cependant, ces testicules présentent des cellules de Leydig faiblement développées et peu actives, alors que les tubes séminifères semblent normaux (*doc. 1b*).

Les cellules de Leydig peu actives ne produisent pas assez de testostérone (le taux est très inférieur à la normale) (*doc. 3*), ce qui entraîne une stimulation insuffisante des canaux de Wolff pour qu'ils puissent se différencier en voies génitales mâles. Ces dernières restent alors réduites (*doc. 1a*). De plus, la présence de testicules et de tubes séminifères permet à madame X de produire l'AMH, ce qui entraîne une régression des canaux de Müller à l'origine de l'absence de voies génitales femelles (*doc. 1a*).

CHAPITRE 10

Sexualité et procréation

LE COURS

On se propose de rechercher les mécanismes qui permettent de contrôler le fonctionnement des gonades et de régler la concentration plasmatique des hormones gonadiques, indispensables à la réussite de la reproduction. On verra que ces mécanismes mettent en jeu des contrôles hormonaux complexes, faisant intervenir un système de commande hiérarchisé qui présente trois niveaux d'intervention : hypothalamus, hypophyse, gonades. La connaissance de ces régulations hormonales a permis de mettre au point des techniques de maîtrise de la reproduction.

La double fonction des gonades

▶ EXERCICES D'APPLICATION 1, 3, 4 ET 6, pp. 161, 162

▶ Chez l'homme

• **Production de spermatozoïdes (spermatogenèse) au niveau des tubes séminifères des testicules**

Chaque testicule contient des centaines de **tubes séminifères** pelotonnés. C'est dans l'épaisseur de la paroi de ces tubes que se forment les spermatozoïdes à partir des cellules germinales (cellules à l'origine des gamètes).

• **Sécrétion d'hormone mâle – la testostérone – par les cellules de Leydig du tissu interstitiel présent entre les tubes séminifères**

La testostérone est nécessaire au développement et au bon fonctionnement des glandes annexes de l'appareil génital (vésicules séminales, prostate…). Elle agit sur les caractères sexuels secondaires (pilosité, musculature…) et la fonction reproductrice (libido, érection…). Elle est également indispensable à la spermatogenèse.

Chez l'homme adulte, la **production de testostérone est globalement stable** et la **production de spermatozoïdes est continue**.

▶ Chez la femme

De la **puberté** jusqu'à la **ménopause**, la femme présente une **activité sexuelle cyclique** : chaque cycle, d'une durée moyenne de 28 jours, est marqué par un événement majeur, l'**ovulation**, c'est-à-dire l'expulsion du gamète femelle hors de l'ovaire. Le cycle est divisé en deux phases : la phase pré-ovulatoire appelée phase folliculaire et la phase post-ovulatoire appelée phase lutéale.

• **La production de gamètes femelles est assurée par les ovaires** qui contiennent des structures appelées **follicules ovariens**. Chaque follicule ovarien, constitué de cellules folliculaires, contient un gamète femelle ou **ovocyte**.

• **Le cycle ovarien** comporte deux phases, la **phase folliculaire** et la **phase lutéale**, séparées par l'**ovulation**.

– Au cours de la **phase folliculaire**, plusieurs **follicules cavitaires** entament la dernière phase de leur développement. Rapidement, l'un d'entre eux, le **follicule dominant**, continue seul sa croissance, tandis que les autres dégénèrent.

– Vers le milieu du cycle, le follicule dominant a atteint sa maturité : on l'appelle alors follicule mûr ou de De Graaf. Ce follicule est alors prêt à expulser l'ovocyte : c'est l'**ovulation**.

– Au cours de la **phase lutéale**, le follicule se transforme en **corps jaune**. En l'absence de fécondation, le corps jaune dégénère vers la fin du cycle.

• Les ovaires produisent, de façon cyclique, deux types d'hormones, les **œstrogènes** et la **progestérone**.

– En **phase folliculaire**, les **follicules ovariens** produisent des **œstrogènes**. Leur taux augmente progressivement, puis plus fortement en fin de phase folliculaire, en relation avec la croissance du follicule dominant.

– En **phase lutéale**, les cellules du **corps jaune** sécrètent de la **progestérone,** ainsi qu'une faible quantité d'œstrogènes. En l'absence de fécondation, le corps jaune régresse, ce qui entraîne une chute de la production de ces hormones.

• Œstrogènes et progestérone agissent sur l'utérus en permettant le développement de la **muqueuse utérine** (épaississement, vascularisation plus importante). Cette condition est indispensable car, en cas de fécondation, l'embryon s'implante dans la muqueuse utérine (nidation de l'embryon). D'autre part, ces hormones interviennent aussi sur la fluidité de la glaire cervicale produite au niveau du col de l'utérus.

Par contre, en l'absence de fécondation, l'effondrement des sécrétions des hormones en fin de cycle provoque le délabrement de la muqueuse utérine, ce qui explique l'apparition des règles.

Les gonades assurent ainsi une double fonction : la production de gamètes, qualifiée de fonction exocrine, et la **production d'hormones**, qualifiée de **fonction endocrine**.

Le contrôle de la sécrétion des hormones sexuelles et des gamètes

▶ EXERCICES D'APPLICATION 9 ET 10, p. 165

▶ Intervention de l'hypothalamus

• L'**hypothalamus** est une structure nerveuse située à la base de l'encéphale.

Certains **neurones hypothalamiques** sécrètent une neurohormone, la **GnRH** (**Gonadotrophin Releasing Hormon**). La GnRH est déversée dans le sang au niveau d'un réseau sanguin situé entre l'hypothalamus et une petite glande appelée hypophyse.

• La GnRH agit sur les cellules de l'antéhypophyse où elle stimule la sécrétion d'hormones appelées gonadostimulines.

▶ Intervention de l'hypophyse

L'**hypophyse antérieure** ou **antéhypophyse** est une glande endocrine qui sécrète deux hormones, la LH et la FSH, appelées aussi gonadostimulines car elles agissent sur les gonades.

- Chez l'homme :

– la **FSH** permet d'activer la spermatogenèse ;

– la **LH** stimule la production de testostérone par les cellules de Leydig du tissu interstitiel.

- Chez la femme :

– la **FSH** (hormone folliculostimulante), prépondérante pendant la phase folliculaire, stimule le développement des follicules et commande la sécrétion des œstrogènes ;

– la **LH** (hormone lutéinisante) présente un **pic** en fin de phase folliculaire qui provoque l'ovulation. Elle entraîne également la transformation des cellules des follicules en cellules lutéales (corps jaune) et stimule la sécrétion de progestérone par ces cellules.

Les hormones sexuelles exercent un rétrocontrôle

▶ EXERCICES D'APPLICATION 5, 7 ET 10, pp. 162, 163, 165

▶ Le rétrocontrôle testiculaire

La testostérone exerce un **rétrocontrôle négatif** sur l'axe hypothalamo-hypophysaire : toute hausse de la concentration de testostérone freine la sécrétion des gonadostimulines ; toute baisse lève ce frein.

▶ Le rétrocontrôle ovarien

Les hormones ovariennes exercent un rétrocontrôle sur l'axe hypothalamo-hypophysaire :

– **un rétrocontrôle négatif**, exercé en début de phase folliculaire par l'œstradiol à faible concentration plasmatique, aboutit à la dégénérescence des follicules en cours de croissance, excepté le follicule dominant ;

– **un rétrocontrôle positif**, exercé en fin de phase folliculaire par l'œstradiol à concentration plasmatique élevée, maintenue pendant 24 h au moins, aboutit au pic ovulatoire de LH ;

– **un rétrocontrôle négatif**, exercé en phase lutéinique par la progestérone, empêche toute nouvelle croissance folliculaire et toute ovulation.

La chute des taux d'œstrogènes et de progestérone en fin de cycle diminue les rétroactions négatives, entraînant ainsi la production accrue de FSH et le redémarrage du cycle.

La maîtrise de la procréation

▶ EXERCICES D'APPLICATION 1, 6, 7, 8, 11 ET 12, pp.161, 162, 163, 164, 167, 169

La compréhension des mécanismes hormonaux qui contrôlent la fonction reproductrice a permis de mettre au point des méthodes contraceptives, mais aussi d'apporter des solutions dans certaines formes d'infertilité.

La contraception

On regroupe sous le terme de **contraception** l'ensemble des méthodes visant à empêcher la conception, c'est-à-dire la fécondation ou la nidation. Une bonne méthode contraceptive doit être efficace, réversible, acceptable et sans effet nocif sur la santé.

• La contraception hormonale

Elle consiste à utiliser des **hormones** de synthèse, dans le but de **modifier l'équilibre hormonal** contrôlant les cycles sexuels féminins.

La contraception hormonale associe **œstrogènes** et **progestatif** en freinant la sécrétion des gonadostimulines au niveau de l'hypophyse, ce qui **bloque l'ovulation**. Elles agissent donc comme un rétrocontrôle négatif permanent.

L'utilisation d'un progestatif seul ne bloque pas l'ovulation, mais agit au niveau utérin en empêchant le développement de la muqueuse utérine qui devient impropre à la nidation.

La contraception hormonale peut être actuellement utilisée sous deux formes : des comprimés ou des implants cutanés.

• Les contraceptifs non hormonaux

Les moyens contraceptifs non hormonaux les plus couramment utilisés sont :

– le préservatif masculin (le plus répandu), efficace s'il est utilisé correctement et qui présente l'avantage de préserver des **IST**, infections sexuellement transmissibles, dont le sida, l'hépatite, le papillomavirus…

– le stérilet, petit objet en forme de T associé à un fil de cuivre, placé dans la cavité utérine par le médecin. Il rend la fécondation difficile et s'oppose à la nidation, avec une très bonne efficacité.

• Des réponses à des situations exceptionnelles

– La « **pilule du lendemain** »

Elle permet d'éviter le début d'une grossesse en cas de rapport sexuel non protégé. Cette pilule doit être prise le plus tôt possible après la relation sexuelle (dans les 3 jours, au plus tard). Cette pilule (contenant une forte dose d'œstrogènes et/ou de progestérone) agit à plusieurs niveaux : perturbation de l'ovulation (si celle-ci n'a pas encore eu lieu) et action sur l'utérus empêchant la nidation.

L'exemple de cette pilule montre l'importance du respect des équilibres des concentrations plasmatiques hormonales à chaque moment du cycle. Cependant, **cette pilule ne doit être utilisée qu'exceptionnellement**.

– **La pilule contragestive**

La prise de comprimés de RU 486 en début de grossesse (moins de 3 semaines de retard des règles) provoque le démantèlement de l'endomètre et l'expulsion de l'embryon. Il s'agit d'une pilule contragestive empêchant donc le déroulement de la gestation ; il ne s'agit donc pas d'une méthode contraceptive au sens propre du terme.

• La contraception hormonale masculine

Diverses pistes de contraception masculine sont actuellement en cours d'étude. Cette contraception associe des hormones de synthèse proches de la testostérone et de la progestérone : l'effet conjugué de cette contraception vise à diminuer la production de spermatozoïdes en exerçant un rétrocontrôle négatif sur l'axe hypothalamo-hypophysaire.

▶ Procréation médicalement assistée

Les techniques de **procréation médicalement assistée** (**PMA**) permettent à des couples présentant des problèmes d'**infertilité**, voire de **stérilité**, d'avoir des enfants. Les causes d'infertilité sont variées et peuvent être autant d'origine masculine (obstruction des canaux déférents, sperme anormal…) que féminine (troubles de l'ovulation, obstruction des trompes…) ou mixte. Les problèmes de fertilité peuvent avoir une origine hormonale.

• L'**insémination artificielle** avec le sperme du conjoint (**IAC**) ou avec le sperme d'un donneur anonyme (**IAD**) permet de résoudre certains problèmes d'infertilité. Elle est réalisée au moment de l'ovulation, repérée par le pic de LH.

• La stimulation hormonale de l'ovaire permet d'activer la croissance folliculaire et favorise ainsi l'ovulation. Cette technique utilise des molécules qui stimulent l'hypophyse ou directement les ovaires.

• La **fécondation in vitro et transfert d'embryon** (**FIVETE**) est une technique complexe nécessitant plusieurs étapes :

– chez la femme : prise de contrôle du cycle sexuel féminin en bloquant le cycle sexuel par des molécules analogues structurales de la GnRH ; stimulation ovarienne pour obtenir plusieurs follicules mûrs par injection de FSH ; ponction des ovocytes après déclenchement de l'ovulation grâce à des molécules déclenchant ou mimant le pic de LH ;

– chez l'homme : recueil du sperme, traitement des spermatozoïdes pour les rendre fécondants ; *in vitro* : mise en présence des gamètes, fécondation et culture des embryons durant 48 heures ;

– réimplantation des embryons dans l'utérus de la femme après un traitement avec un progestatif de synthèse permettant le développement de l'endomètre.

Une technique annexe est utilisée : l'ICSI (*Intra Cytoplasmic Sperm Injection*).

Elle permet de choisir un spermatozoïde et de l'injecter dans le cytoplasme de l'ovocyte.

Sexualité et bases biologiques du plaisir

Diverses études ont montré que chez les primates hominoïdes le **comportement sexuel n'est plus un comportement de reproduction, mais devient un comportement érotique**.

Chez les êtres humains, la stimulation des zones érogènes au cours du l'acte sexuel procure une stimulation importante du système de récompense dans le cerveau. Ces récompenses, en particulier l'orgasme, sont perçues comme des sensations de plaisir. **L'Homme ne recherche donc plus l'acte sexuel pour se reproduire, mais pour le plaisir sexuel** et surtout l'orgasme qu'il lui procure. Ce comportement, où l'orgasme est le but recherché, est un comportement érotique.

Les facteurs affectifs et cognitifs, et surtout le contexte culturel, ont une influence majeure sur le comportement sexuel humain.

LA DIFFICULTÉ DU CHAPITRE

Comprendre le mode d'action d'une hormone : les hormones sont des molécules produites par des cellules appelées cellules endocrines. Les hormones sont déversées dans la circulation sanguine et sont donc véhiculées par le sang. Elles peuvent atteindre de cette façon toutes les régions du corps. Cependant, seules les cellules possédant des récepteurs à ces hormones sont sensibles à leur action. Ces cellules sont qualifiées de cellules cibles. La fixation des hormones sur ces récepteurs est dépendante de la forme des molécules dans l'espace : il y a reconnaissance spécifique hormone-récepteur.

Des molécules proches d'un point de vue structural des hormones (analogues structurales) peuvent mimer l'action des hormones naturelles ou empêcher leur action en se fixant sur les récepteurs de ces hormones.

EXERCICES

Tester ses connaissances

1 VÉRIFIER SES CONNAISSANCES ★ 5 min (corrigés p. 171)

1° Décrire le déroulement d'un cycle ovarien.
2° Expliquer le rôle de l'hypophyse dans le contrôle des fonctions ovariennes.
3° Expliquer en quoi consiste la FIVETE.

2 QCM ★ 3 min (corrigés p. 171)

Choisir la (ou les) bonne(s) proposition(s).

1° Les cellules de Leydig sont :
a) des cellules présentes dans les testicules et qui produisent une hormone, la FSH.
b) des cellules présentes dans les tubes séminifères et qui activent la spermatogenèse.
c) des cellules présentes dans le tissu interstitiel des testicules et qui produisent la testostérone.

2° Les hormones ovariennes exercent sur l'axe hypothalamo-hypophysaire un rétrocontrôle :
a) positif en fin de phase lutéale et déclenchant l'ovulation.
b) positif en fin de phase folliculaire et déclenchant un pic de LH.
c) négatif en début de phase folliculaire.

3° La contraception hormonale consiste à utiliser des hormones de synthèse :
a) qui bloquent la sécrétion des gonadostimulines FSH et LH.
b) qui stimulent la sécrétion des gonadostimulines.
c) qui stimulent l'ovulation.

3 CYCLE SEXUEL OVARIEN ★ 5 min (corrigés p. 171)

Nommer sur le schéma ci-dessous les différentes phases du cycle ovarien (A, B et C) et les structures ovariennes présentes.

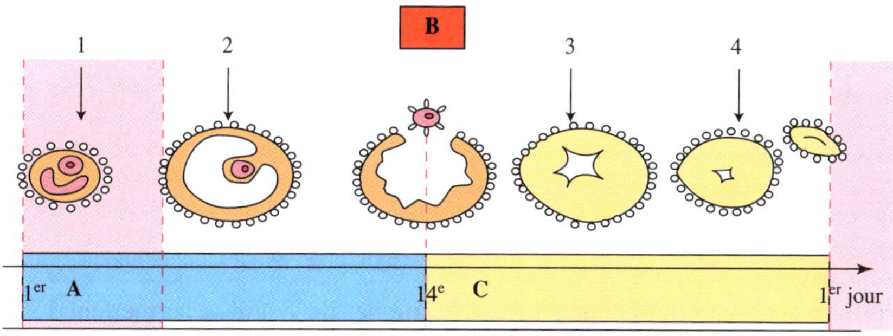

Le début de chaque cycle est marqué par l'apparition des règles.

4 COUPE TRANSVERSALE DE TESTICULE ★ 5 min (corrigés p. 171)

Nommer sur le schéma suivant les différentes cellules et structures visibles sur une coupe transversale de testicule.

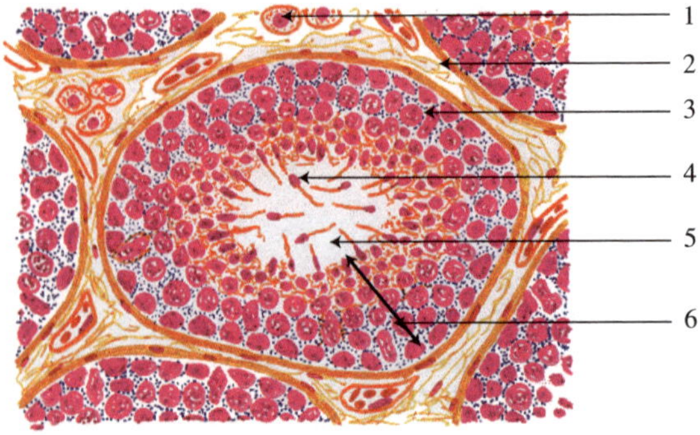

S'entraîner

5 RÉTROCONTRÔLES OVARIENS ★ 15 min (corrigés p. 171)

Montrer à l'aide des résultats expérimentaux suivants qu'il existe deux types de rétrocontrôle chez la guenon.

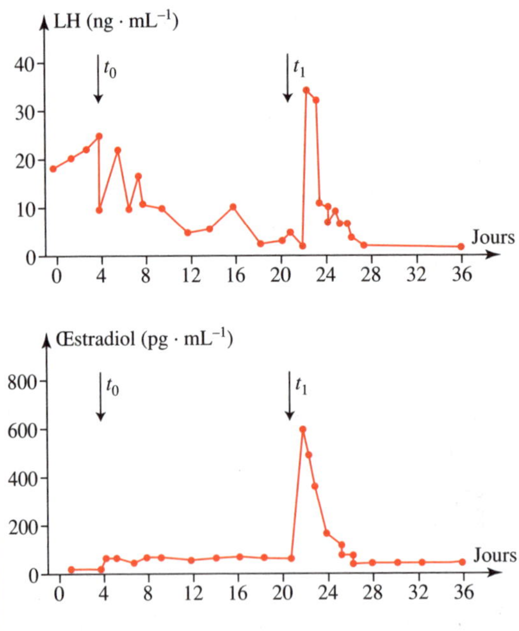

On pratique chez une guenon ovariectomisée (ayant subi une ablation des ovaires) des injections d'œstradiol qui est un œstrogène.

On suit chez cette guenon les variations de la concentration dans le sang en œstradiol et en LH au cours du temps.

L'évolution de ces concentrations est indiquée à partir de l'ovariectomie, puis à partir de t_0 et de t_1.

t_0 correspond au jour où on a effectué une perfusion continue d'œstradiol jusqu'à la fin de l'expérience.

t_1 correspond au jour où on a injecté une forte dose d'œstradiol.

6 MODE D'ACTION D'UNE PILULE CONTRACEPTIVE ★★ 20 min (corrigés p. 172)

Les pilules contraceptives contenant des hormones de synthèse permettent d'éviter une grossesse.

En comparant les variations des concentrations plasmatiques en hormones naturelles chez une femme avant et après la prise de pilules, expliquer, à l'aide des graphiques et des connaissances acquises, les effets de cette pilule.

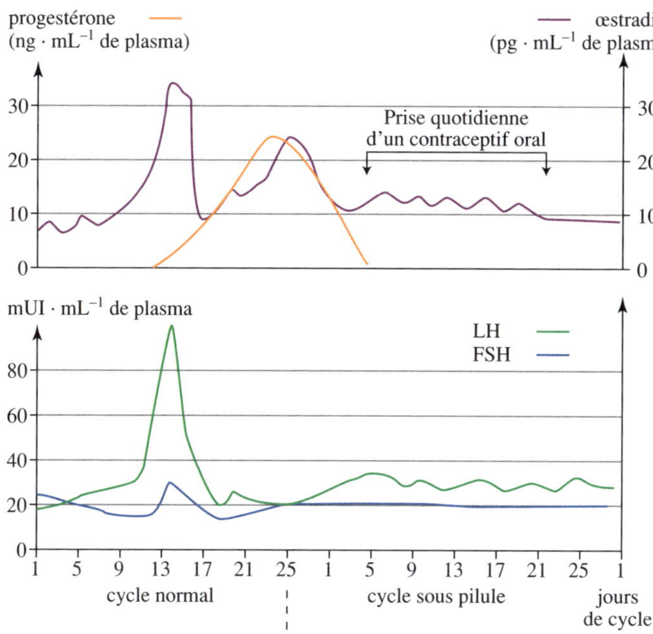

7 UNE CONTRACEPTION HORMONALE MASCULINE ★★ 20 min *(corrigés p. 172)*

Montrer à l'aide des deux documents suivants le mode d'action de la contraception masculine et expliquer pourquoi cette contraception hormonale n'a pas d'effet sur la virilité des hommes ainsi traités.

Doc. 1. **Un contraceptif masculin efficace.**

Depuis des années, la mise au point d'une pilule pour homme se heurte à la dualité du système reproducteur masculin : dans les testicules se forment les spermatozoïdes et se déroule la synthèse de la testostérone, responsable des caractères sexuels secondaires (pilosité, musculature, etc.).

Pour stopper la formation des spermatozoïdes, sans pour autant diminuer la virilité des patients, des chercheurs ont mis au point un implant, qui doit être changé tous les 4 mois, contenant de la testostérone. De plus, les patients reçoivent une injection trimestrielle d'une hormone de synthèse, le désogestrel, qui a la même action que la progestérone.

Les essais ont montré des résultats encourageants car, sur 55 hommes traités et vivant en couple, aucune grossesse de la femme n'a été enregistrée.

Cependant, les effets de ce nouveau procédé devront être jugés sur le long terme et sur un plus grand nombre d'hommes.

Doc. 2. **Schéma du contrôle hormonal de l'activité génitale de l'homme.**

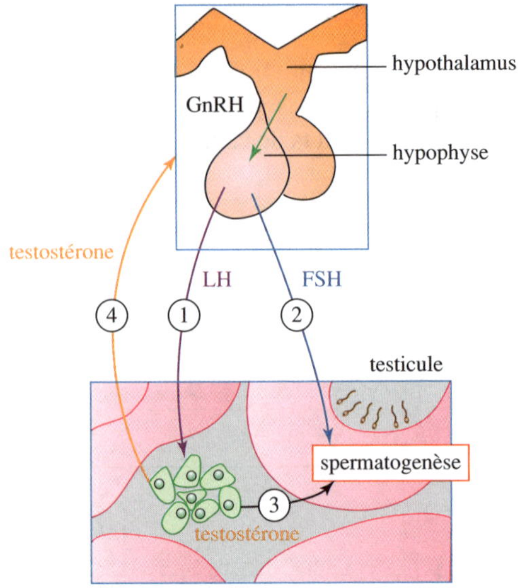

(1) La LH stimule la sécrétion de la testostérone par les cellules interstitielles. L'association de la FSH (2) et de la testostérone (3) active la spermatogenèse.
(4) La testostérone exerce un rétrocontrôle négatif sur la production de LH. Il n'y a pas de rétrocontrôle positif.

8 LES ÉTAPES DE LA FIVETE ★★★ 20 min *(corrigés p. 173)*

La FIVETE permet de pallier certaines formes d'infertilité.

Compléter le schéma ci-dessous qui résume les principales phases de cette technique, en précisant les traitements hormonaux qui ont permis de maîtriser les étapes de cette procréation médicalement assistée.

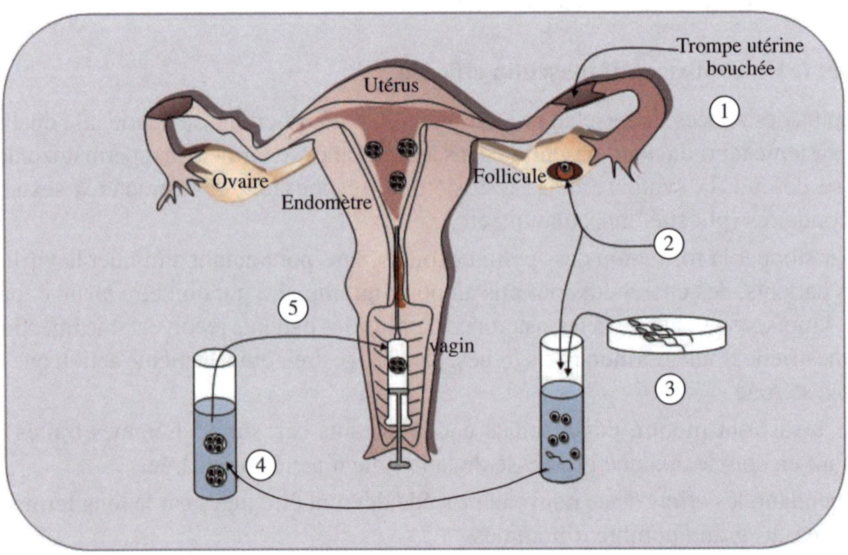

9 L'ABSENCE D'OVULATION ★★★ 30 min

(corrigés p. 173)

Une jeune femme consulte le médecin pour une absence de cycle menstruel.
À partir de l'exploitation de l'ensemble des documents, expliquer l'origine des signes cliniques observés (arrêt de la croissance des follicules ovariens avec absence d'ovulation) chez cette patiente.

Doc. 1. **Dosages de la LH, de la FSH et de l'œstradiol.**

Hormones dosées (hormones fonctionnelles)		LH ($UI \cdot L^{-1}$)	FSH ($UI \cdot L^{-1}$)	Œstrogènes (œstradiol en $pg \cdot mL^{-1}$)
Chez une femme aux cycles normaux	Phase folliculaire	1,5 à 10	2 à 17	30 à 90
	Pic ovulatoire	18 à 90	9 à 26	90 à 400
	Phase lutéale	1 à 16	2 à 8	50 à 200
Chez la patiente	Phase folliculaire Pic ovulatoire Phase lutéale	21	< 0,5	25

Remarque : sur une période d'un mois, les concentrations mesurées ne présentent aucune variation cyclique chez la patiente, quelle que soit l'hormone dosée.

Doc. 2. **Résultats de traitements hormonaux de la patiente.**

Doc. 2a. **Test hormonal de stimulation par injection de GnRH.**

Hormones dosées (hormones fonctionnelles) en $UI \cdot L^{-1}$	Avant injection	30 minutes après injection	60 minutes après injection
LH	33	170	130
FSH	< 0,6	< 0,6	< 0,8

UI : unité internationale de référence.

Doc. 2b. **Traitement par FSH.**

Une thérapie par administration de FSH a permis une croissance des follicules et un déclenchement de l'ovulation.

10 UN TRAITEMENT PERMETTANT DE PALLIER L'INFERTILITÉ ★★★ 40 min

(corrigés p. 174)

À partir des documents 1 à 3 mis en relation avec les connaissances acquises, proposer une explication à l'absence d'ovulation chez madame X et expliquer en quoi le traitement proposé permettra une procréation.

Doc. 1.

Mme X consulte un gynécologue pour cause de stérilité. Son mari a un spermogramme normal, tous les examens effectués par ailleurs ont montré qu'il était fertile. Le médecin prescrit à cette jeune femme des examens sanguins (doc. 1a), qu'il compare avec ceux d'une femme fertile (doc. 1b).

Doc. 1a. **Résultats obtenus chez Mme X.**

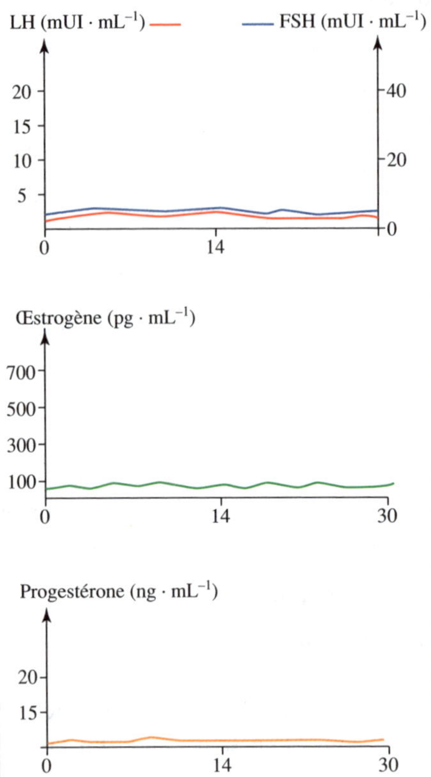

Doc. 1b. **Résultats obtenus chez une femme fertile.**

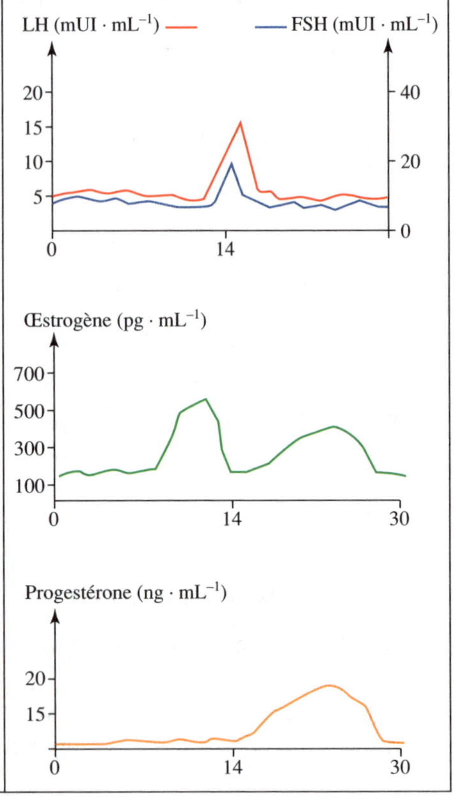

Doc. 2. **Conséquence d'une ablation des deux ovaires sur la sécrétion des gonadostimulines hypophysaires chez la rate.**

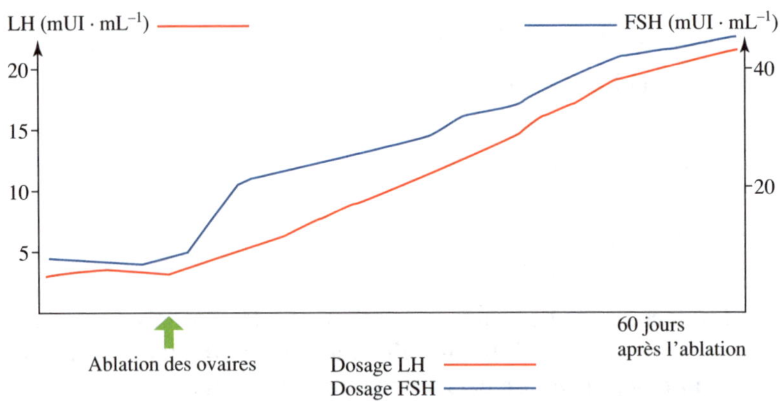

Doc. 3. **Conséquences d'un traitement au clomiphène.**

Le médecin prescrit un traitement au clomiphène pendant quatre jours ; le clomiphène est un analogue structural des œstrogènes et inhibe leur action en se fixant préférentiellement sur les récepteurs hypothalamiques. Les résultats des dosages effectués sont présentés ci-dessous (d : début; f : fin).

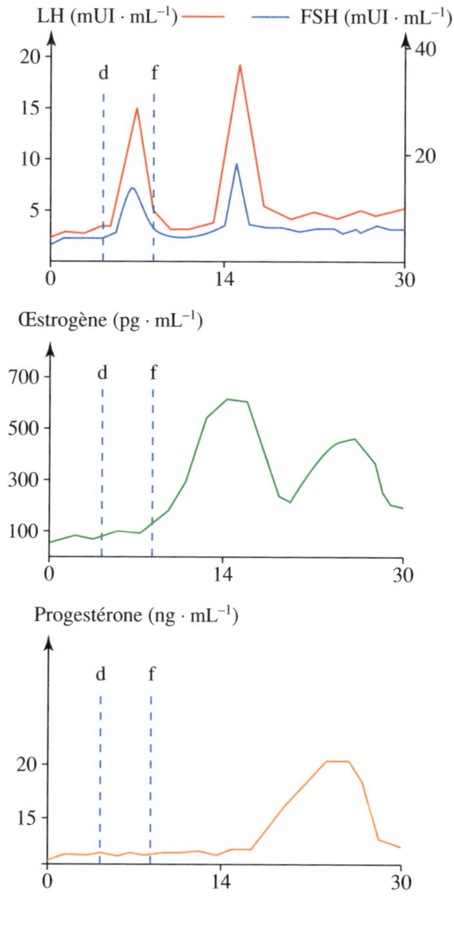

11 UNE STIMULATION OVARIENNE ★★★ 40 min

(corrigés p. 176)

Madame A consulte pour un problème de stérilité. Son médecin lui demande d'établir sa courbe de température et lui prescrit différents examens (dosages hormonaux). Les résultats conduisent à pratiquer une thérapie à base d'HMG, un mélange de LH et FSH. À la suite de ce traitement, madame A met au monde deux jumeaux, une fille et un garçon.

À partir d'une exploitation détaillée des documents et de vos connaissances, expliquer l'origine probable de la stérilité observée chez madame A et l'effet du traitement prescrit par le médecin.

Doc. 1. **Courbes de température réalisées chez madame A et une femme non stérile.** On précise que l'ovulation s'accompagne chez la femme d'une élévation de température.

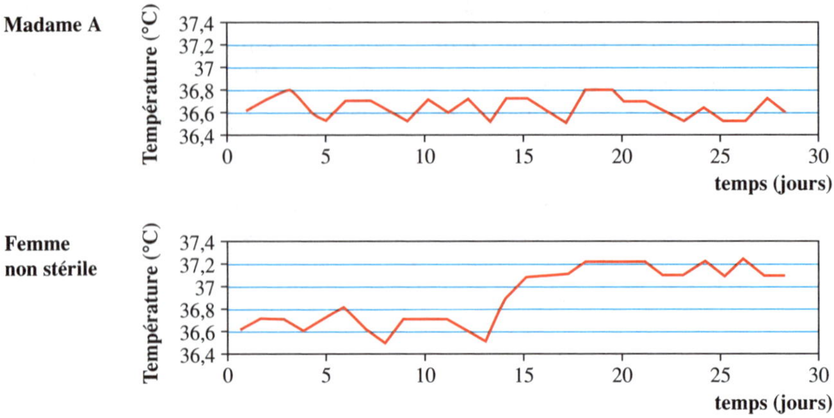

Doc. 2. **Dosages hormonaux réalisés chez madame A et chez une femme non stérile.** (mUI · mL^{-1} : milliunités internationales par millilitre.)

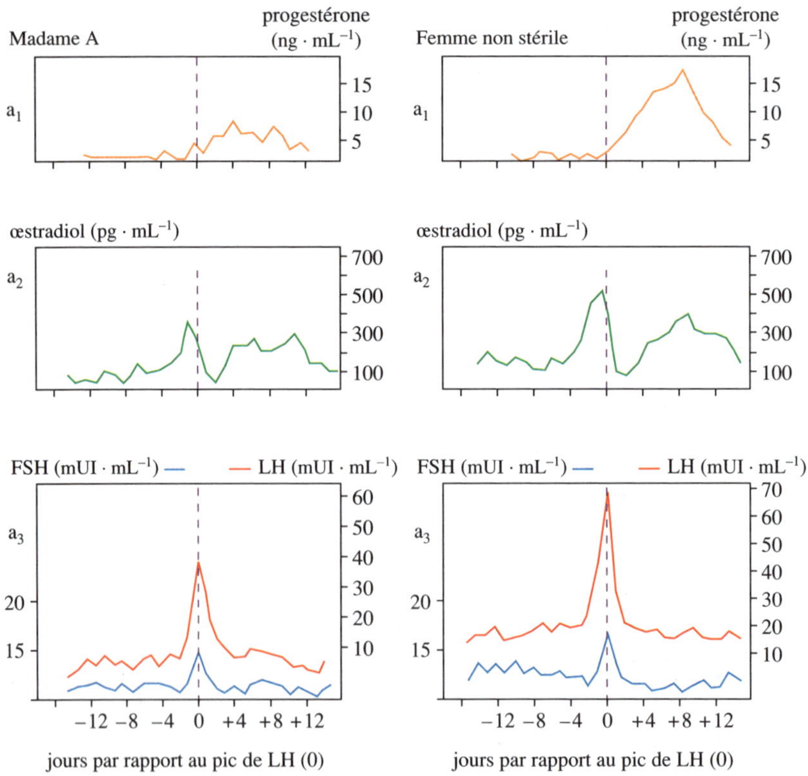

Doc. 3. **Effet du traitement à l'HMG chez madame A.**

Les dosages obtenus pour chaque cycle sont superposés sur le graphique. (Cycle 1 : sans traitement ; cycle 2 : avec traitement à l'HMG et à l'HCG.)

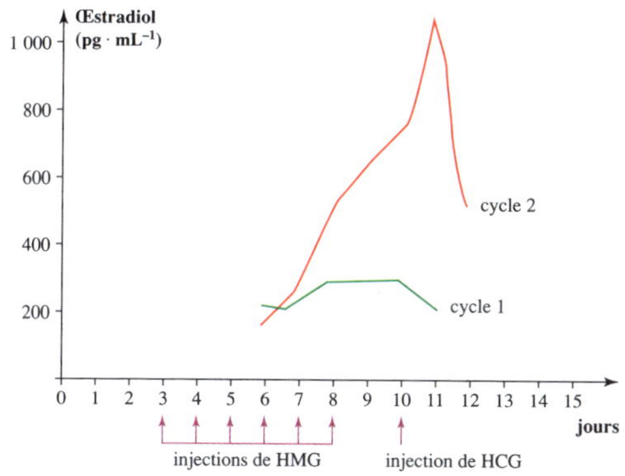

L'injection d'HCG est un complément indispensable au traitement, mais n'est pas à étudier dans cet exercice.

L'interrogation écrite

12 LA PILULE DU LENDEMAIN ★★★ 40 min (corrigés p. 177)

En période d'ovulation, un rapport sexuel non protégé peut aboutir à une grossesse non désirée. Il existe, dans ce cas, une contraception d'urgence : la pilule dite « du lendemain », contenant une molécule de synthèse, le lévonorgestrel.

En exploitant l'ensemble des documents et à l'aide de vos connaissances sur la régulation hormonale des cycles sexuels féminins, préciser les conditions d'utilisation de cette contraception d'urgence et proposer une hypothèse argumentée sur son mode d'action.

Doc. 1. **Évolution de la concentration plasmatique de lévonorgestrel, suite à la prise des deux comprimés de ce contraceptif, 12 heures et 24 heures après un rapport sexuel non protégé.**

En pointillé, sont indiquées les concentrations de progestérone habituellement rencontrées au cours du cycle.

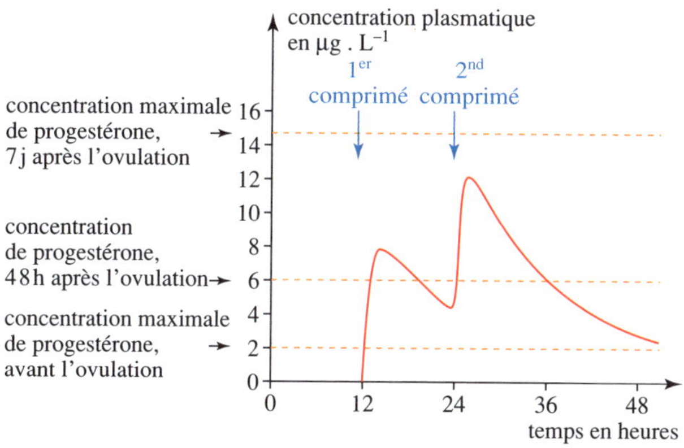

Le lévonorgestrel est efficace à 90 % si le premier comprimé est pris dans les 12 à 48 heures après le rapport sexuel non protégé et si le sujet traité est en période pré-ovulatoire de fécondité maximale.

Doc. 2. **Formules chimiques développées du lévonorgestrel et de la progestérone.**

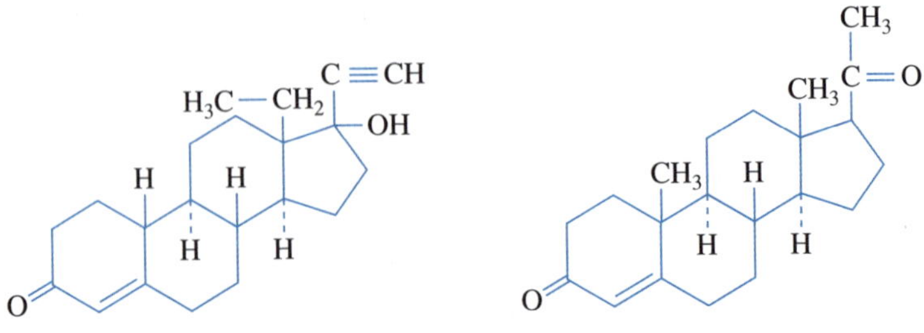

Lévonorgestrel ***Progestérone***

Doc. 3. **Quantités moyennes de LH mesurées chez un groupe de six femmes ayant des cycles réguliers et traitées par le lévonorgestrel 48 heures avant l'ovulation.**

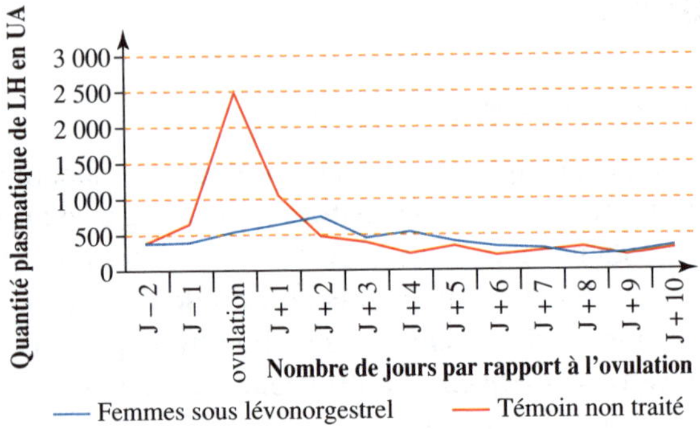

CORRIGÉS

Tester ses connaissances

1 1° Le cycle ovarien comporte deux phases, la phase folliculaire et la phase lutéale, séparées par l'ovulation. Au cours de la phase folliculaire, plusieurs follicules cavitaires entament la dernière phase de leur développement. Rapidement, l'un d'entre eux, le follicule dominant, continue seul sa croissance, tandis que les autres dégénèrent. Vers le milieu du cycle, le follicule dominant a atteint sa maturité : on l'appelle alors follicule mûr ou follicule de De Graaf. Ce follicule est alors prêt à expulser l'ovocyte : c'est l'ovulation. Au cours de la phase lutéale, le follicule se transforme en corps jaune. En l'absence de fécondation, le corps jaune dégénère vers la fin du cycle.
2° L'hypophyse antérieure sécrète deux hormones, la FSH, hormone folliculostimulante, et la LH, hormone lutéinisante. La FSH, prépondérante pendant la phase folliculaire, stimule le développement des follicules et commande la sécrétion des œstrogènes ; la LH présente un pic en fin de phase folliculaire qui provoque l'ovulation. Elle entraîne également la transformation des cellules des follicules en cellules lutéales (corps jaune) et stimule la sécrétion de progestérone par ces cellules.
3° La FIVETE (fécondation in vitro et transplantation d'embryon) permet à des couples, ayant des problèmes d'infertilité, de procréer. Elle consiste à prélever chez la femme des ovocytes qui sont mis ensuite en présence de spermatozoïdes. La fécondation se déroule alors *in vitro*. Lorsque l'embryon a atteint un stade de quelques cellules, il est réimplanté dans l'utérus de la femme. Chaque étape nécessite un contrôle du cycle de la femme.

2 1° **c**). 2° **b**) et **c**). 3° **a**).

3 A : Phase folliculaire ; B : Ovulation ; C : Phase lutéale ;
1 : Follicule cavitaire ; 2 : Follicule mûr ; 3 : Corps jaune ; 4 : Régression du corps jaune en l'absence de fécondation.

4 1 : Cellule de Leydig ; 2 : Tissu interstitiel ; 3 : Cellules germinales à l'origine des gamètes ; 4 : Spermatozoïde ; 5 : Lumière du tube séminifère ; 6 : Paroi du tube séminifère.

S'entraîner

5 Suite à l'ovariectomie, la concentration en œstradiol est nulle et la concentration en LH augmente passant de 20 à 25 ng . mL^{-1} dans le sang.
Par contre, à partir de t_0, dès que l'on rétablit une concentration constante en œstradiol égale à environ 50 pg . mL^{-1}, la concentration en LH diminue et en 16 jours passe de 25 à presque 0 ng . mL^{-1}.
Cette perfusion d'œstradiol inhibe la sécrétion de LH par l'hypophyse : l'œstradiol à faible concentration exerce un rétrocontrôle négatif sur l'hypophyse. En l'absence d'œstradiol, on note bien une augmentation de la production de LH : le rétrocontrôle négatif a été levé dès l'ovariectomie, c'est-à-dire en l'absence d'œstradiol.

cours | exercices | interro | corrigés

À partir de t_1, suite à l'injection d'œstradiol dont la concentration atteint rapidement 600 pg . mL^{-1}, on observe une augmentation également rapide de la concentration en LH qui atteint plus de 30 ng . mL^{-1}.
Une forte concentration en œstradiol stimule la production de LH entraînant un pic sécrétoire de cette hormone par l'hypophyse : le pic d'œstradiol entraîne un pic de LH ; l'œstradiol exerce, dans ces conditions, un rétrocontrôle positif sur l'hypophyse.
Ensuite, les concentrations des deux hormones retrouvent leur concentration initiale.
L'œstradiol est donc dégradé par l'organisme et la perfusion continue d'œstradiol permet un retour à la situation observée juste après t_1.

Les hormones agissent à des concentrations très faibles. Ici, la concentration en LH est de l'ordre du ng (nanogramme) soit 10^{-9} g et la concentration en œstradiol est de l'ordre du pg (picogramme) soit 10^{-12} g.

6 Lors du cycle sans pilule, la concentration en œstradiol augmente pour atteindre une concentration supérieure à 300 pg . mL^{-1}. On constate, par ailleurs, que les concentrations en FSH et LH augmentent pour atteindre également un pic sécrétoire peu de temps après le pic d'œstradiol.
La FSH permet le développement des follicules ovariens ; le follicule dominant va produire une grande quantité d'œstradiol expliquant le pic d'œstradiol. Celui-ci va agir par rétrocontrôle positif sur l'hypophyse expliquant le pic de LH. Le pic de LH déclenche l'ovulation, marquant la fin de la phase folliculaire.
La concentration en progestérone augmente de façon importante pour atteindre un maximum de 25 ng . mL^{-1}, celle d'œstrogène atteint 250 pg . mL^{-1}.
Ces concentrations montrent que le corps jaune, caractéristique de la phase lutéale, s'est développé et est donc à l'origine de la production d'œstradiol et de progestérone. L'effondrement de cette production est dû à la régression du corps jaune en fin de phase lutéale en l'absence de fécondation.
Lors de la prise de pilule, les concentrations en œstradiol, en FSH et LH restent relativement constantes et on n'observe donc pas de pics sécrétoires. La progestérone n'apparaît jamais.
Les hormones de synthèse freinent l'activité hypophysaire : la FSH est peu produite, les follicules ovariens ne sont pas stimulés. Les ovaires produisent alors moins d'œstradiol et le pic d'œstradiol n'apparaît pas. Dès lors, s'installe l'équivalent d'un rétrocontrôle négatif permanent exercé par les hormones de synthèse qui aboutit à l'absence d'ovulation. La formation d'un corps jaune, issu de la transformation du follicule mûr ayant expulsé l'ovocyte, n'est donc plus possible. La production de progestérone ne peut donc être réalisée.

7 D'après le document 1, l'implant contient de la testostérone qui est délivrée dans la circulation sanguine pendant quelques mois. Or, la testostérone est responsable des caractères sexuels secondaires tels que la pilosité et la musculature.
Freiner la production de testostérone naturelle afin de stopper la production de spermatozoïdes pouvait entraîner également une perte des caractères sexuels secondaires. Cependant, la testostérone présente dans l'implant limite ces effets négatifs.
D'après le document 2, la FSH produite par l'hypophyse stimule la spermatogenèse. La LH stimule les cellules de Leydig productrices de testostérone, laquelle stimule enfin la spermatogenèse. Cependant, la testostérone exerce un rétrocontrôle permanent sur l'hypophyse et freine donc les productions hypophysaires.

L'implant diffuse de la testostérone en continu dans le sang. D'autre part, on pratique chez l'homme une injection trimestrielle de désogestrel, molécule qui présente les mêmes effets que la progestérone.
La progestérone est une hormone qui exerce toujours un rétrocontrôle négatif sur l'hypophyse. Associée à la testostérone, elle inhibe l'activité hypophysaire, la production de FSH et de LH diminue, ce qui a pour conséquence une diminution de la production des spermatozoïdes.

8 Étape 1 : le cycle sexuel féminin est bloqué par l'utilisation d'analogues structuraux de la GnRH : l'hypophyse n'est plus stimulée, le cycle ovarien est arrêté ; on effectue ensuite une stimulation ovarienne pour obtenir plusieurs follicules mûrs par injection de FSH.
Étape 2 : ponction des ovocytes après déclenchement de l'ovulation grâce à des molécules déclenchant ou mimant le pic de LH.
Étape 3 : recueil des spermatozoïdes et mise en présence des ovocytes : la fécondation se déroule *in vitro*.
Étape 4 : culture des embryons durant 48 heures (divisions cellulaires : mitoses).
Étape 5 : réimplantation des embryons dans l'utérus de la femme après un traitement avec un progestatif de synthèse permettant le développement de l'endomètre et l'implantation (ou nidation) de l'embryon.

9 **Document 1**

Les résultats présentés dans le document 1 montrent que chez une femme aux cycles normaux les concentrations en LH et FSH varient, alors que chez la patiente ces concentrations restent constantes. En effet, chez la patiente, la concentration en LH reste égale à 21 UI . L^{-1} et celle de FSH est inférieure à 0,5 UI . L^{-1}, concentration nettement inférieure à celle observée chez la femme témoin notamment pendant la phase folliculaire.
La FSH est une hormone hypophysaire permettant le développement des follicules ovariens pendant la phase folliculaire. La faible production de FSH chez la patiente pendant cette phase ne permet donc pas le développement de follicules ovariens.
D'autre part, les concentrations en œstrogènes montrent des variations importantes chez la femme témoin, alors que chez la patiente la concentration reste faible et constante à 25 pg . mL^{-1}. Chez la femme témoin, on observe un pic ovulatoire qui atteint 400 pg . mL^{-1}.
Chez la femme témoin, le développement des follicules ovariens et notamment du follicule dominant permet une production importante d'œstrogènes. Une concentration maximale est alors atteinte en période ovulatoire : il s'agit du pic ovulatoire observé. Ce pic d'œstrogènes exerce un rétrocontrôle positif sur l'hypophyse et déclenche un pic ovulatoire de LH : ce pic provoque l'ovulation. Chez la patiente, l'absence de développement de follicules ovariens explique alors l'absence d'ovulation.

Document 2

On cherche à stimuler les productions de FSH et de LH chez la patiente par une injection de GnRH. L'injection de GnRH est suivie d'une augmentation de la concentration en LH qui passe ainsi de 33 à 170 UI . L^{-1} : la concentration est multipliée par 5, environ 30 min après l'injection de GnRH. 60 min après l'injection, la concentration en LH reste encore assez importante.

Par contre, suite à l'injection de GnRH, la concentration en FSH ne change pas et 60 min plus tard elle n'augmente que très faiblement passant de 0,6 à 0,8 UI . L^{-1}.

La GnRH est une neurohormone hypothalamique qui stimule la production de FSH et de LH par l'hypophyse. Chez la patiente, la GnRH n'a aucun effet sur la production de FSH. Les cellules productrices de FSH sont insensibles à cette hormone.

Les résultats donnés par le document 2b montrent que l'administration de FSH rétablit chez la patiente le développement des follicules et le déclenchement de l'ovulation.

La patiente est donc sensible à la FSH qui agit normalement sur les ovaires.

Synthèse

Les résultats de dosage des concentrations en hormones chez la patiente montrent une insuffisance de la production de FSH. Le développement de follicules n'est donc pas possible et la concentration en œstrogènes reste faible (*doc. 1*).

La faible concentration en FSH s'explique par une insensibilité des cellules hypophysaires productrices de FSH à l'action dc la GnRH. Dans ce cas, les cellules productrices de FSH ne sont pas stimulées suffisamment, la production de FSH est trop faible et ne permet pas le développement de follicules ovariens (*doc. 2*). Seules des injections de FSH permettront de rétablir une phase folliculaire normale.

10 Document 1

Sur ce document, on constate que Mme X présente des concentrations en hormones relativement faibles et constantes comparées à celle de la femme témoin. La concentration en FSH se stabilise à 4 mUI . mL^{-1}, celle de LH à 2 mUI . mL^{-1}, celle d'œstrogènes à 100 pg . mL^{-1} et, enfin, celle de progestérone reste à 2 ng . mL^{-1}. Chez la femme fertile, les concentrations en FSH et LH sont supérieures à celles de Mme X et les variations des concentrations en hormones montrent une forte concentration en œstrogènes juste avant le 14e jour du cycle atteignant 600 pg . mL^{-1}. Peu de temps après, on observe un pic de LH et de FSH respectivement de 15 mUI . mL^{-1} et 20 mUI . mL^{-1}.

Ces résultats montrent que, chez la femme fertile, les concentrations en hormones hypophysaires sont suffisantes pour permettre le développement de follicules ovariens. Le développement du follicule mûr permet l'apparition d'un pic d'œstrogènes qui entraîne, par rétrocontrôle positif, le pic de LH. Ce dernier déclenche l'ovulation. La faible production d'hormones hypophysaires chez Mme X ne permet probablement pas le développement de follicules ovariens. L'absence de ces pics d'œstrogènes et de LH chez Mme X montre que cette dernière n'a pas d'ovulation.

D'autre part, chez la femme fertile, après l'ovulation, on observe une augmentation de la concentration en progestérone et en œstrogènes, ce qui n'est pas le cas de Mme X.

Chez la femme fertile, le follicule mûr, après ovulation, se transforme en corps jaune responsable d'une forte production d'hormones ovariennes et préparant l'utérus à une éventuelle gestation. Chez Mme X, cette production est donc impossible.

Document 2

Le document 2 montre les conséquences d'une ablation des ovaires chez la femelle du rat. Cette ablation entraîne immédiatement une augmentation de la concentration

en gonadostimulines LH et FSH. En effet, en 60 jours, les concentrations passent de 4 à 42 mUI . mL^{-1} pour LH et de 10 à 45 mUI . mL^{-1} pour FSH.
On en déduit que, lorsque les ovaires sont présents, ils exercent une inhibition de l'activité hypophysaire : les hormones ovariennes agissent donc par rétrocontrôle négatif en freinant la production des hormones hypophysaires FSH et LH.

Document 3

Ce document montre les résultats d'un traitement au clomiphène chez Mme X.
On constate que, durant le traitement au clomiphène, les concentrations en œstrogènes et en progestérone restent toujours constantes et relativement faibles.
Par contre, les concentrations en FSH et LH augmentent fortement durant le traitement pour atteindre des valeurs respectives de 7 mUI . mL^{-1} et 15 mUI . mL^{-1}.
Or, le clomiphène est un analogue structural des œstrogènes et inhibe leur action en se fixant préférentiellement sur les récepteurs hypothalamiques.
Le clomiphène, en se fixant sur ces récepteurs et en empêchant l'action des œstrogènes au niveau hypothalamique, permet donc d'augmenter l'activité hypophysaire.
D'autre part, deux jours après l'arrêt du traitement au clomiphène, la concentration en œstrogènes augmente fortement pour atteindre 600 pg . mL^{-1}. Ce pic d'œstrogènes est suivi d'un pic de LH et de FSH.
Le traitement au clomiphène ayant permis une production importante de FSH et de LH, la maturation d'un follicule ovarien a été possible. Dès lors, l'arrivée à maturité du follicule permet une production importante d'œstrogènes. Ce pic d'œstrogènes déclenche le pic de LH par rétrocontrôle positif.
On observe d'autre part que Mme X présente ensuite une concentration élevée en progestérone et en œstrogènes.
La présence de ces deux hormones montre qu'il y a eu ovulation grâce au pic de LH et que le follicule mûr s'est transformé en corps jaune.

Synthèse

Mme X ne peut pas avoir d'enfant car elle ne peut pas avoir d'ovulation. Les résultats montrent que les concentrations en œstrogènes, FSH et LH sont très faibles et qu'elle ne présente pas de pic de LH : il ne peut y avoir d'ovulation (*doc. 1*).
Des résultats expérimentaux sur la rate montrent que les hormones ovariennes exercent un rétrocontrôle négatif sur l'hypophyse (*doc. 2*). En mettant en relation les observations cliniques observées chez Mme X et ces résultats expérimentaux, on peut penser que l'absence d'ovulation chez Mme X a pour origine une inhibition permanente de la production hypophysaire par les œstrogènes : le rétrocontrôle négatif impose donc une faible production de FSH et donc l'absence d'une phase folliculaire.
Le traitement au clomiphène, qui se fixe sur les récepteurs hypothalamiques à la place des œstrogènes, permet de lever le rétrocontrôle négatif excessif exercé par ces derniers chez Mme X. La sécrétion de LH et FSH augmente alors, permettant la maturation d'un follicule et donc la production importante d'œstrogènes (*doc. 3*). Ce pic d'œstrogènes naturels déclenche à son tour un pic de LH qui permet l'ovulation et par la suite la sécrétion de progestérone. Le couple pourra donc avoir un enfant.

11 Document 1

Ces deux graphiques représentent les courbes de température réalisées chez Mme A et chez une femme non stérile. On constate que chez une femme non stérile jusqu'au 14e jour du cycle, la température subit de très légères variations mais reste autour d'une valeur de 36,6 °C. Au 14e jour, la température augmente brusquement jusqu'à 37,1 °C. Pour le reste du cycle, la température reste environ égale à 37,2 °C.

Pour Mme A, la température reste à environ 36,6 °C.

L'ovulation s'accompagne d'une élévation de température chez la femme non stérile à partir du 14e jour avec une augmentation de 0,5 °C. Chez Mme A, il n'y a pas eu d'augmentation significative de la température. On peut donc estimer qu'il n'y a pas eu d'ovulation chez Mme A.

Document 2

Ce document montre les résultats des dosages hormonaux de la progestérone, d'œstradiol, de la LH et de la FSH chez Mme A et chez une femme non stérile.

La comparaison des résultats des dosages hormonaux montre une évolution similaire de la progestérone avec une augmentation de sa concentration dans la seconde partie du cycle. Toutefois, pour Mme A, la concentration de progestérone reste très inférieure à celle de la femme non stérile : on a au maximum 8 ng . mL^{-1} chez Mme A et 17 ng . mL^{-1} chez la femme non stérile.

Un pic d'œstradiol précédant celui de LH chez les deux femmes est observé. Cependant, la concentration en œstradiol chez Mme A reste toujours beaucoup plus faible : ce pic atteint 350 pg . mL^{-1}, alors que chez la femme non stérile ce pic atteint 500 pg . mL^{-1}.

La concentration en FSH reste toujours très faible chez Mme A, en moyenne 11 mUI . mL^{-1} et atteint 14 mUI . mL^{-1}. Chez la femme non stérile, la concentration en FSH est toujours plus élevée et atteint un pic de 18 mUI . mL^{-1} à la fin de la première partie du cycle.

La concentration en LH reste toujours plus faible chez Mme A, et, chez la femme non stérile, on observe un pic sécrétoire de 70 mUI . mL^{-1}.

Les concentrations en hormones chez Mme A sont toujours inférieures à celles de la femme non stérile.

La faible quantité de FSH chez Mme A durant la première partie du cycle (correspondant à la phase folliculaire) ne permet pas le développement correct des follicules ovariens. Or, ces derniers sont responsables de la production d'œstrogènes. Chez Mme A, la production d'œstrogènes reste donc trop faible pour déclencher un rétrocontrôle positif suffisamment important pour déclencher un pic sécrétoire de LH identique à celui d'une femme non stérile. Ce pic est insuffisant pour déclencher l'ovulation.

Document 3

On constate qu'avec des injections de HMG, la concentration en œstradiol augmente fortement durant le cycle avec un pic à plus de 1 000 pg . mL^{-1}, alors qu'avant le traitement, cette concentration est de 250 pg . mL^{-1}.

L'HMG est un mélange de LH et de FSH. En début de cycle, l'HMG permet la production importante d'œstradiol. Ceci est dû au fait que la FSH permet un développement correct des follicules ovariens qui ont alors sécrété une quantité importante d'œstradiol.

Synthèse

La stérilité de Mme A est due à une absence d'ovulation (*doc. 1*). Les dosages hormonaux ont montré une variation des concentrations en hormones identiques à celle d'une femme non stérile ; cependant, chez Mme A, les concentrations sont plus faibles (*doc. 2*). La faible production de FSH ne permet pas le développement suffisant de follicules ovariens. Le stade de follicule mûr n'est pas atteint et la production en œstrogènes reste donc faible.

Le médecin prescrit donc un traitement à base d'HMG : la FSH permet le développement de follicules ovariens et la LH participe à l'ovulation. D'autre part, le développement suffisant des follicules ovariens a permis une production suffisante d'œstradiol et donc la mise en place d'un rétrocontrôle positif suffisant sur l'axe hypothalamo-hypophysaire pour déclencher un pic de LH responsable de l'ovulation (*doc. 3*).

Ce traitement a été efficace car il a permis à Mme A d'avoir des faux jumeaux : la stimulation ovarienne a donc déclenché deux ovulations qui ont été suivies d'une double fécondation.

L'interrogation écrite

12 Document 1

Le lévonorgestrel est pris en deux fois. À la suite de chaque prise, la concentration en lévonorgestrel dans le sang augmente, puis diminue. La première prise permet d'atteindre une concentration de 8 µg . L^{-1}, concentration supérieure à celle de la progestérone 48 h après l'ovulation au cours d'un cycle. La seconde prise permet d'atteindre une concentration de 12 µg . L^{-1} se rapprochant ainsi de la concentration en progestérone après l'ovulation. Le lévonorgestrel est d'autant plus efficace qu'il est pris en période préovulatoire, c'est-à-dire lorsque la concentration en progestérone est alors de 2 µg . L^{-1}.

Le lévonorgestrel est donc véhiculé par la circulation sanguine, mais il est relativement vite éliminé : il faut donc deux injections successives afin de maintenir à une concentration sanguine suffisante cette molécule. Ces concentrations en lévonorgestrel sont à peu près équivalentes à celles des concentrations en progestérone habituellement rencontrées pendant la seconde phase du cycle, c'est-à-dire en phase lutéale.

Document 2

Les formules chimiques développées du lévonorgestrel et de la progestérone montrent que ces deux molécules sont des analogues structuraux, présentant donc une forme identique.

Le lévonorgestrel peut donc se fixer sur les récepteurs cellulaires de la progestérone et en mimer les effets ou en empêcher les effets. La progestérone agit sur la muqueuse utérine en favorisant son développement (permettant la nidation de l'embryon), mais elle agit aussi sur l'axe hypothalamo-hypophysaire et y exerce un rétrocontrôle négatif. Le lévonorgestrel pourrait donc avoir les mêmes cellules cibles que la progestérone.

Document 3

On constate que, chez les femmes témoins non traitées au lévonorgestrel, la quantité de LH augmente de façon importante en période ovulatoire pour atteindre 2 500 UA. Alors que chez les femmes traitées au lévonorgestrel 48 heures avant l'ovulation, ce pic de LH n'apparaît pas et la quantité de LH diminue même un peu.

Chez les femmes témoins, le pic de LH va déclencher l'ovulation. Le cycle est donc fertile et il peut y avoir fécondation.

Chez les femmes qui ont reçu un traitement au lévonorgestrel, le pic de LH n'apparaît pas sous l'effet de cette molécule. Il n'y aura pas d'ovulation. Le lévonorgestrel agit donc en inhibant la production de LH par l'hypophyse.

Synthèse

Le lévonorgestrel est une molécule qui empêche le pic de LH et donc l'ovulation (*doc. 3*). La prise de cette molécule le plus rapidement possible, notamment en période périovulatoire (*doc. 1*), peut donc empêcher un rapport sexuel d'être fécondant. Le lévonorgestrel se fixe sur les mêmes récepteurs que la progestérone (*doc. 2*). Or, la progestérone exerce un rétrocontrôle négatif au cours de la phase lutéale : l'activité hypophysaire est donc freinée. Le lévonorgestrel administré ainsi précocement, avant que la progestérone ne soit produite, exercerait donc un puissant rétrocontrôle négatif : en se fixant sur les récepteurs à progestérone de l'axe hypothalamo-hypophysaire, il bloque le déclenchement du pic de LH.

CHAPITRE 11

Patrimoine génétique et santé

VARIATION GÉNÉTIQUE ET SANTÉ

LE COURS

On se propose de comprendre les relations entre le phénotype d'un individu, son génotype et l'environnement dans lequel il vit. En effet, si le génotype conditionne le phénotype, de nombreuses composantes environnementales peuvent intervenir également sur le phénotype. L'étude des arbres généalogiques permet de calculer des probabilités d'exprimer ou non une maladie génétique. D'autre part, la possession d'un allèle responsable d'une maladie ne signifie pas obligatoirement l'apparition de la maladie. Il s'agit à nouveau de probabilité.

L'origine d'une maladie génétique

▶ EXERCICES D'APPLICATION 7, 8, 9 et 10 pp. 185 À 189

▶ La mutation d'un gène

Les maladies génétiques ont pour origine une **modification de la séquence nucléotidique** d'un gène. Ces modifications, appelées mutations génétiques, peuvent être diverses : **insertion, délétion, substitution** d'un nucléotide ou de plusieurs (voir chapitres 2 et 3). À la suite de ces mutations, le gène est représenté alors par plusieurs **allèles**.

▶ Le génotype d'un individu

Chacune de nos cellules comporte 46 chromosomes. Le caryotype montre que les chromosomes sont identiques deux à deux : ce sont des chromosomes homologues. Les chromosomes homologues possèdent les mêmes gènes. Ainsi, dans chaque cellule, **les gènes sont en double exemplaire.**

Un seul couple de chromosomes ne répond pas exactement à cette règle : c'est la paire de chromosomes sexuels XY présente chez l'homme. Les chromosomes X et Y ne portent pas exactement les mêmes gènes (voir chapitre 9, avec l'exemple du gène SRY).

Dans le cas d'une paire de chromosomes homologues, les deux chromosomes peuvent porter le même allèle d'un gène, mais peuvent aussi présenter deux allèles différents. Dans le premier cas, on dit que **l'individu est homozygote** pour ce gène ; dans le second cas, on dit que **l'individu est hétérozygote**.

On peut, dans ce cas, avoir différents génotypes possibles : (A//A) ou (a//a) ou (A//a), avec A et a deux allèles d'un gène.

Chez un individu hétérozygote, l'allèle qui s'exprime dans le phénotype est appelé **allèle dominant** ; l'autre est dit **récessif**. Pour qu'un allèle récessif s'exprime dans le phénotype, il doit être présent en double exemplaire. Il existe aussi des allèles **codominants** qui, lorsqu'ils sont présents tous les deux dans le génotype, s'expriment tous les deux dans le phénotype.

Si l'allèle muté responsable de la maladie est récessif, il faut que ces deux allèles soient présents dans le génotype pour s'exprimer dans le phénotype.

Si l'allèle muté responsable de la maladie est dominant, sa présence en un seul exemplaire suffit pour qu'il s'exprime dans le phénotype.

► Les conséquences sur le phénotype

Le phénotype d'un individu présentant une maladie génétique s'exprime à différents niveaux (voir chapitre 3).

La modification de la séquence nucléotidique d'un gène peut entraîner une modification de la séquence en acides aminés de la protéine dont la synthèse est gouvernée par ce gène. Il y a, dans ce cas, **modification du phénotype moléculaire**.

Si la protéine ainsi modifiée n'assure plus sa fonction au sein de la cellule, cette dernière présentera alors une modification de son activité. Il y a alors **modification du phénotype cellulaire**.

Si les cellules n'assurent plus correctement leur rôle dans l'organisme, l'individu présentera un ensemble de symptômes qui altère sa santé. Il y a **modification du phénotype macroscopique.**

Le phénotype malade trouve donc son origine dans la modification du phénotype moléculaire, c'est-à-dire au niveau de la protéine synthétisée.

L'intérêt de l'étude d'un arbre généalogique

► EXERCICES D'APPLICATION 6 ET 8, pp. 184, 186

► La transmission d'un allèle

La transmission des allèles se fait par l'intermédiaire des gamètes. Chaque gamète ne possède qu'un seul exemplaire de chaque chromosome, les gènes ne sont donc qu'en un seul exemplaire dans ces cellules.

Au cours de la fécondation, le gamète mâle ne transmettra donc, pour un gène donné, qu'un allèle et le gamète femelle transmettra également un seul allèle de ce même gène.

► L'examen d'un arbre généalogique

Cet examen a pour but de déterminer le mode de transmission d'un gène selon le mode dominant ou récessif. On se limitera ici à la transmission d'un gène situé sur un chromosome non sexuel ou autosome.

Il permet, en outre, d'évaluer pour un couple le risque de transmission de la maladie à sa descendance.

Dans le cas d'une **maladie autosomique récessive**, les individus malades sont homozygotes récessifs et possèdent l'allèle morbide en double exemplaire. Les hétérozygotes ne sont pas malades. Un couple d'hétérozygotes a 1 risque sur 4 d'avoir un enfant malade, 3 chances sur 4 d'avoir un enfant sain, mais celui-ci sera hétérozygote dans 2 cas sur 3.

Si la probabilité au sein de la population d'être hétérozygote est n, la probabilité pour que les deux individus d'un couple soient hétérozygotes est $n \times n$. Pour un tel couple, la probabilité d'avoir un enfant malade sera $n \times n \times 1/4$.

Dans le cas d'une **maladie autosomique dominante**, les hétérozygotes sont malades car l'allèle morbide est dominant. Les enfants qui ont un parent malade ont 1 risque sur 2 d'hériter de l'allèle morbide.

▶ Les moyens mis en œuvre pour soigner les maladies génétiques ou les prévenir

• Le dépistage d'une anomalie génique

Le dépistage des anomalies géniques est effectué dans le cas de familles où le risque de transmission d'une maladie est élevé.

Ce dépistage peut être effectué dans le cadre d'une grossesse afin d'établir un diagnostic prénatal. Une électrophorèse de fragments d'ADN ne donnera pas le même résultat sur de l'ADN muté et sur de l'ADN non muté. Ainsi, par électrophorèse, on distinguera les individus homozygotes des individus hétérozygotes.

Le dépistage précoce de maladies génétiques permet de mettre en place le plus rapidement possible des traitements médicaux afin de diminuer les symptômes de la maladie.

• La thérapie génique

Le principe de la thérapie génique est d'introduire l'allèle « normal » d'un gène dans l'organisme d'un malade pour qu'il synthétise ensuite une protéine fonctionnelle.

L'ADN destiné à corriger l'anomalie est introduit dans les cellules humaines grâce à des virus vecteurs modifiés rendus inoffensifs. Ceux-ci sont capables d'infecter les cellules et donc d'y introduire le gène humain qui a été incorporé à leur génome, et ils sont capables également de se reproduire dans les cellules infectées.

On peut administrer directement le vecteur dans les organes cibles : c'est la thérapie génique *in vivo*.

On peut aussi prélever des cellules de l'organisme, les cultiver en présence des virus vecteurs, puis les réintroduire chez le malade : c'est la thérapie génique *ex vivo*.

Interaction complexe entre génotype – phénotype et environnement

▶ EXERCICE D'APPLICATION 11, p. 190

▶ Caractères monogénique et polygénique

• Un gène – un caractère

Un caractère est qualifié de **monogénique** s'il ne dépend que d'un seul gène. La plupart de ces caractères sont connus par l'étude des maladies génétiques : l'existence d'un allèle morbide de ce gène se traduit alors par une absence ou un dysfonctionnement de la protéine correspondante.

Cependant, les caractères monogéniques sont rares. La plupart des caractères dépendent de plusieurs gènes.

• Plusieurs gènes – un caractère

La plupart des caractères visibles dépendent de plusieurs gènes qui collaborent à la mise en place du caractère concerné. Ces caractères sont qualifiés de **polygéniques**.

Pour les caractères polygéniques, un phénotype macroscopique donné résulte de processus biologiques gouvernés par l'expression de plusieurs gènes ; la mutation d'un seul de ces gènes peut modifier, voire altérer le phénotype. La mutation d'un autre gène pourra entraîner les mêmes conséquences au niveau du phénotype. Ainsi, plusieurs génotypes différents peuvent conduire à un même phénotype.

▶ Phénotypes et environnement

- **L'environnement n'a aucun effet sur certains phénotypes**, par exemple sur celui des groupes sanguins [A], [B], [AB] et [O].
- **L'environnement contribue dans d'autres cas à la réalisation du phénotype** en agissant au niveau du phénotype moléculaire.
- **L'environnement peut influencer l'expression des gènes** : on dit que l'expression de l'information génétique est régulée.

▶ Des relations complexes

L'existence de **gènes de prédisposition** à tel ou tel caractère est établie grâce à des études épidémiologiques. Ces études sont menées sur un grand nombre de sujets et elles permettent de constater qu'il existe parfois une corrélation plus ou moins importante entre la présence de certains allèles et le développement d'un phénotype (par exemple, une maladie).

La possession d'un allèle de prédisposition signifie que le sujet qui le possède a une **probabilité plus grande** que la moyenne de la population de présenter ce phénotype.

Mais la possession d'un allèle de prédisposition n'a rien d'inéluctable. Inversement, l'absence de cet allèle ne signifie pas que l'individu ne présentera pas ce phénotype.

LES DIFFICULTÉS DU CHAPITRE

Comprendre les parts relatives des gènes et de l'environnement dans la réalisation des phénotypes.

- Le rôle des gènes est de gouverner la synthèse de protéines qui sont responsables de la construction et du fonctionnement de l'organisme : dans ce sens, tout caractère, du plus simple au plus complexe, dépend des gènes. Mais la réalisation du phénotype dépend aussi de nombreux facteurs : interactions entre les différents gènes, influence du milieu extérieur, de l'alimentation, du mode de vie.

- La détermination de facteurs génétiques dans l'apparition d'une maladie repose sur des études réalisées sur la population. Le génotype ne détermine pas de façon irrémédiable le devenir d'une personne. Ainsi, l'étude des facteurs influant sur la santé (ou études épidémiologiques) prend en compte non seulement les facteurs génétiques, mais aussi la situation de l'individu ou de la population (contexte social, sanitaire, économique, environnemental…) en mesurant la fréquence, la répartition des maladies. Cette étude se base sur des statistiques et non pas sur une vérité absolue qui ne tiendrait pas compte de l'ensemble des facteurs en cause.

EXERCICES

Tester ses connaissances

1 VÉRIFIER SES CONNAISSANCES ★ 5 min (corrigés p. 194)

1° Expliquer ce que l'on appelle allèles d'un gène.
2° Quels renseignements apporte l'étude d'un arbre généalogique ?
3° Qu'appelle-t-on gène de prédisposition ?

2 QCM ★ 3 min (corrigés p. 194)

Choisir la (ou les) bonne(s)proposition(s).
1° On appelle homozygote un individu qui possède :
a) un allèle récessif et un allèle dominant d'un gène dans son génotype.
b) les deux mêmes allèles d'un gène dans son génotype.
c) des chromosomes homologues.
2° Le phénotype moléculaire correspond :
a) au type de protéines synthétisées par l'organisme.
b) à l'ensemble des gènes que possèdent un individu.
c) à la molécule d'ADN.
3° La thérapie génique correspond :
a) à l'introduction d'un gène dans l'organisme d'un malade.
b) à l'injection d'une protéine dans l'organisme malade.
c) à l'introduction d'un chromosome dans un organisme malade.

3 CARYOTYPE D'UNE CELLULE ★ 10 min (corrigés p. 194)

À l'aide de vos connaissances et du document ci-dessous, expliquer comment on classe les chromosomes et les renseignements que l'on peut en déduire.
Rappel : le centromère est la zone qui relie les deux chromatides sœurs d'un chromosome.

Doc. **Un caryotype.**

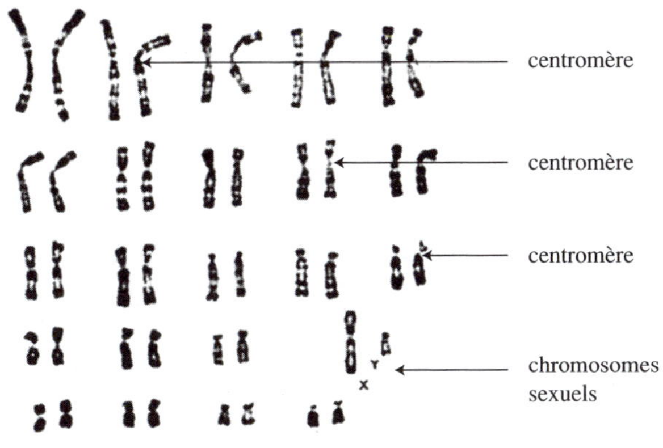

4 LOCUS D'UN GÈNE ★ 5 min *(corrigés p. 194)*

Sur le schéma ci-dessous, localiser les deux gènes.

***Doc.* Le locus d'un gène.**

Le document ci-contre montre deux paires de chromosomes homologues d'une cellule. Chaque paire de chromosomes porte un gène présent sous deux formes alléliques : le gène G présente deux allèles, g1 et g2 et le gène H présente deux allèles h1 et h2.
La cellule est hétérozygote pour le gène G et homozygote pour le gène H.

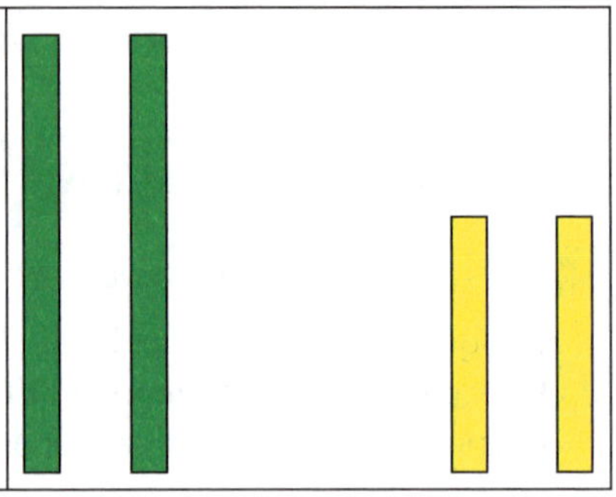

5 LA THÉRAPIE GÉNIQUE ★ 10 min *(corrigés p. 195)*

Compléter le schéma suivant qui résume les principales étapes d'une thérapie génique *ex vivo* (étapes A à G ; légendes 1 à 4).

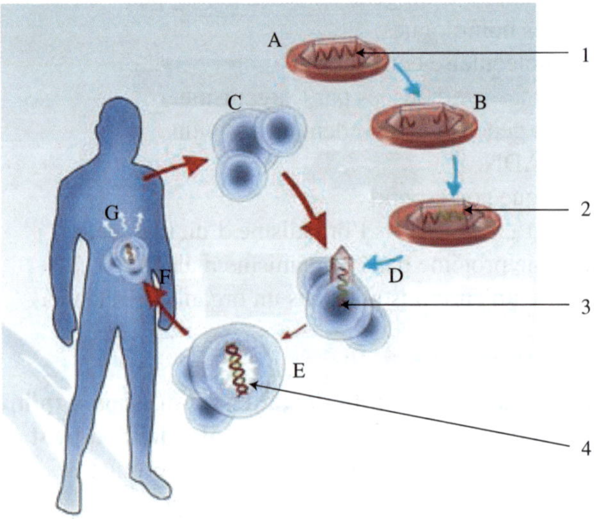

S'entraîner

6 ALLÈLE RÉCESSIF ET ALLÈLE DOMINANT – PROBABILITÉ ★★ 15 min *(corrigés p. 195)*

En utilisant les données de l'arbre généalogique ci-après, discuter de l'expression des allèles dans le phénotype des différents individus et de la probabilité de transmettre la maladie à l'enfant 4 à la génération III.

Remarque : on précise que le gène de ERCC3 est localisé sur un autosome, c'est-à-dire sur un chromosome non sexuel.

Doc. **Transmission du *Xeroderma pigmentosum*.**

Le *Xeroderma pigmentosum* de type B est une maladie rare caractérisée par l'apparition de taches brunes sur la peau. Cette pigmentation anormale est due à une mortalité cellulaire importante.
On a suivi sur trois générations la transmission de cette maladie génétique. Le gène mis en cause ici code pour une enzyme ERCC3. On connaît deux allèles de ce gène.

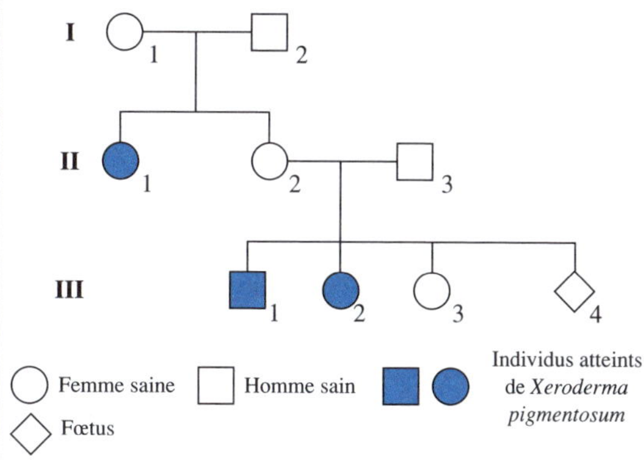

7 CONSÉQUENCES D'UNE MUTATION GÉNÉTIQUE SUR LE PHÉNOTYPE ★★ 15 min

(corrigés p. 195)

La mucoviscidose est une maladie génétique autosomique récessive, c'est-à-dire que l'allèle responsable de cette maladie est récessif.
À l'aide des documents, montrer la relation que l'on peut établir entre mutation génétique, génotype et phénotype. Présenter sous forme d'un tableau les deux phénotypes, sain et malade, ainsi que les génotypes.

Doc. 1. **Le gène CFTR et la protéine CFTR (Cystic fibrosis transmembrane conductance regulator).**

La mucoviscidose est une maladie génétique dont l'origine est une mutation d'un gène situé sur le chromosome 7.
Il existe plus de 1 200 mutations répertoriées. La mutation la plus fréquente est appelée Delta F 508 et est présentée ci-contre :

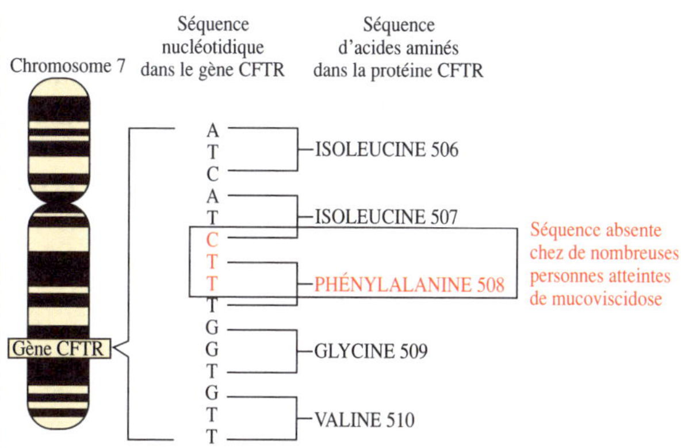

Doc. 2. Le rôle de la protéine CFTR.

Le défaut de synthèse empêche l'intégration correcte de la protéine CFTR dans la membrane des cellules épithéliales, il en résulte un déficit en chlore extra-cellulaire et donc un défaut d'hydratation du mucus. On observe alors une hyperviscosité des sécrétions épithéliales liée à une réabsorption exagérée de l'eau.

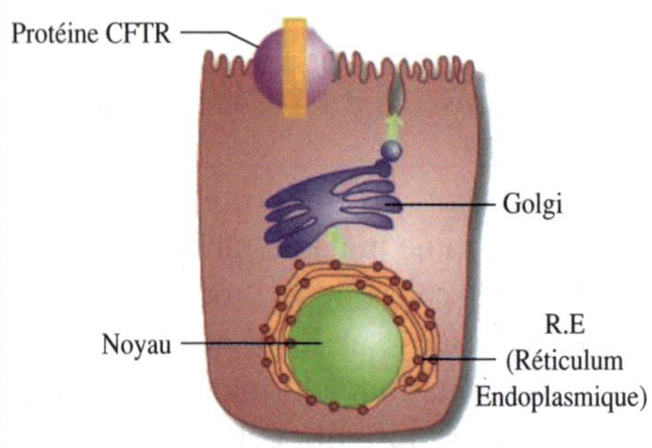

Doc. 3. Les symptômes de la mucoviscidose.

La mucoviscidose est une maladie touchant l'ensemble des organes revêtus d'un épithélium glandulaire. Les symptômes de la maladie sont des anomalies digestives et respiratoires, ainsi qu'une infertilité chez l'homme. Les manifestations pulmonaires restent la cause majeure de la morbidité et de la mortalité. Les manifestations intestinales peuvent survenir très tôt. Les manifestations génitales de la mucoviscidose ne sont caractéristiques que chez l'homme avec une atrophie des voies excrétrices des spermatozoïdes : canal déférent et vésicules séminales, entraînant une azoospermie ou oligospermie sévère (moins de 5 millions de spermatozoïdes par mL).

8 L'INFLUENCE DU GÉNOTYPE SUR LE PHÉNOTYPE ★★★ 30 min *(corrigés p. 196)*

La chorée de Huntington est une maladie neurodégénérative dont les premiers symptômes apparaissent à l'âge adulte. Il s'agit d'une affection neurologique héréditaire très grave. L'incidence de la maladie en Europe est de l'ordre de 1/10 000 et, en France, on estime le nombre de choréiques à environ cinq mille. La maladie se caractérise par des mouvements anormaux involontaires et une baisse progressive des fonctions cognitives, responsable d'atteintes intellectuelles et de troubles psychiatriques. L'évolution est irréversible et, en moyenne, le décès survient quinze ans après l'apparition des premiers symptômes. Il n'existe pas de traitement préventif ou curatif de la maladie.

À l'aide de l'exploitation des documents et de vos connaissances, rechercher l'origine, le mode de transmission de cette maladie, ainsi que la probabilité pour un individu malade d'avoir un enfant malade.

Doc. 1. Arbre généalogique d'une famille dont certains membres sont malades.

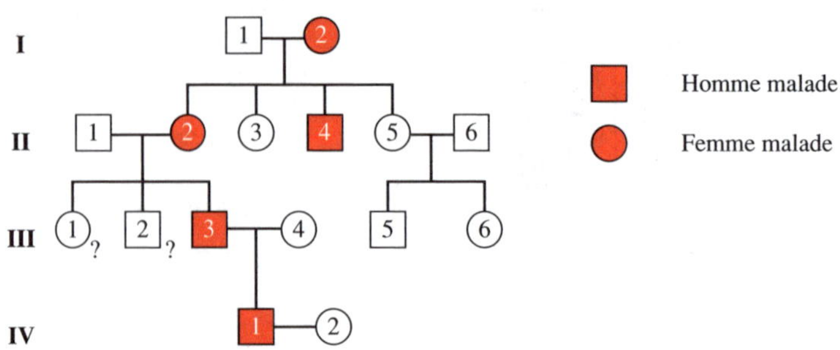

? : Individu de phénotype non déterminé

Doc. 2. **Fréquence des allèles.**

En 1983, le locus du gène impliqué dans la maladie a été localisé au niveau du bras court du chromosome n° 4. Dix ans plus tard, le gène responsable a été identifié : ce gène code pour la protéine huntingtine. Le gène existe sous forme de plusieurs allèles qui diffèrent entre eux par le nombre de triplets CAG à partir du 52e triplet.

Fig. a. **Population d'individus sains.** *Fig. b.* **Population d'individus malades.**

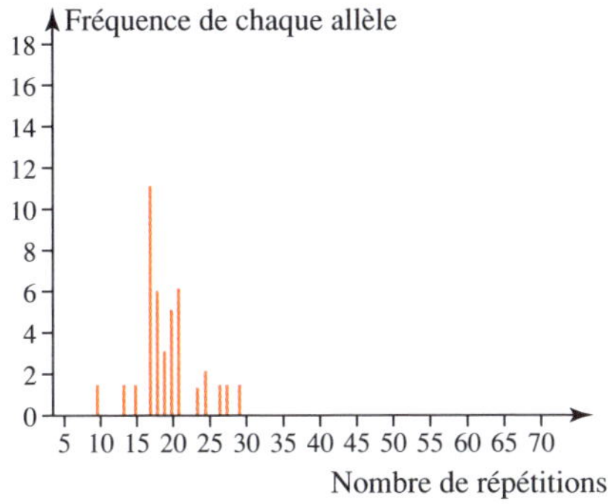

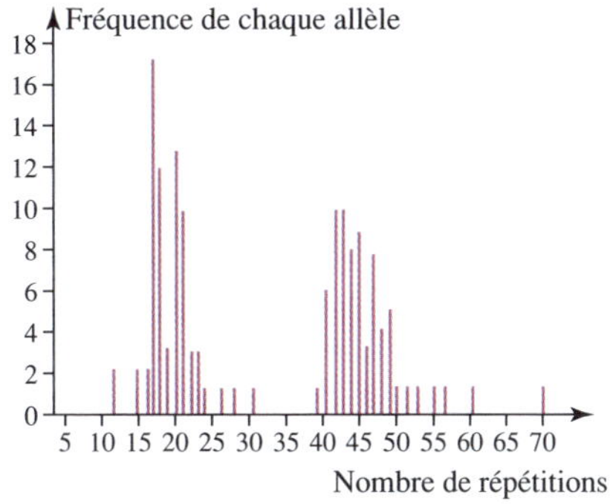

Doc. 3. **Âge moyen d'apparition de la maladie.**

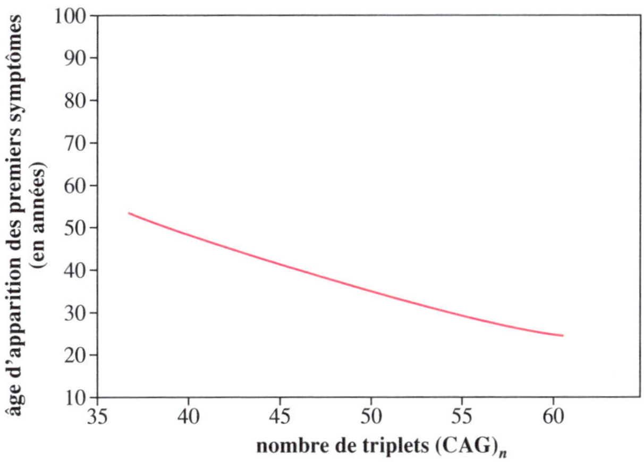

9 LA RÉGULATION DE L'EXPRESSION D'UN GÈNE ★★★ 30 min *(corrigés p. 198)*

Au cours des cycles sexuels féminins, l'utérus présente des variations de masse et d'aspect.

Ces variations sont dues à l'action d'hormones ovariennes comme les œstrogènes. Les œstrogènes agissent en activant certains gènes de cellules cibles.

À l'aide des documents présentés et de vos connaissances, montrer que les hormones ovariennes régulent l'activité de certains gènes codant pour des protéines dans les cellules utérines. Utiliser le document d'accompagnement pour expliquer les résultats et indiquer la cascade chronologique des événements.

Document d'accompagnement

Les hormones sont des molécules qui agissent de façon spécifique sur des cellules cibles. Les œstrogènes ont la particularité de pouvoir se fixer sur des récepteurs intracellulaires attachés au niveau de la séquence promoteur d'un gène (voir schéma ci-contre).
Cette fixation entraîne ici l'activation du gène codant pour une protéine.

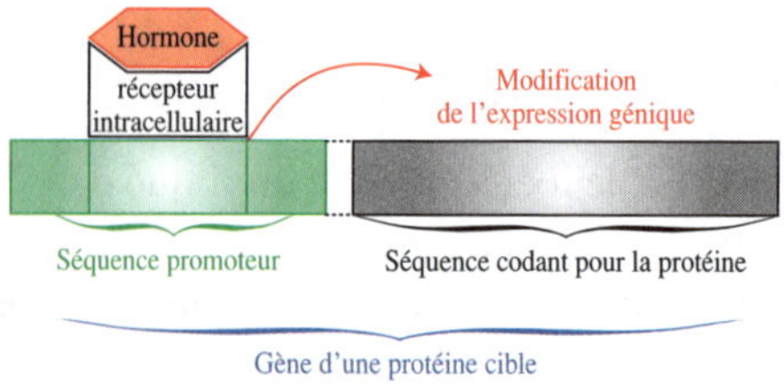

Doc. 1. Effets des œstrogènes sur l'utérus.

On réalise des expériences sur deux lots de rates impubères.
À un premier lot, on injecte une fois par jour, pendant trois jours, 0,1 mL d'une solution d'œstrogènes.
À un second lot, on injecte dans les mêmes conditions 0,1 mL de solution sans œstrogènes.
Quelques animaux de chaque lot sont sacrifiés, les utérus sont prélevés et pesés 24 heures après chaque injection.
Le graphique ci-contre présente les résultats.

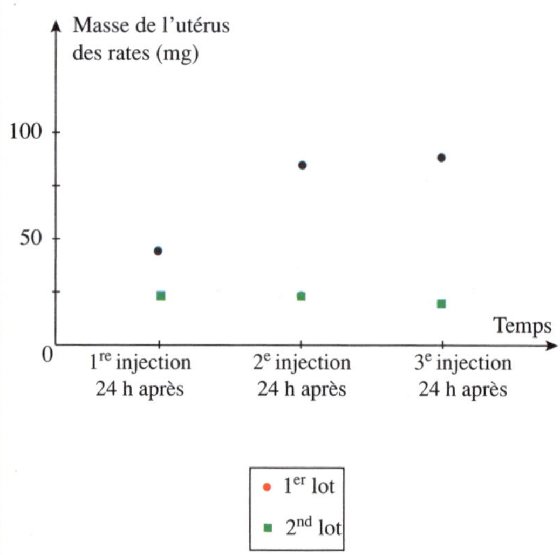

Doc. 2. Évolution de la quantité d'œstrogène fixé.

On détermine la quantité d'œstrogène fixé sur des filaments d'ADN isolés de cellules de l'utérus et de cellules de reins. L'œstrogène est marqué radioactivement afin de pouvoir suivre et doser les molécules d'œstrogène.
Remarque : ces filaments d'ADN sont en réalité de la chromatine, association d'ADN et de protéines, composants des chromosomes.

(u.a. : unité arbitraire.)

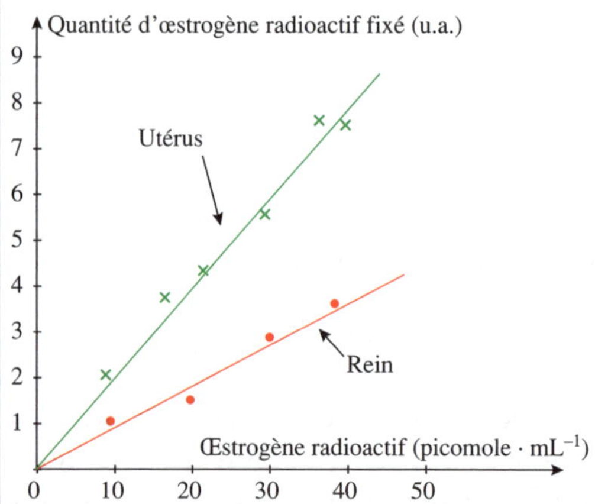

Doc. 3. **Influence des œstrogènes sur les mécanismes de la synthèse des protéines.**

Après l'injection d'œstrogène à une rate impubère au temps 0, on dose certaines molécules présentes dans les cellules de l'utérus. L'évolution de leurs quantités est donnée par le graphique ci-contre.
Remarque : une expérience témoin montre qu'en l'absence d'œstrogène, les pourcentages d'augmentation des différentes molécules n'évoluent pas.

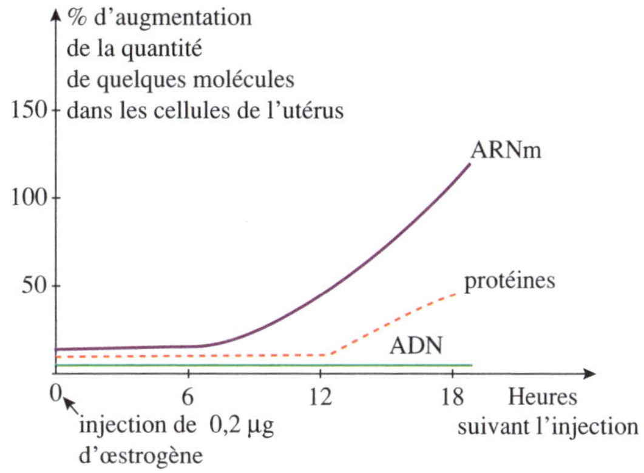

10 PERFORMANCES SPORTIVES ET GÉNOTYPE ★★★ 30 min *(corrigés p. 199)*

À partir des documents et de vos connaissances, déterminer si les performances sportives peuvent dépendre ou non du génotype des individus.

Doc. 1. **Rôle d'une enzyme sur le débit sanguin.**

Le sang, en approvisionnant les organes en nutriments et dioxygène et en évacuant les déchets, permet aux muscles de meilleures performances. La pression artérielle, proportionnelle au débit sanguin, peut varier localement, selon les besoins de l'organisme ; elle est régulée par le système nerveux et le système hormonal.
Dans le système hormonal, il intervient une enzyme : l'ACE (enzyme de conversion de l'angiotensine). Elle transforme l'angiotensine I en angiotensine II, un puissant vasoconstricteur qui augmente la pression sanguine. Le gène codant pour cette enzyme possède deux allèles : I et D

Doc. 2. **Les allèles du gène de l'ACE.**

On réalise une expérience en prélevant un frottis buccal dont on extrait l'ADN chez 25 volontaires, entraînés à l'escalade de haute montagne, soit à plus de 7 000 m d'altitude sans supplément de dioxygène. Leur ADN est comparé à celui de 1 906 hommes de la population, ne souffrant d'aucune maladie cardio-vasculaire. L'âge moyen des volontaires est de 40,6 ans (± 6) ; celui des témoins est de 55,6 ans (± 3,2).
Parmi les meilleurs grimpeurs, 15 sont allés au-delà de 8 000 m. Sur ces 15 alpinistes, on obtient les résultats suivants pour le gène codant la synthèse de l'enzyme ACE :
– chez 6 individus (1 ayant accompli 5 ascensions contre 2,4 en moyenne pour les autres), le génotype est (I // I) ;
– chez 9 individus, le génotype est (I // D) ;
– pour 0 individu, le génotype est (D // D).

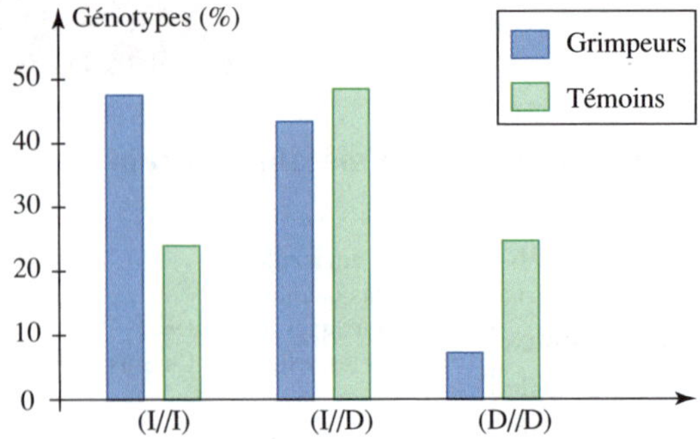

Complexité des relations entre gènes, phénotypes et environnement

Doc. 3. **Endurance et génotype.**

Sachant que ce système hormonal est aussi impliqué dans la croissance musculaire, 77 soldats de l'armée britannique, d'âge, de taille et poids comparables, sont soumis à un test : des flexions du bras en portant un poids de 15 kg, à une fréquence imposée par un métronome. On mesure leur endurance, c'est-à-dire le nombre maximum de flexions effectuées au cours du temps. Puis ces mêmes sujets suivent un entraînement physique général de 10 semaines. On leur fait ensuite effectuer le même test et on mesure les progrès accomplis, en tenant compte cette fois de leur génotype. On obtient le graphique ci-dessous.

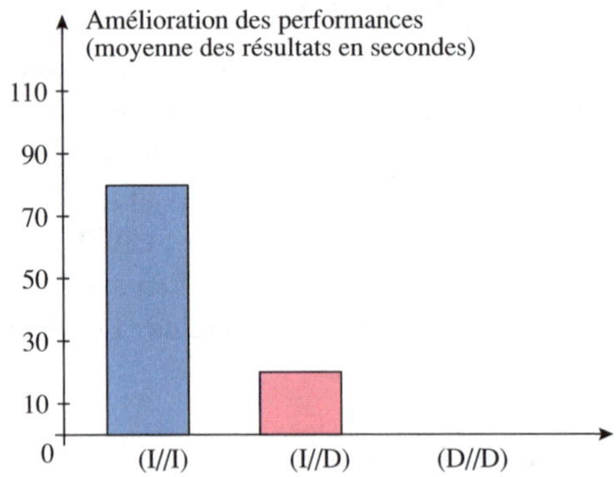

11 INTERACTIONS GÉNOTYPE – PHÉNOTYPE – ENVIRONNEMENT ★★★ 35 min (corrigés p. 200)

L'emphysème pulmonaire est une maladie chronique caractérisée par un essoufflement, une pâleur, une fatigue et à la longue par une insuffisance respiratoire. En plus de ces problèmes pulmonaires, des troubles hépatiques peuvent apparaître. On cherche à comprendre l'une des origines de l'emphysème pulmonaire.

À l'aide de l'ensemble des documents et en utilisant vos connaissances sur la synthèse des protéines, montrer que l'emphysème pulmonaire étudié ici dépend du génotype et que son évolution dépend aussi de l'environnement.

Utiliser le tableau du code génétique p. 37.

Doc. 1. **Emphysème pulmonaire et α1-antitrypsine.**

En Europe, environ une personne sur 2 500 souffre d'obstructions pulmonaires chroniques qui résultent d'une quantité insuffisante d'une protéine appelée α1-antitrypsine ou α1-AT. Cette protéine, constituée de 412 acides aminés, exerce un effet protecteur des parois des alvéoles pulmonaires en préservant leurs structures élastiques.
On connaît plusieurs allèles du gène gouvernant la synthèse de cette protéine. Ce sont les allèles notés M, S, Z et N.
Des dosages sanguins permettent d'évaluer les concentrations plasmatiques de cette protéine et de corréler ces résultats avec l'observation du phénotype macroscopique et du génotype de différents individus.

Individu	**A**	**B**	**C**	**D**
Quantité d'α1-antitrypsine dans le sang ($g \cdot L^{-1}$)	1,5 à 3,5	1 à 2	0,15 à 0,5	0
Taux d'α1-antitrypsine dans le sang par rapport au taux normal (%)	100	40 à 70	15 à 40	0
Phénotype macroscopique	Normal	Normal	Emphysème pulmonaire	Emphysème pulmonaire précoce
Génotype	(M//M)	(S//S)	(Z//Z)	(N//N)

Doc. 2. **Séquences nucléotidiques des allèles M, S, Z et N.**

Les séquences nucléotidiques ci-dessous correspondent à une partie d'un brin non transcrit des allèles. On prendra comme référence le brin non transcrit de l'allèle M.

n° du triplet	237		366
Allèle M :	GCG	Allèle M :	GAG
Allèle S :	GTG	Allèle Z :	AAG

Les allèles S et Z résultent d'une mutation par substitution.

n° du triplet	183	184	185	186
Allèle M :	GAT	TAC	GAA	ACA
Allèle N :	GAT	TAG	AAA	CA…

L'allèle N résulte d'une mutation par délétion.

Doc. 3. **Probabilité de survie des individus.**

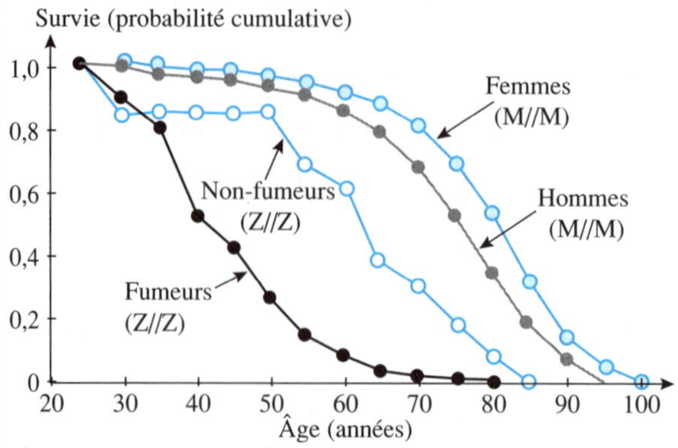

La mutation qui caractérise l'allèle Z est présente chez environ 3 % des individus d'origine européenne. On a suivi la progression de l'emphysème pulmonaire chez des individus homozygotes (M//M) d'une part et chez des individus (Z//Z) d'autre part, fumeurs ou non-fumeurs dans les deux cas.

Doc. 4. **Mode d'action de l'α1-antitrypsine.**

L'α1-antitrypsine est un inhibiteur d'une enzyme appelée élastase. L'élastase a pour rôle de catalyser des réactions qui cassent des molécules comme l'élastine. Or, l'élastine participe à l'élasticité des parois alvéolaires.

L'α1-antitrypsine se lie de façon quasiment irréversible au site actif de l'élastase. Le site de liaison de l'α1-antitrypsine est localisé au niveau des acides aminés méthionine n° 382 et sérine n° 383. La fumée de cigarette peut provoquer l'oxydation de la méthionine.

L'interrogation écrite

12 LE DIABÈTE DE TYPE 2 ★★★ 45 min *(corrigés p. 202)*

Le diabète se caractérise par une concentration trop importante de glucose dans le sang. Le malade atteint de diabète de type 2 possède, au moins au début de sa maladie, une production normale d'insuline (voire même excessive). L'hyperglycémie n'est donc pas une conséquence d'un manque d'insuline. D'ailleurs, un traitement par injections d'insuline se révèle peu efficace. On qualifie ce diabète de non insulinodépendant (DNID).

À l'aide des documents, discuter de l'importance relative du génotype et de l'environnement dans l'apparition du diabète de type 2.

Doc. 1. **Le diabète de type 2 est caractérisé par une « résistance à l'insuline ».**

Alors qu'une injection d'insuline(1) a un effet hypoglycémiant(2) chez le sujet normal ou chez le diabétique de type 1, elle est très peu efficace chez un diabétique de type 2. On a estimé la consommation de glucose par différents organes. Les résultats sont donnés ci-contre.

(1) L'insuline est une hormone.

(2) Hypoglycémiant : qui diminue la concentration de glucose sanguin, c'est-à-dire la glycémie.

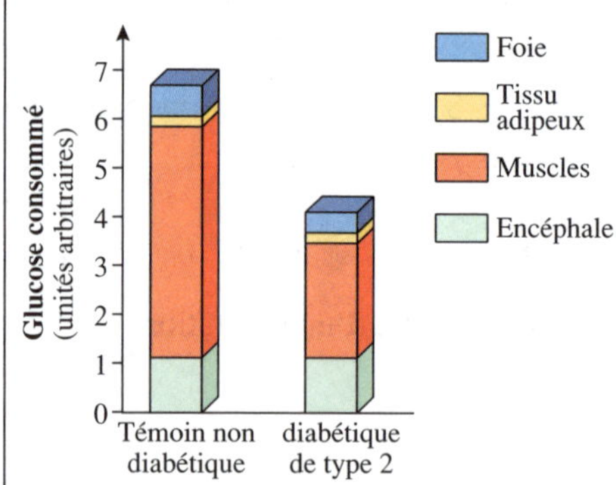

Doc. 2. **Fixation de l'insuline.**

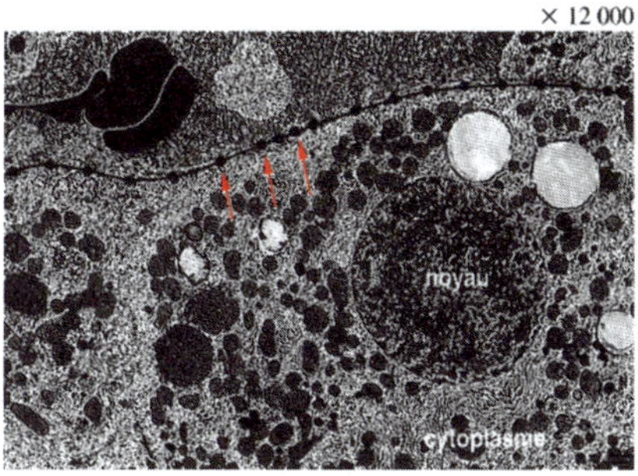

Doc. 2a. On utilise de l'insuline marquée par un isotope radioactif pour pratiquer une injection chez une souris normale. L'autoradiographie de cellules hépatiques révèle la présence d'insuline et l'endroit où elle s'est fixée (points noirs repérés par les flèches).

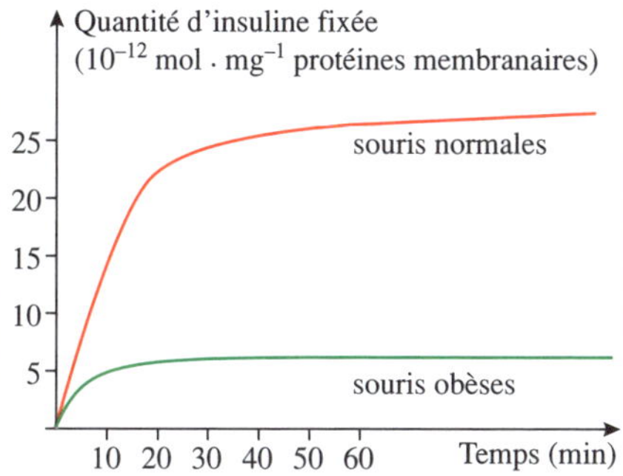

Doc. 2b. Des souris mutantes présentent les caractéristiques suivantes : obésité, hyperglycémie chronique et relative insensibilité à l'injection d'insuline (qui n'abaisse que très peu la glycémie).
On prélève des cellules hépatiques de souris normales et de souris obèses, puis on purifie les membranes plasmiques de ces cellules. On mesure, dans chaque cas, la quantité d'insuline fixée au niveau des membranes.

Doc. 3. **Des facteurs favorisant le diabète de type 2.**

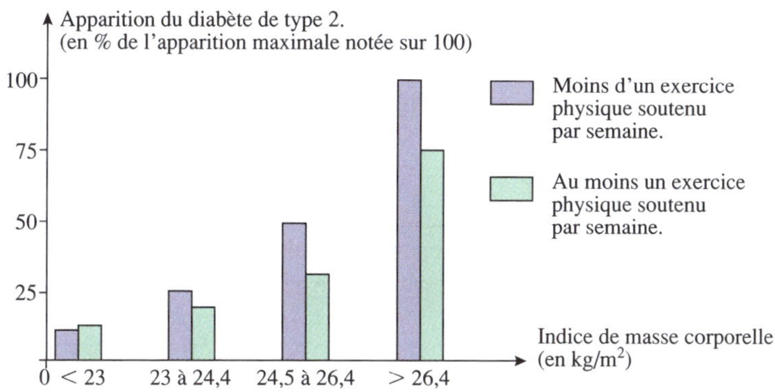

Doc. 4.

Lien de parenté avec un sujet atteint de diabète	**Risque d'être soi-même atteint de diabète** si le sujet avec lequel on a un lien de parenté souffre de diabète de **type 2**
Jumeau vrai	90 à 100 %
Frère ou sœur	Supérieur à 40 %
Pas de diabète connu dans la famille	2 à 4 %

CORRIGÉS

Tester ses connaissances

1 1° Les allèles d'un gène sont des versions différentes d'un même gène situées au même endroit (ou locus) sur un chromosome. Ces versions diffèrent par leur séquence en nucléotides. Les mutations génétiques sont à l'origine des allèles d'un gène.

2° L'étude d'un arbre généalogique permet de déterminer si l'allèle responsable d'un phénotype est dominant, récessif ou codominant. D'autre part, cette étude permet d'évaluer la probabilité de transmission d'un phénotype malade à la descendance.

3° Un gène de prédisposition est susceptible de favoriser l'apparition d'un phénotype. C'est-à-dire que la présence d'un de ses allèles mutés augmente le risque d'avoir une maladie. Toutefois, il ne s'agit que d'une prédisposition car la possession de ce type d'allèle n'entraîne pas la maladie de façon inéluctable.

2 1° **b)**. 2° **a)**. 3° **a)**.

3 Le nombre de chromosomes de cette cellule est de 46. Il peut donc s'agir du caryotype d'une cellule humaine.

Les chromosomes ont été classés par taille : ils ont été rangés par taille décroissante. Un autre critère utilisé pour distinguer les chromosomes est la position du centromère : on constate, en effet, que le centromère de certains chromosomes est situé à une extrémité ou en position plus centrale.

Par ailleurs, les chromosomes sont identiques deux à deux et ont donc été classés par paires : les chromosomes d'une paire sont des chromosomes homologues. Il y a donc 23 paires de chromosomes. La formule chromosomique de cette cellule est donc $2n = 46$.

Sachant que deux chromosomes homologues possèdent les mêmes gènes, cette cellule possède chaque gène en double exemplaire.

La paire de chromosomes sexuels est XY : cette cellule est donc celle d'un homme. Ces deux chromosomes sont de tailles différentes : ils ne portent pas exactement les mêmes gènes.

4

La cellule est hétérozygote pour le gène G, elle possède donc les deux allèles g1 et g2.	La cellule est homozygote pour le gène H, elle ne possède donc qu'un seul allèle, soit h1, soit h2.

Bien localiser les deux allèles d'un même gène au même niveau sur les chromosomes homologues.

5 A : Virus cultivé ; B : Modification du génome du virus ; C : Prélèvement des cellules déficientes du malade ; D : Cellules cultivées en présence du virus vecteur ; E : Culture des cellules humaines ; F : Réintroduction des cellules génétiquement modifiées ; G : Production de la protéine normale.
1 : ADN viral ; 2 : ADN viral avec gène humain ; 3 : Transfert de l'ADN viral modifié dans la cellule humaine ; 4 : ADN de la cellule avec nouveau gène normal.

S'entraîner

6 D'après l'arbre généalogique, la maladie n'apparaît pas dans la génération I, mais uniquement dans les générations suivantes II et III. Les parents d'un enfant malade ne sont pas malades.
L'allèle responsable de la maladie est récessif. Cet allèle est noté p. On notera p+ l'allèle dominant.
Ainsi, pour que l'allèle récessif s'exprime dans le phénotype, il faut qu'il soit présent en double exemplaire.
Un individu malade est donc homozygote (p // p). C'est le cas des individus II1, III1 et III2. Ils ont hérité de leur père un allèle p et de leur mère un allèle p.
On peut alors déterminer le génotype des différents individus de la famille :
– **les parents [sain] d'un individu [malade] sont hétérozygotes (p+ // p)** : ce sont des porteurs sains car ils possèdent l'allèle récessif responsable de la maladie, mais ils ne sont pas malades car ils possèdent également l'allèle dominant p+ qui seul s'exprime dans le phénotype macroscopique : les hétérozygotes sont les grands-parents I1 et I2, les parents II2 et II3 ;
– **pour la fille III3[sain], il existe deux possibilités : elle est soit (p+//p+), soit (p+//p).**
Les parents II2 et II3 sont hétérozygotes : ils peuvent donc transmettre un allèle p et un allèle p+. L'échiquier de croisement permet de calculer la probabilité pour ce couple d'avoir à nouveau un enfant malade.

Gamète de la mère / Gamète du père	(p+/)	(p/)
(p+/)	(p+//p+) [sain]	(p+//p) [sain]
(p/)	(p+//p) [sain]	**(p//p) [malade] (1/4)**

Ce couple a donc 1 risque sur 4 d'avoir à nouveau un enfant malade.

7 **Document 1**
Le gène CFTR muté montre que trois nucléotides sont absents : un nucléotide à cytosine et deux nucléotides à thymine. Cette suppression concerne deux triplets de nucléotides successifs. La séquence en acides aminés de la protéine CFTR est donc également modifiée, la phénylalanine est absente.
Il s'agit d'une mutation génétique par délétion qui, en modifiant la séquence en acides aminés de la protéine CFTR, entraîne une modification du phénotype moléculaire. Cette protéine n'est pas fonctionnelle.

Document 2

La protéine CFTR est normalement présente dans la membrane des cellules épithéliales. Or, la protéine CFTR des malades ne se fixe pas correctement. La cellule épithéliale ne fonctionne plus correctement et produit des sécrétions très visqueuses.

La modification du phénotype moléculaire a donc une incidence sur le phénotype cellulaire.

Document 3

Les individus malades présentent des troubles digestifs et respiratoires graves. Les garçons sont stériles. On constate que les organes touchés sont ceux qui présentent un revêtement épithélial, c'est-à-dire qui sont composés de cellules épithéliales.

Ces cellules épithéliales qui produisent des sécrétions visqueuses ont donc une incidence grave sur la santé de la personne malade : le phénotype cellulaire induit le phénotype macroscopique.

Synthèse

Le phénotype moléculaire, ici la synthèse de la protéine CFTR, dépend du génotype. La mucoviscidose étant une maladie génétique autosomique récessive, l'allèle responsable de la maladie est récessif. On le notera m. Pour qu'un individu soit malade, il faut donc qu'il soit homozygote récessif.

On peut résumer l'ensemble de ces résultats dans un tableau :

	Individu non malade	**Individu malade**
Génotype	(m+//m+) ou (m+//m)	(m//m)
Phénotype moléculaire (doc. 1)	[protéine CFTR fonctionnelle]	[protéine CFTR non fonctionnelle]
Phénotype cellulaire (doc. 2)	[cellule épithéliale produisant des sécrétions non visqueuses]	[cellule épithéliale produisant des sécrétions visqueuses]
Phénotype macroscopique (doc. 3)	[pas de symptômes digestifs, ni pulmonaires]	[troubles digestifs et pulmonaires graves : mucoviscidose]

8 Document 1

On constate que la maladie apparaît à chaque génération et touche aussi bien les hommes que les femmes. À chaque fois qu'un enfant est malade, le père ou la mère l'était aussi. Certains individus ont un phénotype indéterminé, c'est-à-dire que l'on ne sait pas encore s'ils sont malades ou non.

Le mode de transmission de cette maladie est probablement dominant car, dans le cas d'une transmission récessive, on note sur les arbres généalogiques que toutes les générations ne sont pas malades. La chorée de Huntington est une maladie génétique autosomique (il n'y a pas de *sex-ratio* en ce qui concerne cette maladie) dominante.

Dans ce cas, l'allèle responsable de la maladie est dominant, on le notera c+. L'allèle normal est récessif et on le notera c.

Un individu malade sera donc de génotype (c+//c) et un individu sain sera de génotype (c//c).

Si on admet que le parent malade est hétérozygote, il peut transmettre soit l'allèle c+, soit l'allèle c. Le parent non malade ne peut transmettre que l'allèle c.
On peut construire l'échiquier de croisement suivant :

Gamète du parent malade / **Gamète du parent non malade**	**(c+/)**	**(c/)**
(c/)	**(c+//c) [malade] (1/2)**	(c//c) [sain]

Le risque de transmission est donc élevé.

Document 2

On constate que, dans la population saine, les allèles présentent entre 9 et 28 répétitions du triplet CAG, avec une fréquence plus élevée pour les allèles comprenant une vingtaine de répétitions de ce triplet.

Ces allèles permettent donc la synthèse d'une protéine fonctionnelle n'altérant pas le fonctionnement normal des cellules et donc n'affectant pas, le phénotype macroscopique, puisque ces individus ne sont pas malades.

Dans la population d'individus malades, on constate que ces allèles normaux sont également présents. Toutefois, les malades sont porteurs d'une deuxième catégorie d'allèles pour lesquels le triplet CAG est répété entre 38 et 70 fois, les allèles les plus fréquents étant ceux qui ont entre 40 et 45 répétitions de ce triplet.

Les allèles présentant un trop grand nombre de répétitions du triplet CAG sont des allèles morbides et altèrent les propriétés fonctionnelles de la huntingtine. Ces allèles s'expriment dans le phénotype macroscopique puisque ces individus sont malades.

D'autre part, chez les individus malades, les deux allèles sont présents, mais seuls les allèles présentant de trop nombreuses répétitions s'expriment dans le phénotype. Ces allèles sont donc bien dominants. Les individus ne peuvent être sains que s'ils possèdent des allèles à faible répétition de CAG.

Document 3

On constate que l'âge d'apparition des premiers symptômes de la maladie dépend du nombre de répétitions du triplet CAG : plus le nombre de triplets CAG est important et plus l'âge d'apparition des symptômes est faible et donc plus l'individu a de risque de développer la maladie jeune. Par exemple, lorsque le nombre de triplets CAG est de 60, l'âge d'apparition de la maladie est de 30 ans, alors qu'un individu qui a ce triplet répété 40 fois montre les premiers symptômes de la maladie vers 50 ans.

Il existe donc une proportionnalité inverse entre le nombre de répétitions des triplets et l'âge d'apparition des premiers symptômes : le nombre de triplets fournit donc également une indication quant à la date de survenue des premiers symptômes de la maladie.

Synthèse

La chorée de Huntington est une maladie génétique héréditaire dominante : l'allèle responsable de la maladie est dominant (*doc. 1* et *2*). Un parent malade a un risque sur deux de transmettre la maladie à sa descendance. Ce risque est donc particulièrement élevé. L'allèle morbide est caractérisé par une répétition du triplet CAG comprise entre 38 à 70 fois (*doc. 2*).

De plus, l'âge d'apparition de la maladie dépend du type d'allèle morbide porté par l'individu malade : plus ces allèles présentent un grand nombre de répétitions et plus les symptômes de la maladie se déclarent tôt (*doc. 3*). Un individu peut donc être malade sans le savoir, ce qui explique sur l'arbre généalogique les phénotypes non déterminés des individus III1 et III2 qui ont un risque sur deux de voir apparaître les symptômes de la maladie car leur mère est malade.

Cette maladie est donc terrible à porter car elle fait peser un doute sur les membres de la famille et leur descendance qui sont confrontés à l'incertitude.

9 **Document 1**

Lot 1 : La masse de l'utérus sous l'action des injections de l'œstrogène augmente de 50 mg environ à presque 100 mg.

Lot 2 : La masse de l'utérus reste à peu près constante, de l'ordre de 25 mg lorsque les solutions injectées ne contiennent pas l'œstrogène.

L'œstrogène provoque une augmentation de la masse de l'utérus.

Document 2

On constate que la quantité d'œstrogène fixé sur les filaments d'ADN isolés de cellules de l'utérus augmente en fonction de la quantité d'œstrogène initialement injecté. La quantité fixée passe ainsi de 2 ua pour 10 picomoles/mL d'œstrogène injecté à presque 8 ua pour 40 picomoles/mL d'œstrogène injecté.

La quantité d'œstrogène fixé augmente aussi lorsqu'il s'agit de filaments d'ADN isolés de cellules de rein. Toutefois, la quantité fixée est moins importante : 1 ua pour 10 picomoles/mL d'œstrogène injecté à 3,5 ua pour 40 picomoles/mL d'œstrogène injecté.

La quantité d'œstrogène fixé est environ deux fois plus élevée avec des filaments d'ADN de cellules d'utérus qu'avec des filaments d'ADN de rein.

En utilisant le document d'accompagnement, on peut penser que la fixation d'œstrogène sur les filaments d'ADN se fait grâce à la présence de récepteurs intracellulaires spécifiques des œstrogènes. Ces récepteurs sont en plus grand nombre dans les cellules de l'utérus et permettraient ainsi d'activer un plus grand nombre de gènes.

Document 3

On constate que le pourcentage d'augmentation de l'ADN reste constant après l'injection d'œstrogène.

Par contre, le pourcentage d'augmentation d'ARNm progresse de façon rapide 6 heures après l'injection d'œstrogène pour atteindre, 12 heures après, plus de 100 % d'augmentation.

Le pourcentage d'augmentation des protéines progresse de façon notable 12 heures après l'injection d'œstrogène, soit 6 heures après l'augmentation de la quantité d'ARNm dans les cellules.

L'expérience témoin montre qu'en l'absence d'œstrogène, il n'y a pas d'évolution.

On peut donc déduire qu'une injection d'œstrogène entraîne la synthèse d'ARNm qui, à son tour, va permettre la synthèse de protéines.

Synthèse

Les œstrogènes se fixent de façon spécifique sur des récepteurs intracellulaires présents sur des gènes des cellules de l'utérus (*doc. 2*). Cette fixation entraîne l'activation de gènes codant pour des protéines (*doc. d'accompagnement*). Cette activation entraîne la transcription d'un des brins de la molécule d'ADN en ARNm. L'activation du gène nécessite environ 6 heures à partir du moment où l'œstrogène est introduit dans l'organisme (*doc. 3*). Puis les ARNm sont traduits en protéines. Il faut aussi un délai de 6 heures après le début de la transcription pour que la traduction débute (*doc. 3*). La synthèse de nombreuses protéines va entraîner par la suite une augmentation de la masse de l'utérus. Sans œstrogènes, cette synthèse accrue ne s'effectue pas et la masse de l'utérus reste inchangée (*doc. 1*).

10 Document 1

Ce document montre qu'une enzyme, l'ACE, peut agir au niveau des muscles en augmentant le débit sanguin. Cette enzyme augmente donc l'approvisionnement en nutriments et dioxygène, ce qui permet un prolongement de l'effort musculaire.
De plus, le gène codant pour l'enzyme ACE possède deux allèles I et D.

Document 2

Ce document présente les proportions des allèles I et D, pour le gène de l'ACE, chez des individus ayant une grande aptitude sportive (sport en haute montagne) et chez des individus « normaux ».
On constate que les alpinistes sont :
– à 48 % homozygotes (I//I) ;
– à 45 % hétérozygotes (I//D) ;
– à 7 % homozygotes (D//D).
De plus, parmi les plus grands alpinistes testés (ceux ayant dépassé 8 000 m), 6 sur 15 sont (I//I).
Les individus « normaux » sont :
– à 25 % homozygotes (I//I) ;
– à 50 % hétérozygotes (I//D) ;
– à 25 % homozygotes (D//D).
On peut donc dire que la présence des deux allèles I chez un individu semble favoriser ses capacités sportives en haute montagne (zone où le manque de dioxygène peut diminuer l'activité musculaire).

Document 3

Ce document présente l'amélioration des performances sportives (flexions du bras avec un poids pendant un temps limité) après 10 semaines d'entraînement.
Ce document montre que les individus qui ont amélioré leurs performances sportives sont préférentiellement les individus homozygotes (I//I), ils réalisent 80 flexions supplémentaires pour le même temps, alors que les individus hétérozygotes (I//D) n'améliorent leurs résultats que de 20 flexions supplémentaires. Les individus homozygotes (D//D) n'améliorent pas leurs performances malgré l'entraînement physique de 10 semaines.
On peut donc dire que les individus possédant les deux allèles I ont des capacités sportives nettement supérieures aux autres individus.

Synthèse

Les performances sportives dépendent des capacités musculaires de l'individu. Toutefois, l'apport en dioxygène et les nutriments des muscles peuvent aussi jouer sur la capacité du muscle à travailler plus longtemps sans se fatiguer.

On constate qu'une enzyme, l'ACE, agit sur le débit sanguin musculaire en augmentant l'apport en nutriment et dioxygène (*doc. 1*).

L'enzyme ACE est codée par un gène ayant deux allèles I et D.

On constate que les individus ayant les meilleures capacités sportives (alpinisme ou exercices de flexions) sont des individus homozygotes (I//I) pour le gène de l'ACE (*doc. 2* et *3*).

On peut donc conclure que le génotype d'un individu peut influencer ses capacités sportives.

11 Document 1

Les individus non malades présentent des concentrations sanguines comprises entre 1 et 3,5 g . L^{-1} d'α1-antitrypsine. Leur génotype est pourtant différent car les individus peuvent être (M//M) ou (S//S) et donc posséder des allèles différents. Une quantité atteignant 40 % de la valeur maximale d'α1-antitrypsine suffit à protéger le tissu pulmonaire.

Un même phénotype macroscopique peut donc dépendre de deux génotypes différents.

Les individus malades présentent des concentrations sanguines comprises entre 0 et 0,5 g . L^{-1} d'α1-antitrypsine ; toutefois, la gravité de la maladie dépend des allèles présents :

– l'allèle Z présent en double exemplaire gouverne la synthèse d'α1-antitrypsine qui se retrouve en petite quantité dans le sang. Cette trop faible quantité n'est pas suffisante pour protéger le tissu pulmonaire ;

– l'allèle N présent en double exemplaire ne permet pas la synthèse d'α1-antitrypsine. La maladie apparaît donc très tôt.

Le gène de l'α1-antitrypsine possède donc plusieurs allèles dont les combinaisons possibles (M//M), (S//S), (Z//Z) ou (N//N) entraînent des phénotypes alternatifs différents.

Document 2

Attention, on donne ici le brin non transcrit. Il suffit de remplacer la base T du brin d'ADN par la base U.

n° 237 :	Allèle M :	GCG	Allèle S :	GTG
	ARNm :	GCG	ARNm :	GUG
	Acide aminé :	alanine	Acide aminé :	valine

Cette mutation par substitution entraîne un changement dans la séquence primaire de la protéine puisque l'alanine est remplacée par la valine. Toutefois, cette mutation présente chez un individu homozygote (S//S) ne modifie pas le phénotype macroscopique. L'individu n'est pas malade.

n° 366 :	Allèle M :	GAG	Allèle Z :	AAG
	ARNm :	GAG	ARNm :	AAG
	Acide aminé :	acide glutamique	Acide aminé :	lysine

Cette mutation par substitution entraîne un changement dans la séquence primaire de la protéine puisque l'acide glutamique est remplacé par la lysine. Cette mutation présente chez un individu homozygote (Z//Z) modifie le phénotype macroscopique. L'individu est malade.

n° du triplet	183	184	185	186
Allèle M :	GAT	TAC	GAA	ACA
ARNm :	GAU	UAC	GAA	ACA
Acide aminé :	acide aspartique	tyrosine	acide glutamique	thréonine
Allèle N :	GAT	TAG	AAA	CA…
ARNm :	GAU	UAG = codon stop		
Acide aminé :	acide aspartique	arrêt de la synthèse		

Cette mutation par délétion entraîne l'apparition d'un codon stop en position 184. Il y a un arrêt prématuré de la synthèse de la protéine qui n'est composée que de 183 acides aminés au lieu de 412 acides aminés.
La protéine est profondément modifiée et elle n'est plus détectée.
Cette mutation présente chez un individu homozygote (N//N) modifie le phénotype macroscopique. L'individu est malade et de façon précoce.

Document 3

Pour les individus homozygotes (M//M), la probabilité de survie diminue progressivement entre 20 et 70 ans, âge où cette probabilité diminue de façon nettement plus importante : à 30 ans, la probabilité de survie est de 1, alors qu'elle est de 0,7 pour un homme de 70 ans et de 0,9 pour une femme de 70 ans.
Cela signifie qu'un homme ou une femme de 30 ans à moins de risque de mourir d'un emphysème pulmonaire qu'une femme de 70 ans qui a elle-même moins de risque de mourir de cette maladie qu'un homme de 70 ans.
Pour les homozygotes (Z//Z) non fumeurs, la probabilité de survie est nettement inférieure à celle des homozygotes (M//M). Par exemple, pour un individu (M//M) de 40 ans, cette probabilité est de presque 1 et, chez un individu (Z//Z), cette probabilité est de 0,8 environ. On peut noter également que cette probabilité diminue rapidement à partir de 50 ans chez les individus (Z//Z).
L'évolution de l'emphysème pulmonaire dépend donc du génotype : probabilité plus grande chez les porteurs de l'allèle Z de décéder de cette maladie.
Pour les homozygotes (Z//Z) fumeurs, la probabilité de survie est encore plus faible que chez les individus (Z//Z) non fumeurs. Et c'est peu après l'âge de 30 ans que la probabilité de survie diminue rapidement comme chez un individu (M//M) âgé de 70 ans : par exemple, la probabilité de survie d'un individu de 40 ans (Z//Z) est de 0,5, alors que celle d'un individu (M//M) de 70 ans est de 0,7 et celle d'un individu (Z//Z) non fumeur de 40 ans est de 0,8.
Un individu (Z//Z) fumeur diminue de façon importante son espérance de vie par rapport à un individu de même génotype non fumeur. Le risque de mourir d'un emphysème pulmonaire est donc très élevé.

Document 4

L'α1-antitrypsine protège les parois alvéolaires en inhibant l'élastase. Pour cela, elle se fixe au niveau du site actif de l'élastase qui catalyse des réactions qui cassent les molécules d'élastine.
Le site actif de l'élastase étant occupé par l'α1-antitrypsine, l'élastase ne peut casser les molécules d'élastine : la paroi alvéolaire conserve son élasticité.

cours exercices interro corrigés

Mais, pour inhiber l'action de l'élastase, l'α1-antitrypsine possède un site de liaison au niveau des acides aminés méthionine n° 382 et sérine n° 383. Or, l'acide aminé méthionine peut être oxydé par la fumée de cigarette.

Si la méthionine de l'α1-antitrypsine est oxydée, le site de fixation peut être modifié : l'α1-antitrypsine ne peut alors plus se fixer sur l'élastase et exercer son action inhibitrice.

Synthèse

L'emphysème pulmonaire dépend donc du génotype (*doc. 1*). Mais certaines combinaisons d'allèles engendrent des symptômes sévères (cas de l'allèle Z), voire très sévères. L'allèle N en double exemplaire est responsable d'une forme grave et précoce de l'emphysème pulmonaire (*doc. 1*). Les mutations génétiques à l'origine de ces allèles entraînent une modification de la séquence primaire de l'α1-antitrypsine. La molécule n'est plus fonctionnelle ou en quantité insuffisante (*doc. 2*).

Cependant, la gravité de l'emphysème pulmonaire est modulée par les effets de l'environnement. Les fumeurs (Z//Z) ont plus de risque de développer la maladie que des individus de même génotype, mais non-fumeurs (*doc. 3*). En effet, l'environnement, ici la fumée de cigarette, semble agir directement sur le phénotype moléculaire, c'est-à-dire l'α1-antitrypsine.

L'apparition de la maladie et son évolution dépendent donc du génotype, mais également de l'environnement.

L'interrogation écrite

12 Document 1

L'insuline est une hormone qui permet de diminuer la concentration de glucose dans le sang. Or, cette hormone n'a pas d'effet chez un diabétique de type 2. On constate que différents organes chez un témoin non diabétique et un diabétique de type 2 ne consomment pas de la même façon le glucose. Si la consommation en glucose est identique chez les deux sujets pour des organes tels que l'encéphale ou le tissu adipeux, la consommation en glucose par le foie et surtout par les muscles est moins importante chez le sujet diabétique que chez le témoin.

Certains organes chez le diabétique de type 2 ne semblent donc pas pouvoir consommer normalement du glucose même sous l'effet de l'insuline. Le glucose étant moins consommé, il s'accumule dans le sang et la glycémie augmente.

Document 2

Document 2a : L'autoradiographie révèle la présence d'insuline fixée en différents endroits de la membrane plasmique de la cellule hépatique.

Cette expérience permet de montrer que l'insuline a pour cellules cibles les cellules hépatiques. Cette hormone se fixe sur des récepteurs spécifiques.

Document 2b : Chez les souris normales, la quantité d'insuline fixée sur les membranes plasmiques des cellules hépatiques augmente progressivement pour atteindre $27 . 10^{-12}$ mol · mg^{-1} de protéines membranaires.

Chez les souris obèses, caractérisées également par une hyperglycémie chronique, la quantité maximale d'insuline fixée est de $5 . 10^{-12}$ mol . mg^{-1} de protéines membranaires.

Les cellules hépatiques des souris obèses fixent donc très peu d'insuline, ce qui explique leur relative insensibilité à l'injection d'insuline et donc une hyperglycémie chronique.

Document 3

Deux facteurs favorisant l'apparition d'un diabète de type 2 sont étudiés ici :
– l'indice de masse corporelle ;
– l'activité physique.

On constate que plus l'indice de masse corporelle est important et plus le pourcentage d'apparition du diabète est élevé. Par exemple, si l'IMC est inférieur à 23 kg/m^2, le pourcentage d'apparition du diabète est en moyenne de 12 %. Si l'IMC est supérieur à 26,4, le pourcentage est compris entre 75 et 100 %.

On note que les individus qui pratiquent un exercice physique soutenu et régulier présentent moins de risque d'apparition de la maladie. Par exemple, si l'IMC est supérieur à 26,4, l'apparition du diabète est de 75 % pour ceux qui pratiquent une activité physique, alors que, sans activité physique, le pourcentage d'apparition est maximal.

Plus l'IMC est important et plus la pratique d'une activité physique limite le risque d'apparition de la maladie. Par exemple, pour un IMC compris entre 23 et 24,4, la différence entre les deux populations d'individus est de 1 à 2 %. Cette différence atteint 25 % quand l'IMC est supérieur à 26,4.

Document 4

Des études montrent que, si un jumeau présente un diabète de type 2, l'autre jumeau a entre 90 et 100 % de risque d'être lui-même malade.

Des jumeaux vrais ont le même patrimoine génétique, donc le même génotype. On voit donc ici le rôle prépondérant du génotype dans l'apparition du diabète de type 2.

Ce rôle est aussi bien marqué par la probabilité élevée, supérieure à 40 %, que peut avoir un individu d'être malade s'il a un frère ou une sœur malade.

Toutefois, une personne, qui n'a pas de membre de sa famille malade, peut être atteinte de diabète de type 2 avec une probabilité de 2 à 4 %.

Les facteurs génétiques sont donc prépondérants dans l'apparition du diabète de type 2. Il existe donc des gènes de prédisposition pour cette maladie.

Synthèse

Le diabète de type 2 a pour origine une insulinorésistance : l'insuline n'a pas ou peu d'effet sur la glycémie car certains organes, comme le foie, les muscles, ne réagissent pas à l'insuline : ces organes ne consomment pas suffisamment de glucose (*doc. 1*). Cette insulinorésistance peut s'expliquer par une fixation insuffisante de l'insuline au niveau des cellules du foie, par exemple (*doc. 2*). On peut émettre l'hypothèse que soit les individus ont un défaut de synthèse des récepteurs à insuline, soit que ces récepteurs sont modifiés. On peut alors suspecter une mutation génétique des gènes qui permettent de synthétiser ces récepteurs.

Ces facteurs génétiques sont en effet prépondérants dans l'apparition de ce diabète lorsque l'on étudie les statistiques d'apparition de cette maladie au sein de familles de diabétiques (*doc. 3*).

Cependant, d'autres facteurs interviennent : la sédentarité et l'obésité favorisent l'apparition du diabète de type 2 (*doc. 4*).

Le diabète de type 2 est donc une maladie dont les causes sont plurifactorielles.

CHAPITRE 12

Perturbation du génome et cancérisation

LE COURS

Les caractéristiques des cancers

▶ EXERCICES D'APPLICATION 4 ET 6, pp. 209, 212

▶ La prolifération de cellules

Le cancer se caractérise par une **prolifération anormale** des cellules au sein d'un tissu. Cette prolifération menace la survie de l'organisme. Ces cellules dérivent toutes d'un même **clone de cellules** qui ont acquis certaines caractéristiques leur permettant de se diviser sans arrêt. Les divisions cellulaires ne sont donc plus contrôlées. Certaines de ces cellules peuvent migrer et former alors des **métastases**. C'est aussi pour cette raison que les cancers doivent être détectés le plus rapidement possible.

▶ L'origine d'un clone de cellules cancéreuses

• Cycle cellulaire non contrôlé

Chez un organisme pluricellulaire, la durée des cycles cellulaires est différente selon le type de cellules. Certaines cellules, comme les neurones, les globules rouges, ne se divisent plus une fois qu'elles sont matures. D'autres cellules, telles que les cellules épithéliales qui tapissent les surfaces du corps, se divisent continuellement et avec rapidité durant toute la vie de l'organisme. La durée d'un cycle cellulaire varie ainsi entre 8 heures et 100 jours, voire davantage selon le type de cellules. Cette **durée est contrôlée par des mécanismes** propres à chaque type cellulaire. Les cellules cancéreuses échappent à ce contrôle.

• Mutation génétique et cellules cancéreuses

Les mutations sont des modifications rares et aléatoires de l'ADN. Toutefois, si des mutations affectent des gènes intervenant dans les mécanismes de contrôle du cycle cellulaire, ces cellules deviennent cancéreuses : par mitose, qui est une reproduction conforme, elles engendrent des clones de cellules possédant les mêmes propriétés que les cellules mères.

Les cellules qui prolifèrent de façon incontrôlée mais qui restent sur leur lieu de production forment des tumeurs bénignes, qui peuvent être supprimées par intervention chirurgicale.

Les cancers, au contraire, forment des tumeurs malignes. Ces tumeurs sont constituées de cellules qui **échappent non seulement à tout contrôle de leur cycle cellulaire, mais qui ont aussi la capacité de migrer**. Plus ces cellules se répandent dans l'organisme et plus il est difficile d'intervenir chirurgicalement.

Les facteurs cancérigènes

▶ EXERCICES D'APPLICATION 3, 5 ET 7, pp. 208, 210, 213

Le cancer n'est pas le résultat d'une cause unique. **Un ensemble de facteurs interagissent entre eux et favorisent le développement de la maladie.**

▶ Des facteurs externes

- Les facteurs externes sont liés à l'**environnement** (rayonnements, produits industriels…).
- Les facteurs externes sont aussi liés au **mode de vie** (tabac, alcool, alimentation…). On a ainsi des preuves que les agressions répétées de l'ADN des cellules par certains produits chimiques, le tabac, ou par des rayonnements (radioactifs, ultraviolets...) favorisent l'apparition de cellules cancéreuses.
- Les facteurs externes sont également liés à des infections par des virus et des bactéries qui peuvent être à l'origine de certains cancers comme celui du col de l'utérus (*papillomavirus* humain), celui du foie (virus de l'hépatite B) ou encore celui de l'estomac (bactérie *Helicobacter pylori*).

En agissant sur ces facteurs externes (en ne fumant pas, en limitant sa consommation d'alcool, en évitant de trop s'exposer au soleil, en ayant une alimentation saine et, lorsqu'il existe un vaccin adapté, en se faisant vacciner contre les virus à risque), on estime que 40 % des cancers pourraient être évités.

▶ Des facteurs internes

- Le **vieillissement** joue un rôle fondamental. Même si les cancers peuvent apparaître à tout âge, ils sont beaucoup plus fréquents à partir de 60 ans. Cela est dû au **cumul des agressions externes** subies par les cellules et, probablement, à la **moindre efficacité des mécanismes de réparation de l'ADN** chez les personnes âgées.
- L'**hérédité** peut également jouer un rôle. Certaines personnes ont plus de risques de développer un cancer que d'autres, parce que, à leur naissance, elles portent déjà des mutations d'un ou plusieurs de leurs gènes, mutations héritées de leurs parents et présentes dans toutes leurs cellules.

Des gènes en particulier sont impliqués dans les processus de cancérisation : des mutations de ces gènes prédisposent au cancer. Ces gènes sont appelées **oncogènes** et ils favorisent la multiplication des cellules. Toutefois, leur activation est contrôlée par d'autres gènes appelés **antioncogènes** qui freinent l'activité des oncogènes : l'équilibre entre les activités de ces deux types de gènes permet un déroulement normal du cycle cellulaire. Mais des mutations héréditaires affectant ces gènes peuvent entraîner un déséquilibre.

Notons, enfin, que des **facteurs hormonaux** peuvent aussi intervenir lorsqu'un déséquilibre hormonal s'installe. Dans ce cas, le déséquilibre peut être aussi provoqué par des traitements hormonaux.

LA DIFFICULTÉ DU CHAPITRE

L'origine des facteurs de cancérisation est multiple. Ces facteurs interfèrent avec les mécanismes de réparation de l'ADN et de contrôle des cycles cellulaires. Si certains processus de cancérisation commencent à être dévoilés, la difficulté majeure réside dans le fait que les cancers entraînent un déséquilibre général au niveau de l'organisme impliquant des facteurs de croissance, le système immunitaire, la circulation sanguine et lymphatique…

La transformation d'une cellule normale en cellule cancéreuse provient de modifications successives des gènes de régulation. Le plus souvent, les cellules cancéreuses dérivent toutes d'une cellule ayant subi ces différentes altérations génétiques qui sont transmises de façon héréditaire.

La prévention de cette maladie dépend des avancées de la recherche médicale, mais aussi des études épidémiologiques (l'épidémiologie est une discipline qui étudie la fréquence des maladies (incidence), leur répartition dans la société, les facteurs de risques et les décès liés à une maladie. Ces informations sont indispensables pour la médecine préventive).

EXERCICES

Tester ses connaissances

1 VÉRIFIER SES CONNAISSANCES ★ 5 min (corrigés p. 216)

1° Donner les principales caractéristiques des cellules cancéreuses.
2° Citer les facteurs internes qui interviennent dans les processus de cancérisation.
3° Expliquer pourquoi des cellules cancéreuses forment des clones de cellules.

2 QCM ★ 3 min (corrigés p. 216)

Choisir la (ou les) bonne(s) proposition(s).

1° Des facteurs externes favorisent l'apparition de cancers, comme par exemple :
a) les rayonnements ultraviolets, les mutations génétiques, certains virus.
b) le tabac, l'alcool, les virus, les rayonnements.
c) l'âge, le tabac, l'alcool, les virus, les rayonnements.
2° Les oncogènes sont des gènes :
a) favorisant la multiplication des cellules.
b) inhibant la multiplication des cellules.
c) intervenant dans les processus de cancérisation.
3° Les métastases correspondent à :
a) des cellules non cancéreuses qui ont la capacité de migrer vers d'autres organes.
b) des cellules cancéreuses qui migrent en dehors de leur lieu de production.
c) des cellules cancéreuses qui se multiplient de plus en plus rapidement.

S'entraîner

3 CANCERS, GÉNÉTIQUE ET FACTEURS DE L'ENVIRONNEMENT ★ 15 min (corrigés p. 216)

À l'aide du document, illustrer la complexité des relations entre gènes, cancers et environnement sous forme d'un schéma explicatif.

Doc. **Les facteurs cancérigènes.**

« Des gènes très particuliers, les oncogènes, ont une fonction très importante dans nos cellules, même s'ils sont souvent au repos. En temps normal, seuls des signaux de détresse, comme ceux qu'émettent des tissus blessés, les font réagir. Ils vont alors faire fabriquer une protéine qui déclenche la multiplication cellulaire pour boucher la plaie. Lorsqu'une mutation dérègle l'un de ces gènes et l'active à plein temps, les cellules qui les hébergent ont tendance à proliférer sans raison et de manière désordonnée. Si rien ne les arrête, elles peuvent alors former de gros agrégats de cellules que l'on appelle tumeur. Ainsi, depuis quinze ans, de nombreux oncogènes ont été identifiés, dont la stimulation est à l'origine de différents types de cancers. Cette stimulation peut avoir différentes origines : émissions radioactives, excès d'ultraviolets, substances chimiques cancérigènes contenues dans les aliments ou certains solvants… Elle peut être aussi le fruit d'une division cellulaire mal contrôlée. Parfois, ces gènes déclenchant une prolifération cellulaire anarchique sont importés par des organismes étrangers et parasites, les virus.

Plus récemment, les chercheurs ont découvert une autre famille de gènes jouant un rôle dans la cancérisation, les antioncogènes. Eux aussi, comme les oncogènes, ont une fonction biologique normale : ils inhibent la multiplication des cellules. Ils sont là pour freiner l'action des oncogènes. Si l'un d'eux s'emballe, ils interviennent pour juguler ses débordements. Le problème est que lorsque l'un deux, suite à une mutation, s'affaiblit, les cellules sont alors sous l'emprise des oncogènes qui à tout moment peuvent déclencher une multiplication cellulaire incontrôlée. Aujourd'hui, on pense qu'il faut plusieurs mutations pour qu'une cellule devienne cancéreuse. Certaines pour activer un oncogène, d'autres pour réduire au silence les antioncogènes… »

D'après Valérie Landon/Sciences Vie Junior, Hors série 18.

4 LA PROTÉINE P53 ★★ 20 min (corrigés p. 216)

Montrer, à l'aide des documents, le rôle de la protéine p53 dans la régulation du cycle cellulaire et son implication dans les processus de cancérisation.

Doc. 1. **Environnement, mutations et cancers.**

Présents dans la fumée de cigarettes, dans les vapeurs d'essence ou dans des environnements pollués, les hydrocarbures aromatiques sont des molécules capables de se lier à l'ADN en complexes hydrocarbures-ADN. Ces complexes favorisent des mutations de l'ADN et sont retrouvés en grande quantité dans le sang de personnes exposées ou atteintes de cancer, comme celui du poumon.

La protéine p53 est une protéine antioncogène, codée par un gène localisé sur le bras court du chromosome 17. Lorsque des mutations de l'ADN sont présentes en grand nombre dans une cellule, la protéine p53 arrête momentanément le cycle cellulaire afin de permettre à la cellule de réparer ses lésions. La protéine p53 se trouve impliquée dans le contrôle de l'expression d'autres gènes lors de différentes agressions cellulaires (expositions des cellules aux UV ou à des agents cancérigènes). Or, des mutations du gène p53 ont été identifiées dans la plupart des cancers humains, en particulier dans 70 % des cancers du poumon. Lorsque la molécule p53 est absente ou non fonctionnelle, les cellules ne contrôlent plus leur cycle cellulaire et elles peuvent proliférer : une tumeur cancéreuse peut ainsi se mettre en place.

Doc. 2. **Le contrôle du cycle cellulaire.**

À chaque étape de la mitose, on trouve des mécanismes régulateurs mettant en jeu des protéines. Ces mécanismes de régulation peuvent être positifs ou négatifs en fonction de la situation (cicatrisation, homéostasie, etc.).

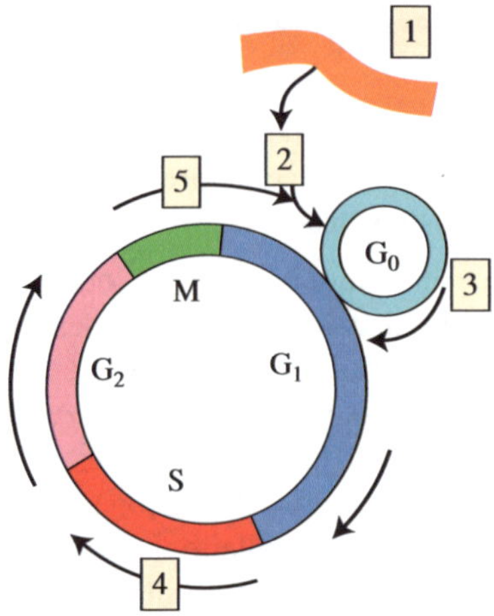

En [1], sous l'influence de facteurs de croissance, la cellule reçoit le signal de se diviser.
En [2], transmission du signal.
En [3], les cellules sortent de G_0 et entrent en phase G_1.
En [4], la cellule double sa quantité d'ADN.
En [5], la mitose s'accomplit. Les cellules filles se séparent et retournent en G_0, sauf si un stimulus entretient le processus de division.
Il existe un point de contrôle entre les phases G_1 et S de l'interphase : une fois franchi ce point de contrôle, la réplication de l'ADN devient irréversible. Le régulateur majeur de ce point de contrôle est la protéine p53.

Doc. 3. **Mode d'action de la protéine p53.**

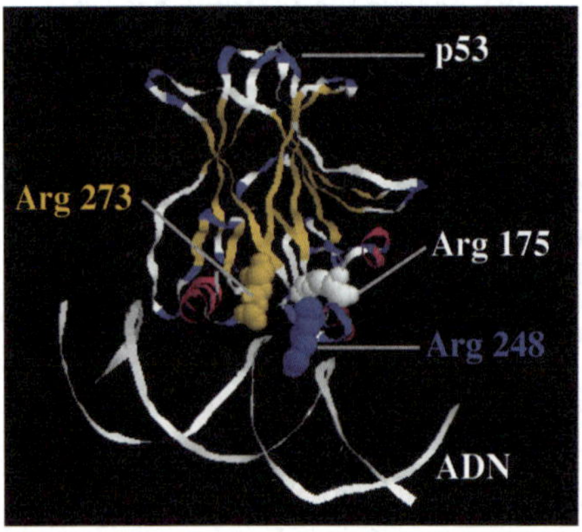

La protéine p53 entre en contact avec l'ADN. Les points de contact mettent en jeu 3 acides aminés qui sont les zones importantes de la protéine : Arginine 175, Arginine 248 et Arginine 273.
(175, 248 et 273 indiquent la position des acides aminés dans la protéine.)
La protéine p53 va contrôler la division cellulaire en vérifiant l'intégrité de l'ADN.
Si l'ADN n'est pas correct, on observe une stimulation de la voie de l'apoptose (mort de la cellule). Si, au contraire, l'ADN a pu être réparé, le cycle cellulaire se poursuit.

5 DES AGENTS CHIMIQUES CANCÉRIGÈNES ★★ 15 min *(corrigés p. 217)*

Les dioxines sont principalement issues des processus industriels. L'émission de dioxines dans l'air est due aux incinérateurs de déchets ménagers, en raison de combustion incomplète, et à l'industrie métallurgique et sidérurgique. Ces deux sources sont responsables de plus de 50 % des émissions de dioxines.

À l'aide de l'exploitation des documents, montrer qu'une relation a pu être établie entre cancer et présence de dioxine.

Doc. 1. **Les conséquences d'un risque industriel.**

En 1976, l'explosion de l'usine de pesticides de Seveso (Italie) libéra dans l'atmosphère de grandes quantités de dioxine. Des groupes d'étude ont été définis pour assurer la surveillance épidémiologique de la population qui fut sévèrement exposée. On a ainsi observé des augmentations progressives de certaines pathologies (cancers, diabète).
On a étudié également un groupe de 981 femmes résidentes des zones d'exposition les plus contaminées de Seveso. Ces femmes étaient âgées de moins de 40 ans au moment de l'accident. L'équipe chargée de cette surveillance a détecté un lien entre exposition aux dioxines et cancer du sein.

Doc. 2. **Incinérateur et cancer du foie.**

Doc. 2a. **Il s'agit d'une étude d'épidémiologie géographique menée dans différentes régions pour lesquelles on dispose d'informations à la fois sur les incinérateurs et sur les registres de cancers (dont celui du foie).**

Cette étude a pour objectif de mettre en relation les techniques d'incinération des déchets et taux de cancer.

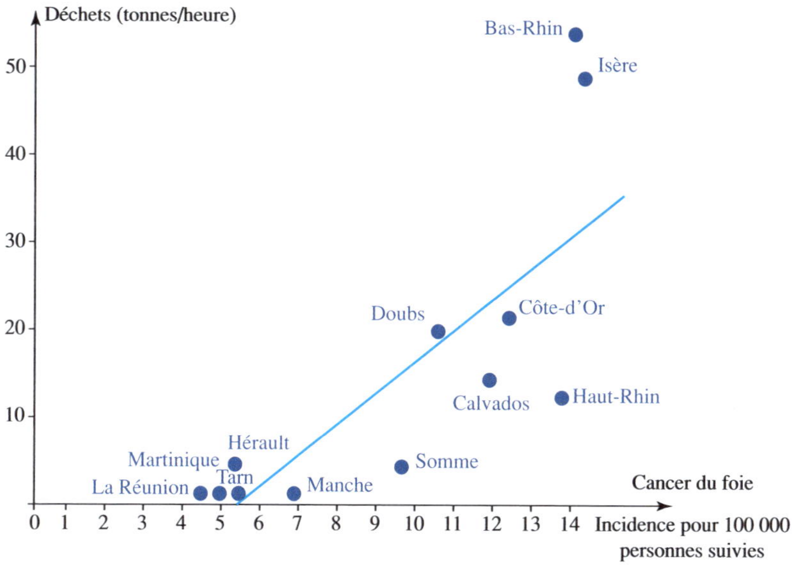

Doc. 2b. Le Japon a le plus grand parc d'incinérateurs au monde (> 1 000), son taux de dioxine est 10 fois celui des autres pays industrialisés avec une incidence record de 22,5 à 56,4. À l'inverse, le Royaume-Uni (qui a opté pour la décharge, avec seulement 23 incinérateurs) n'a qu'une incidence de 2,5. L'Australie, qui n'a pas d'incinérateurs, est à 4,8. (Tous ces pays ont une prévalence d'hépatite B comparable entre 2 et 7 % ; l'hépatite B étant également un facteur qui augmente les risques de cancers du foie.)

Doc. 3. **Mécanisme d'action.**

La dioxine s'accumule dans le tissu adipeux et le tissu hépatique [...] et constitue un facteur de risque de cancer du foie. Le mécanisme d'action cancérigène est une séquestration de la dioxine par certaines molécules avec notamment une inhibition de l'apoptose (mort cellulaire). Elle stimule un oncogène qui active la synthèse d'une enzyme, la télomérase. Or, la télomérase est relativement peu active dans les cellules somatiques et ce manque d'activité induit un vieillissement de la cellule. Par contre, l'activité de la télomérase est élevée dans les cellules cancéreuses et contribue ainsi à la prolifération de ces cellules.

6 LE RISQUE FAMILIAL DU CANCER DU SEIN ★★ 15 min (corrigés p. 219)

À partir des documents ci-après, déterminer l'origine des facteurs qui augmentent le risque de développer un cancer du sein.

Doc. 1. **Étude d'un arbre généalogique.**

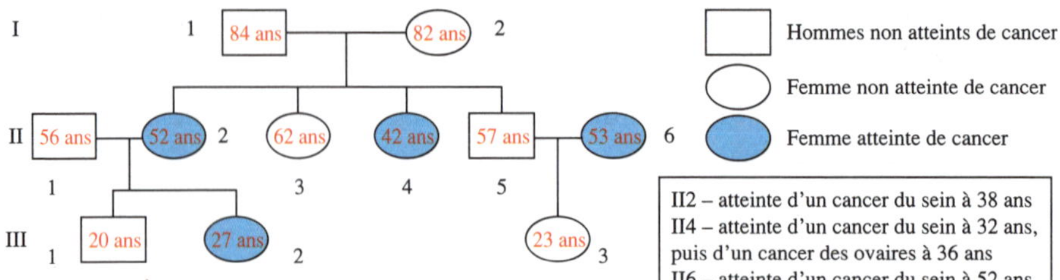

II2 – atteinte d'un cancer du sein à 38 ans
II4 – atteinte d'un cancer du sein à 32 ans, puis d'un cancer des ovaires à 36 ans
II6 – atteinte d'un cancer du sein à 52 ans
III2 – atteinte d'un cancer du sein à 26 ans

Doc. 2. **Les gènes BRCA et le cancer du sein.**

Deux gènes importants sont actuellement identifiés : on les a appelés les gènes BRCA1 et BRCA2, abréviations de « BReast Cancer » qui signifie cancer du sein en anglais. Ces deux gènes ont été respectivement identifiés en 1994 et 1995 et localisés sur les chromosomes 17 et 13.

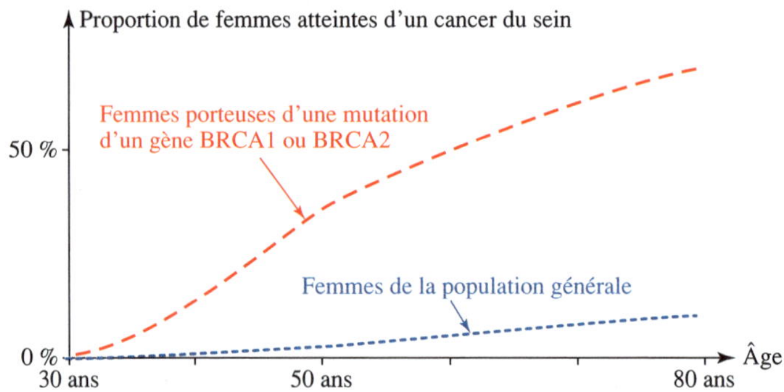

D'après « livret d'information et de dialogue à l'usage des personnes consultant pour un risque familial de cancer du sein et/ou de l'ovaire ».

Doc. 3. **Séquence du gène BRCA1.**

Le gène BRCA1 code pour une protéine BRCA1 comptant 1 863 acides aminés. Les protéines BRCA interviennent dans la régulation des cycles cellulaires.
On donne ci-dessous la séquence nucléotidique du brin non transcrit de deux allèles du gène BRCA1 à partir du nucléotide n° 67.

• Allèle non muté du gène BRCA1 :

67
GAG TGT CCC ATC TGT CTG GAG TTG ATC AAG GAA CCT GTC TCC ACA AAT GAT…

• Allèle muté du gène BRCA1 :

67 88 112
GTG TCC CAT CTG TCT GGA GTT GAT CAA GGA ACC TGT CTC CAC AAA **TGA** T…
UGA correspond à un codon stop.

L'interrogation écrite

7 LE CANCER DU COL DE L'UTÉRUS ★★★ 45 min (corrigés p. 220)

Le cancer du col de l'utérus touche la partie inférieure de l'utérus.
C'est une maladie que l'on peut maintenant prévenir par la vaccination, et dépister très facilement par la pratique des frottis, traiter et guérir le plus souvent. Il faut souligner que le diagnostic et le traitement de la maladie à un stade de cancer *in situ* sont pratiquement toujours suivis d'une guérison.
À l'aide des documents et de vos connaissances, montrer que les processus de cancérisation du col de l'utérus peuvent être liés à des facteurs externes et expliquer comment on peut prévenir ce cancer.

Doc. 1. **Cancer du col de l'utérus et HPV.**

Le cancer du col de l'utérus est le deuxième cancer féminin dans le monde. Environ 150 types d'HPV (*Human Papillomavirus*) ont été identifiés, environ 15 types « Haut Risque » sont associés au cancer. Une infection persistante par ces types de virus est nécessaire pour développer un cancer du col.
Des HPV sont retrouvés dans près de 100 % des cancers du col de l'utérus.

Statistiquement, plus de la moitié des femmes sexuellement actives seront infectées par un HPV de haut risque au cours de leur vie.
Les *papillomavirus* se transmettent essentiellement lors de contacts sexuels. La plupart des gens s'infectent lors des premières relations sexuelles. L'infection est donc plus fréquente chez les jeunes. L'infection ne se transmet pas par le sang.

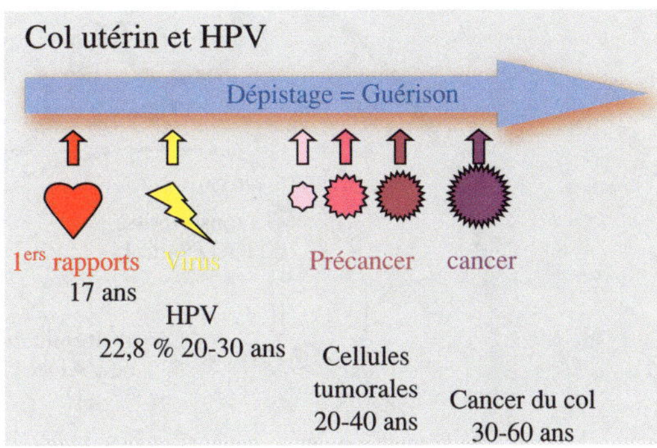

Doc.2. **HPV et prévalence du cancer du col de l'utérus.**

Prévalence : terme utilisé dans des études épidémiologiques, il désigne le nombre de personnes atteintes d'une maladie à un moment donné et dans une population donnée.

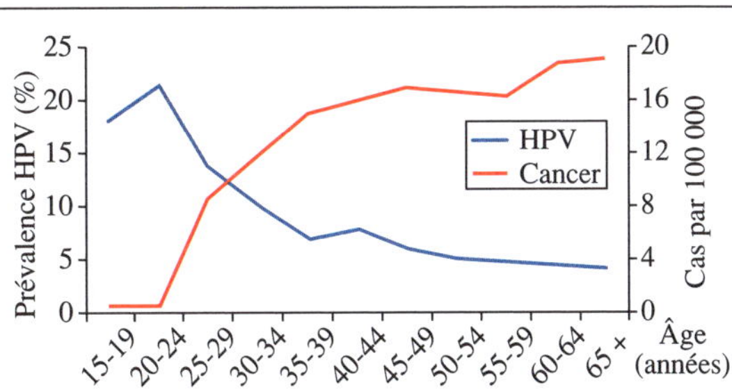

Doc. 3. Le *papillomavirus* humain et son cycle de multiplication.

Le *papillomavirus* humain impliqué dans les processus de cancérisation du col de l'utérus est un virus à ADN. Comme tous les virus, il parasite sa cellule hôte et sa multiplication ne peut se faire qu'à l'intérieur de cette cellule. Il utilise alors les ressources de la cellule (énergie, enzymes…).

En se multipliant dans la cellule infectée, ces virus provoquent des changements dans la réponse aux facteurs de croissance présents dans le sang, conduisant à une prolifération anormale des cellules infectées.

D'autre part, ils sont fréquemment capables d'intervenir sur le contrôle de nombreuses fonctions de la cellule et de les détourner à leur profit. En particulier, ces virus sont souvent responsables de l'apparition d'anomalies dans l'organisation génétique de la cellule et ils peuvent favoriser la propagation de cellules génétiquement anormales qui devraient normalement être éliminées.

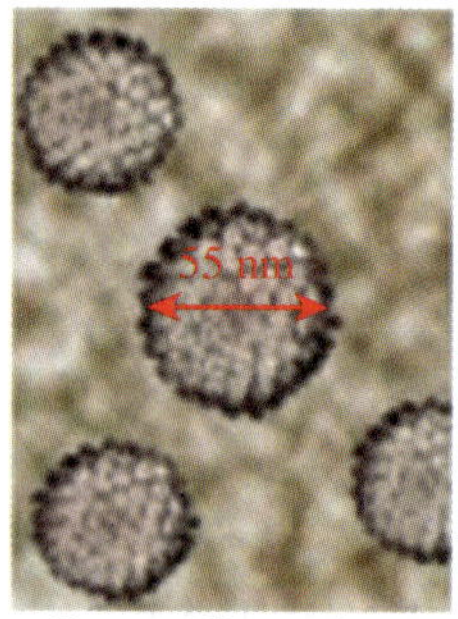

Le *papillomavirus* humain HPV

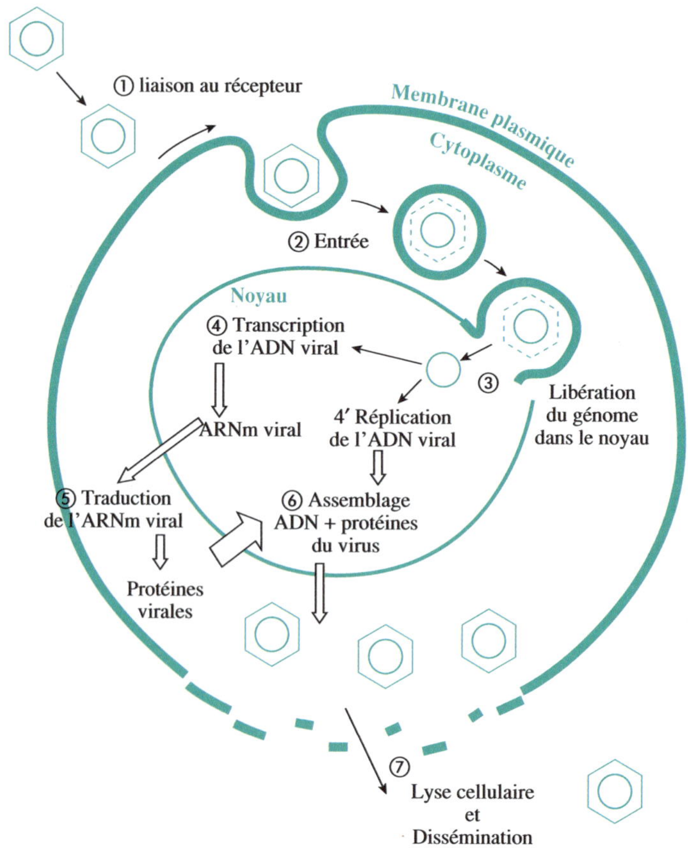

Doc. 4. **Dépistage.**

Le frottis est un test de dépistage qui permet de voir si les cellules qui recouvrent la surface du col de l'utérus sont normales. Son but est d'identifier toutes les anomalies cellulaires qui peuvent s'aggraver en cancer du col de l'utérus pour les traiter de façon simple et efficace.
L'examen consiste à prélever des cellules au niveau du col de l'utérus pour les étaler sur une lame de verre ou les mettre dans un flacon contenant un liquide particulier. Le prélèvement est envoyé dans un laboratoire de cytologie pour que les cellules soient analysées au microscope. Les résultats sont obtenus en quelques semaines.

Doc. 4a. **Frottis normal.**	*Doc. 4b.* **Frottis présentant des cellules tumorales.**
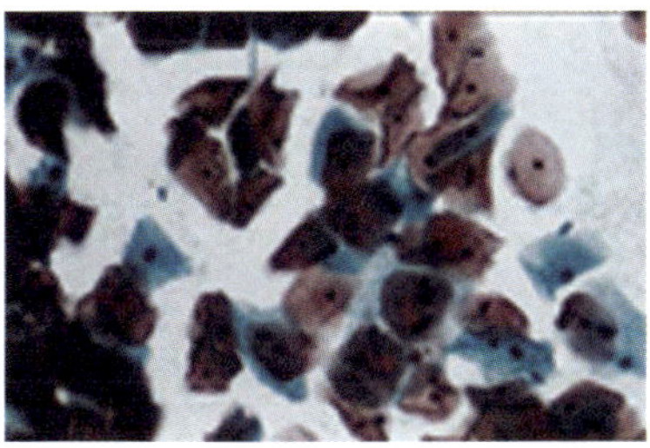	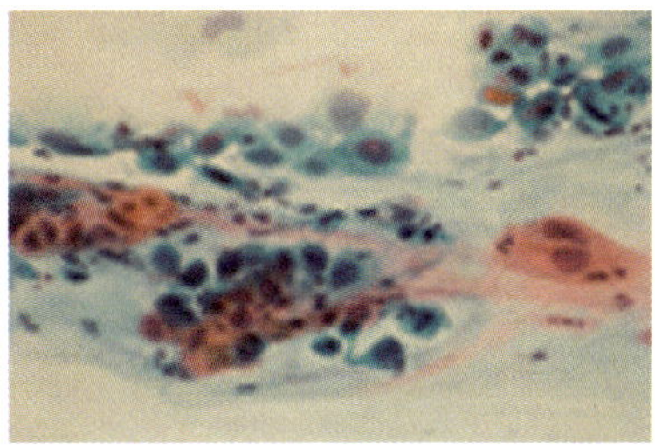

Doc. 5. **La vaccination.**

L'une des approches vaccinales consiste en l'injection d'un vaccin préventif : on parle de vaccin prophylactique. Cette vaccination déclenche la production d'anticorps anti-HPV par l'organisme. Le mode d'action de ce type de vaccin est schématisé ci-dessous.

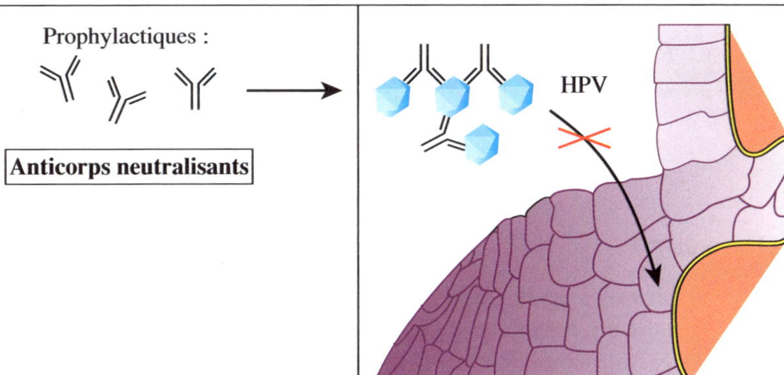

cours
exercices
interro
corrigés

CORRIGÉS

Tester ses connaissances

1 1° Les cellules cancéreuses sont caractérisées par la capacité de se multiplier sans arrêt au sein d'un tissu. Leur prolifération est anormale et échappe aux mécanismes de contrôle du cycle cellulaire. Les cellules cancéreuses sont des cellules dans lesquelles des mutations génétiques se sont accumulées.

2° Trois types de facteurs internes peuvent intervenir dans les processus de cancérisation : le vieillissement, l'hérédité, c'est-à-dire la présence d'allèle de prédisposition, des déséquilibres hormonaux.

3° Les cellules cancéreuses mutées se multiplient par mitose. La mitose est une reproduction conforme, ainsi toutes les cellules filles issues d'une cellule cancéreuse mutée possèderont les mêmes mutations génétiques et formeront un clone de cellules génétiquement identiques.

2 1° **b).**

2° **a) et c).**

3° **b).**

S'entraîner

3

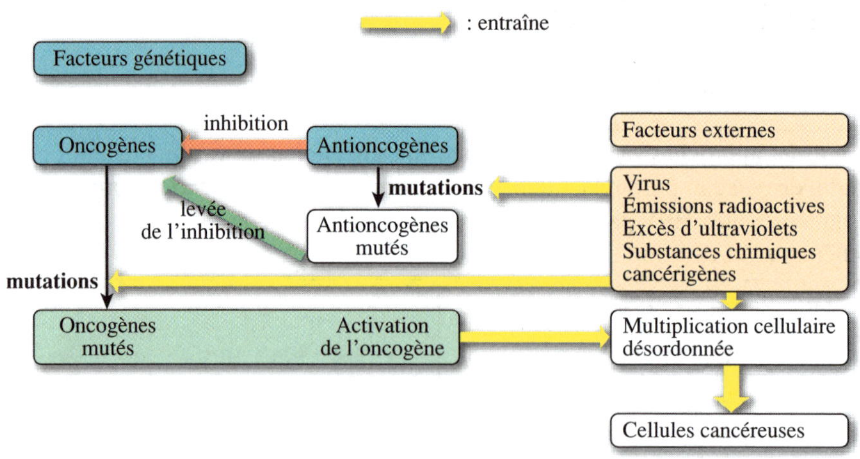

4 **Document 1**

Des facteurs externes agressent la molécule d'ADN en se fixant sur celle-ci. Cette fixation engendre des mutations génétiques. La protéine p53 est une protéine réparatrice de l'ADN : elle stoppe le cycle cellulaire afin de permettre à la cellule de réparer son ADN. Le gène de la protéine p53 est un antioncogène.

Le rôle des antioncogènes est de freiner les multiplications cellulaires en freinant l'activité des oncogènes.

Des mutations du gène p53 ont été identifiées dans la majorité des cancers humains.

Si le gène de la protéine p53 est muté, **les cellules ne contrôlent plus leur cycle et les mutations génétiques peuvent alors être transmises aux cellules filles. Il y a alors apparition d'un clone de cellules cancéreuses.**

Document 2

Dans certaines circonstances, après une blessure par exemple, les cellules doivent être renouvelées afin d'assurer une cicatrisation : la cellule est alors stimulée par des facteurs de croissance qui commandent le signal de la division. Les cellules entrent alors en phase G_1, puis en phase S.

Au cours de la phase S, il y a réplication de l'ADN, condition indispensable à la réalisation de la mitose. Le cycle se poursuit, la cellule se divise.

Or, la protéine p53 exerce un contrôle entre la phase G_1 et la phase S.

Si la protéine p53 empêche le passage de la phase G_1 à la phase S, la mitose ne peut avoir lieu, la cellule ne se divise pas. Si la protéine permet le passage de la phase G_1 à la phase S, la cellule pourra se diviser.

Document 3

La protéine p53 se fixe sur la molécule d'ADN en trois points : au niveau des acides aminés 175, 248 et 273. Cela permet la vérification de l'intégrité de l'ADN. Si l'ADN est muté, la protéine p53 bloque le cycle cellulaire.

On peut émettre l'hypothèse que la position de l'acide aminé arginine est donc importante. Si la protéine ne comporte pas cet acide aminé en position 175, 248 et 273, la fixation de la protéine p53 ne pourra se faire. Dans ce cas, le cycle cellulaire n'est plus contrôlé.

Synthèse

La protéine p53 exerce donc un contrôle sur le cycle cellulaire (*doc. 1*). Elle permet de vérifier l'intégrité de l'ADN en se fixant sur la molécule d'ADN grâce à l'acide aminé arginine (*doc. 3*). Toute modification de l'ADN entraîne alors un arrêt du cycle cellulaire avant la phase S. Toutefois, si le gène de la protéine p53 est muté, la séquence en acides aminés de la protéine est modifiée. Si cette modification affecte la position de l'acide aminé arginine, la protéine p53 ne se fixera plus sur l'ADN. Dans ce cas, la protéine p53 n'effectue plus de contrôle, le cycle cellulaire ne sera pas stoppé en cas d'altération de l'ADN sous l'effet de facteurs externes. L'activité des oncogènes n'est plus freinée. Les cellules prolifèrent de façon anarchique, les mutations s'accumulent dans les cellules filles : il y a alors apparition de cellules cancéreuses (*doc. 1*).

5 Document 1

L'explosion de l'usine de pesticides de Seveso a libéré dans l'atmosphère une grande quantité de dioxine. Les études épidémiologiques montrent une relation entre l'exposition à la dioxine et certaines pathologies comme le diabète, et certains cancers, comme le cancer du sein.

Les études épidémiologiques sont basées sur la mise en relation de phénomènes observés et l'incidence de ces phénomènes sur la santé. La dioxine est un facteur aggravant des risques cancérigènes.

Document 2

Dans les départements de La Réunion, de la Martinique, du Tarn, de l'Hérault et de la Manche, où les quantités de déchets sont inférieures à 10 tonnes par heure, l'incidence du cancer du foie sur 100 000 personnes suivies est comprise entre 4,2 et 7 environ.

Les départements qui produisent des quantités importantes de déchets, comme l'Isère et le Bas-Rhin avec plus de 50 tonnes/heure de déchets produits, présentent une incidence beaucoup plus élevée, d'environ 14.

On constate donc, en mettant en relation les quantités de déchets produits par les incinérateurs et les données sur le cancer du foie, que plus la quantité de déchets est importante et plus l'incidence sur le cancer du foie est élevée.

Une étude menée dans d'autres pays conforte ces conclusions : le Japon, possédant de très nombreux incinérateurs et fort émetteur de dioxine, présente une incidence allant jusqu'à 56,4. À l'inverse, les pays ne possédant que peu ou pas d'incinérateurs, et donc moins émetteurs de dioxine, présentent des incidences nettement moins élevées.

Document 3

Une des caractéristiques de la dioxine est de pouvoir s'accumuler durablement dans certains tissus comme le tissu adipeux ou le tissu hépatique. **Cette molécule n'est donc pas éliminée rapidement par l'organisme.**

La dioxine agit en activant un oncogène. **Or, les oncogènes favorisent la multiplication des cellules.**

Dans le cas présent, l'oncogène agit par l'intermédiaire d'une enzyme, la télomérase. L'activité de cette enzyme est particulièrement élevée dans les cellules cancéreuses, alors que normalement son activité est faible.

L'oncogène active le gène de la télomérase : l'enzyme stimule à son tour l'activité mitotique des cellules. Sous l'action de la dioxine, les cycles cellulaires ne sont donc plus contrôlés.

Synthèse

Des études épidémiologiques permettant de confronter quantité de dioxine présente dans l'environnement et incidence du cancer (notamment, du foie et des seins) ont permis de montrer qu'il existe une relation entre les données chiffrées et cela dans différentes régions du monde et de la France (*doc. 1* et *2*). L'incidence du cancer du foie, par exemple, est plus élevée dans les régions où la présence d'incinérateurs est importante (*doc. 2*). Or, la dioxine est issue de processus industriels et notamment des incinérateurs.

Par ailleurs, des recherches ont montré que la dioxine, peu éliminée par l'organisme, interfère sur les processus de contrôle des cycles cellulaires en activant des oncogènes (*doc. 3*). Les cellules se multiplient en dehors de toute régulation, ce qui favorise l'apparition de cancers.

Ainsi, les résultats des études épidémiologiques sont renforcés par les recherches effectuées au niveau du mode d'action des molécules.

6 **Document 1**

L'arbre généalogique montre que, sur 11 membres de cette famille, 4 ont été atteints d'un cancer du sein. Ce sont des femmes. Il y a donc 4 femmes sur les 7 de cette famille qui sont atteintes, **soit plus de la moitié**.
L'âge des membres de la famille est également indiqué. Les femmes malades ont eu ce cancer entre 26 ans et 52 ans, en moyenne autour de 37 ans, c'est-à-dire relativement tôt dans leur vie.
L'âge (relativement jeune) d'apparition de ce cancer, ainsi que le fort pourcentage de femmes atteintes permettent de supposer une prédisposition génétique héréditaire.

Document 2

On étudie la proportion de femmes atteintes d'un cancer du sein en fonction de l'âge et dans deux populations : des femmes porteuses d'une mutation du gène BRCA1 ou du gène BRCA2 et des femmes de la population générale.
On constate que le pourcentage de femmes atteintes d'un cancer du sein augmente avec l'âge et cela quelle que soit la population de femmes.
Dans la population générale, le pourcentage de femmes présentant un cancer du sein à 40 ans est de l'ordre de 1 % et ce pourcentage est d'environ 10 % à 80 ans.
L'âge serait donc un facteur favorisant l'apparition de cancers du sein.
De plus, cette évolution est particulièrement nette pour les femmes présentant des mutations des gènes BRCA. Quel que soit l'âge, le pourcentage de femmes malades est toujours supérieur à celui des femmes malades prises dans la population générale.
À 40 ans, par exemple, le pourcentage de femmes ayant un cancer du sein est de l'ordre de 10 %, c'est-à-dire le pourcentage que l'on rencontre chez des femmes de 80 ans non porteuses de la mutation.
Le risque de développer un cancer du sein chez les femmes possédant ces gènes mutés est donc particulièrement élevé.
Cette proportion passe à 70 % à 80 ans.
Le risque augmente donc plus rapidement chez ces femmes que dans le reste de la population.
Il faut noter toutefois que la présence des gènes mutés n'engendre pas systématiquement un cancer, car, quelle que soit la tranche d'âge, toutes les femmes qui possèdent ces mutations ne sont pas malades.
Ce cancer du sein est favorisé par la présence d'allèles mutés des gènes BRCA1 et BRCA2 : on parle d'allèles de prédisposition.

Document 3

La comparaison des deux séquences d'allèles montre que l'allèle muté a perdu deux nucléotides, l'un à adénine et l'autre à guanine, respectivement situés en positions 68 et 69.
Le triplet GAG, le premier sur la séquence partielle, disparaît et est remplacé par le triplet GTG dont les deux derniers nucléotides participaient en fait au triplet TGT, le deuxième sur la séquence partielle de l'allèle non muté.

cours exercices interro corrigés

Il y a donc eu mutation génétique par délétion de deux nucléotides successifs entraînant un décalage de la lecture du message génétique.

D'autre part, à partir du nucléotide **112**, on trouve le triplet TGA sur le brin non transcrit de l'allèle muté. Le codon correspondant à ce triplet est donc UGA. Or, ce codon correspond à un codon stop.

Le codon stop marque l'arrêt de la synthèse de la protéine. L'allèle muté code donc pour une protéine beaucoup plus courte que la protéine BRCA1 normale qui compte 1 863 acides aminés. La protéine BRCA1 issue de l'allèle muté ne compte que 37 acides aminés (codés par 111 nucléotides).

Cette protéine étant écourtée, elle n'assure plus sa fonction d'origine qui est d'assurer un contrôle des cycles cellulaires.

Synthèse

Il existe des prédispositions génétiques au cancer du sein (*doc. 1*) : les femmes, dont des parentes ont eu un cancer du sein, ont plus de risques d'en avoir un. Cette prédisposition augmente en effet lorsque les gènes BRCA1 et BRCA2 sont mutés (*doc. 2*). L'âge est un facteur qui favorise également l'apparition d'un cancer du sein, mais ce risque est accentué avec l'âge chez les femmes porteuses des allèles mutés. Ces femmes ont un risque élevé d'avoir un cancer du sein à un âge relativement faible (*doc. 1* et *2*).

Les gènes BRCA interviennent dans la régulation des cycles cellulaires. Certaines mutations entraînent la synthèse de protéine BRCA non fonctionnelle (*doc. 3*) : les divisions cellulaires sont moins contrôlées, ce qui augmente le risque d'apparition de cellules cancéreuses.

L'interrogation écrite

7 Document 1

Le virus HPV se transmet essentiellement lors d'un rapport sexuel. Sur le schéma, on note que 22,8 % des femmes de 20 à 30 ans sont infectées par ce virus.

Les premières modifications des cellules du col de l'utérus apparaissent entre 20 et 40 ans. Sans dépistage et sans traitement, ces cellules évoluent progressivement vers le stade cancéreux. Les cancers du col de l'utérus peuvent apparaître dès 30 ans ou entre 30 et 60 ans. Le document indique, en outre, que le HPV est retrouvé dans presque 100 % des cas de cancer de col de l'utérus.

Ce cancer est à évolution lente, il peut mettre plusieurs années pour se développer. Il semble très probable qu'il existe une relation entre les infections aux HPV et le cancer du col de l'utérus.

Document 2

On constate que la prévalence du cancer du col de l'utérus augmente avec l'âge des femmes, notamment à partir de 20 ans. Par exemple, pour les femmes de 24 ans, la prévalence est de 4 (4 femmes sur 100 000 femmes de 24 ans ont ce cancer), alors qu'elle passe à presque 20 pour les femmes qui ont entre 60 et 65 ans.

L'âge intervient donc dans les processus de cancérisation du col de l'utérus.

Dans le même temps, la prévalence du HPV augmente de façon importante chez les jeunes femmes entre 15 et 20 ans : elle atteint 20 %, puis diminue progressivement avec l'âge.

Les risques d'infection par le HPV est donc plus important chez les femmes jeunes.

Document 3

Le *papillomavirus*, de très petite taille (55 nm de diamètre), détourne à son profit les molécules de la cellule hôte. Son cycle de développement montre qu'il se fixe sur la membrane plasmique de la cellule hôte. Ensuite, il introduit son génome dans le noyau de la cellule : de l'ADN viral se retrouve ainsi dans le noyau. Cet ADN est ensuite répliqué en utilisant les enzymes de la cellule nécessaires à cette synthèse.

Cela assure au virus de nombreuses copies de son ADN.

Dans le noyau, l'ADN viral est transcrit en ARN viral. Le virus utilise à nouveau des enzymes de la cellule afin de réaliser la transcription. L'ARN viral passe ensuite dans le cytoplasme où il est traduit en protéines virales.

Le virus utilise à nouveau la cellule hôte pour synthétiser ses propres protéines.

ADN viral et protéines virales sont ensuite réassemblés pour former de nouveaux virus. La dissémination du virus peut entraîner la lyse de la cellule hôte.

Toutefois, en parasitant les cellules, le virus peut induire des **dérèglements dans les cycles cellulaires** provoquant des proliférations cellulaires. D'autre part, le virus peut provoquer des anomalies génétiques, c'est-à-dire **des mutations génétiques et favoriser ainsi l'apparition de cellules cancéreuses.**

Document 4

Le frottis normal montre des cellules au contour bien délimité, avec des petits noyaux.

Le second frottis montre des cellules avec un aspect très différent, les cellules semblent plus petites et les noyaux paraissent plus volumineux par rapport à la taille des cellules. Certaines cellules montrent d'autre part, curieusement, deux noyaux.

L'examen d'un frottis sanguin permet donc de déterminer des différences entre des cellules d'aspect normal et des cellules tumorales. Les cellules tumorales semblent montrer des cellules à deux noyaux, on peut penser que certaines de ces cellules sont en fin de division. Les cellules normales ne se divisent pas.

Document 5

La vaccination préventive permet de déclencher la production d'anticorps anti-HPV. Ces anticorps, qualifiés d'anticorps neutralisants, se fixent sur les virus HPV en cas d'infection par ce virus. Les virus ainsi fixés par les anticorps ne peuvent pénétrer dans les cellules. Les cellules ne sont pas infectées.

La vaccination permet ainsi d'éviter la pénétration du virus dans les cellules, notamment celles du col de l'utérus. Les anticorps anti-HPV empêchent ainsi la prolifération du virus dans l'organisme.

Synthèse

Le *papillomavirus* humain ou HPV se transmet notamment lors de rapports sexuels. Des études ont montré que ces virus, en infectant des cellules hôtes, entraînent des dérèglements dans le contrôle des cycles cellulaires et des mutations génétiques des cellules (*doc. 3*). Les cellules prolifèrent de façon anarchique et des cellules cancéreuses peuvent apparaître. Les cancers du col de l'utérus sont liés à l'infection par le HPV (*doc. 1* et *2*). Or, ce cancer peut mettre des années à se développer (*doc. 1*). Des frottis du col de l'utérus permettent de détecter la présence de cellules anormales et d'agir en conséquence de façon à empêcher le développement de cellules cancéreuses (*doc. 4*). D'autre part, une vaccination préventive permet d'empêcher la prolifération du virus dans l'organisme.

CHAPITRE 13

Variation génétique bactérienne et résistance aux antibiotiques

LE COURS

Les bactéries, organismes procaryotes

▶ EXERCICE D'APPLICATION 3, p. 227

▶ Les particularités de la cellule bactérienne

• Les bactéries sont des **cellules procaryotes, c'est-à-direne possédant pas d'organites** (pas de noyau, de mitochondries…). Ce sont des **organismes unicellulaires** de petite taille de l'ordre du micromètre. Leurs formes sont variées : sphériques (coques), allongées (bacille), plus ou moins spiralées…

• La majorité des cellules bactériennes est entourée d'une paroi. La composition de la paroi diffère selon les types de bactéries. **Elle joue un rôle dans les propriétés pathogènes de certaines bactéries. Cette paroi peut être entourée d'une capsule qui assure la virulence de la bactérie.**

• Certaines bactéries possèdent des flagelles, ce qui leur confère la possibilité d'être mobiles.

• Les bactéries possèdent toutes un **chromosome constitué d'ADN** et un **plasmide, élément circulaire composé d'ADN extrachromosomique**. Le plasmide gouverne la synthèse de différentes protéines conférant à la bactérie des caractères particuliers tels que la possibilité d'utiliser certaines molécules pour leur métabolisme ou encore leur **résistance aux antibiotiques**.

▶ Les bactéries et l'Homme

• Chez l'Homme, elles sont **présentes sur la peau, dans la bouche, dans l'intestin**. La plupart de ces bactéries sont **inoffensives ou bénéfiques** pour l'organisme. On peut estimer que le nombre de bactéries présentes chez l'Homme est supérieur au nombre de cellules constituant l'organisme humain.

• Il existe, cependant, de **nombreuses espèces pathogènes** responsables de maladies, comme la tuberculose, le choléra, la syphilis, la peste, la diphtérie, le tétanos…

• Les bactéries provoquent une maladie par leur **pouvoir pathogène**. L'intensité du pouvoir pathogène est la **virulence**. L'évolution d'une infection bactérienne dépend du nombre de bactéries pathogènes présentes dans l'hôte, de la virulence de cette bactérie, des défenses de l'hôte et de son degré de résistance.

▶ Mode d'action des bactéries pathogènes

• Pour déclencher une maladie, les bactéries infectieuses doivent d'abord pénétrer dans l'organisme et se fixer sur les cellules. Si la bactérie présente un pouvoir invasif important, elle se répand et se multiplie dans les tissus de l'organisme hôte.

• Les bactéries peuvent produire des substances leur permettant de se disséminer dans les tissus. Certaines bactéries produisent des molécules toxiques, ou **toxines**, portant préjudice à l'hôte. Par exemple, la bactérie responsable du tétanos produit une toxine qui agit au niveau de la moelle épinière, entraînant une rigidité des muscles.

▶ Défense de l'organisme

• Lorsqu'une bactérie pathogène envahit un organisme, des mécanismes de défense entrent en jeu. **Ces mécanismes de défense assurent à l'organisme une protection contre les infections.** La peau et les muqueuses forment une première ligne de défense contre la pénétration des bactéries. Les bactéries présentes chez l'Homme constituent aussi une barrière de protection.

• Lorsqu'un micro-organisme a pénétré ces premières lignes de défense, le système immunitaire intervient afin de lutter contre l'infection.

Les antibiotiques

▶ EXERCICES D'APPLICATION 4 ET 5, p. 228

▶ Définition

• Un antibiotique est une **substance naturelle ou synthétique** capable **d'empêcher la multiplication de certains micro-organismes comme les bactéries et de les détruire**. L'antibiotique doit être dépourvu de toxicité pour les autres cellules.

• Les antibiotiques ont une **spécificité d'action**, c'est-à-dire qu'ils agissent de façon ciblée sur une catégorie de bactéries. Certains antibiotiques ont un **spectre d'action** large, c'est-à-dire qu'ils agissent sur différents types de bactéries. D'autres antibiotiques ont un spectre d'action plus étroit et permettent de cibler une catégorie de bactéries.

• Il existe **plusieurs « familles » d'antibiotiques**. La famille d'antibiotiques la plus connue est celle des **pénicillines** découverte en 1928 par Alexandre Fleming. Actuellement, on compte 17 familles et plusieurs sous-familles d'antibiotiques.

▶ Mode d'action des antibiotiques

Les antibiotiques agissent de différentes façons :

– les éléments extérieurs de la cellule bactérienne sont attaqués. L'antibiotique entraîne alors une **dégradation de la paroi bactérienne** ou une **dégradation de la membrane plasmique** ;

– l'antibiotique s'attaque au fonctionnement de la cellule bactérienne. Il **empêche la synthèse de l'ADN bactérien ou la synthèse des protéines bactériennes**. Il peut **priver la cellule bactérienne de l'utilisation de certaines molécules** indispensables à son métabolisme.

▶ Les antibiogrammes

• Les antibiogrammes sont utilisés de façon à **déterminer le spectre d'activité d'un antibiotique sur une catégorie de bactéries**. Ils permettent ainsi de tester **l'efficacité de différents antibiotiques dans le cas d'une infection**. Cet examen biologique permet, après avoir identifié la bactérie responsable, de définir l'antibiotique le plus efficace.

• Ces différentes caractéristiques permettent de déterminer les indications, le mode d'utilisation (par voie locale, orale ou intraveineuse…) et la posologie des antibiotiques en fonction du type de maladie infectieuse.

La résistance aux antibiotiques

▶ EXERCICES D'APPLICATION 6, 7, 8 ET 9, pp. 229, 230, 231

Lorsque toutes les populations d'une espèce donnée de bactérie sont résistantes à un antibiotique, on parle de résistance naturelle. Cela explique aussi l'intérêt d'utiliser plusieurs types d'antibiotiques.
Mais, quand la résistance des bactéries n'apparaît que dans quelques populations de bactéries appartenant à une espèce normalement sensible, on parle de **résistance acquise**.

▶ Sélection de souches de bactéries résistantes

• L'emploi d'antibiotiques en médecine et en agriculture de façon trop large et parfois mal ciblée a favorisé la **sélection de résistances bactériennes**. Des souches de bactéries pathogènes résistantes ont fait leur apparition.

• Lorsqu'une bactérie présente une résistance à un antibiotique, elle possède un avantage sur les autres bactéries car elle se développera davantage que les bactéries sensibles à cet antibiotique.

• Plus que la résistance elle-même, c'est la rapidité avec laquelle se répandent les bactéries résistantes qui est inquiétante : l'extension est favorisée par les voyages et les échanges de denrées au niveau mondial.

▶ Les mécanismes à l'origine de la sélection de bactéries résistantes

L'utilisation d'un antibiotique sur une population bactérienne sélectionne les formes résistantes. Certaines formes de résistance acquise sont dues à des mutations. (Cependant, ces résistances sont acquises aussi par le biais de transfert de gènes de bactérie à bactérie.)

• Des mutations spontanées se produisent au sein des populations de bactéries. Ainsi, au sein d'une population de bactéries sensibles, certaines bactéries présentent des mutations génétiques qui leur confèrent leur résistance. En l'absence d'antibiotique, les bactéries non mutées et les bactéries mutées se développent. **En présence de l'antibiotique, les bactéries non mutées sensibles sont éliminées, mais les bactéries mutées résistantes continuent à se développer et se multiplier en transmettant à leur descendance leur phénotype résistant.**

• **L'antibiotique exerce donc une pression sélective** en favorisant finalement les bactéries résistantes ; il s'agit d'un processus de **sélection naturelle** comme celle que l'on peut observer pour d'autres espèces et qui est un des moteurs de l'évolution.

LA DIFFICULTÉ DU CHAPITRE

Les antibiotiques ne sont pas des agents mutagènes. Ils favorisent le développement de souches de bactéries mutées résistantes.

Des facteurs favorisent la sélection de bactéries résistantes, car l'usage important des antibiotiques dans divers domaines a amplifié l'apparition de la résistance bactérienne (utilisation systématique des antibiotiques en médecine de ville, mauvais suivi du traitement par les patients qui arrêtent trop tôt la prise des antibiotiques ou qui négligent la posologie, utilisation systématique d'antibiotiques dans l'alimentation des animaux d'élevage comme facteurs de croissance…).

Des souches de bactéries deviennent résistantes et se transmettent à l'Homme ou à d'autres espèces…

EXERCICES

Tester ses connaissances

1 VÉRIFIER SES CONNAISSANCES ★ 5 min (corrigés p. 234)

1° Donner les caractéristiques du matériel chromosomique des bactéries.

2° Pourquoi des souches de bactéries deviennent-elles résistantes à certains antibiotiques ?

3° Qu'est-ce qu'un antibiogramme ?

2 QCM ★ 5 min (corrigés p. 234)

Choisir la (ou les) bonne(s) proposition(s).

1° Les bactéries sont des cellules :

a) procaryotes, car elles possèdent une paroi et des organites.

b) procaryotes, car elles ne possèdent pas de noyau.

c) eucaryotes, car elles ne possèdent pas d'organites.

2° Les antibiotiques sont des substances :

a) naturelles produites par les bactéries.

b) naturelles ou synthétiques produites par l'Homme.

c) naturelles ou synthétiques produites par des micro-organismes.

3° Le spectre d'activité d'un antibiotique :

a) est défini comme étant la capacité pour un antibiotique de neutraliser une bactérie.

b) correspond à la virulence de la bactérie.

c) est défini comme étant la capacité pour une bactérie de résister à cet antibiotique.

4° Placée dans de bonnes conditions de vie, une bactérie peut se diviser toutes les 20 minutes, le nombre théorique de bactéries au bout de 24 heures est :

a) 192 b) $4,7 . 10^{21}$ c) $2 . 10^{6}$

3 LA CELLULE BACTÉRIENNE ★ 5 min (corrigés p. 234)

Légender la cellule bactérienne présentée ci-dessous :

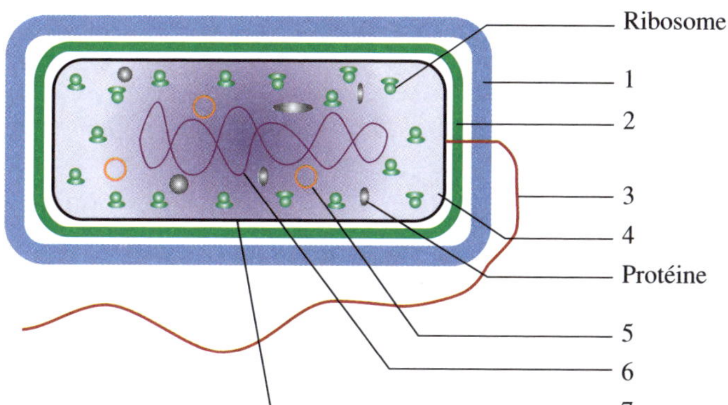

4 EFFICACITÉ DES ANTIBIOTIQUES ★ 15 min (corrigés p. 234)

Le traitement antibiotique nécessite une posologie précise, en durée et en quantité.
À l'aide du document ci-dessous, montrer l'efficacité des antibiotiques utilisés.

Dans cette expérience, on cherche à déterminer l'efficacité de deux antibiotiques A1 et A2 sur une souche de bactérie.
L'expérience témoin se déroule sans ajout d'antibiotique.
Dans deux expériences, on ajoute soit l'antibiotique A1, soit l'antibiotique A2.
Dans une 4e expérience, on ajoute les deux antibiotiques.

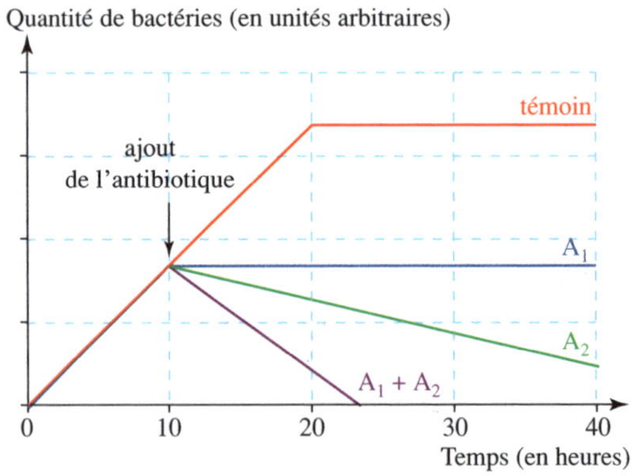

5 UN TRAITEMENT ANTIBIOTIQUE ★ 15 min (corrigés p. 234)

Un médecin donne à des patients présentant une infection bactérienne un antibiotique qu'il prescrit pour une durée de 7 jours. Il effectue ensuite une enquête auprès de ses patients en leur demandant s'ils ont bien suivi le traitement préconisé. D'autre part, des études en laboratoire ont été effectuées permettant de mettre en évidence l'intérêt d'une telle prescription. Le document présente les informations recueillies dans deux cas (A et B).

Exploiter le document ci-dessous pour critiquer éventuellement l'attitude de certains patients.

Doc. 1a. **Cas A.**

Jours	**1**	**2**	**3**	**4**	**5**	**6**	**7**
Prise d'antibiotiques	Oui	Oui	Oui	Oui	Oui	Oui	Oui
Présence de bactéries moyennement sensibles à l'antibiotique	+++	+++	+++	++	++	+	
Sensibles	+++	+++	++	+			
Très sensibles	+++	+	+				

Doc. 1b. **Cas B.**

Jours	**1**	**2**	**3**	**4**	**5**	**6**	**7**
Prise d'antibiotiques	Oui	Oui	Oui	Oui	Non	Non	Non
Présence de bactéries moyennement sensibles	+++	+++	+++	+++	+++	+++	+++
Sensibles	+++	+++	++	+			
Très sensibles	+++	+	+				

6 RÉSISTANCE ACQUISE ★ 15 min *(corrigés p. 235)*

On estime que la souche mutée d'*Escherichia coli* possède une résistance acquise à certains antibiotiques. À partir des document proposés, justifier cette affirmation.

Doc. 1. **Principe de l'antibiogramme.**

Les bactéries d'une souche se multiplient dans un milieu gélosé, en donnant un clone qui envahit toute la boîte de Pétri. On dépose sur le milieu de culture une pastille contenant l'antibiotique. Les molécules d'antibiotique diffusent tout autour de la pastille, dans la gélose, de façon rayonnée.

Doc. 2. **Résultats de deux antibiogrammes.**

AMX, TIC, CF et AMC sont quatre types d'antibiotiques.

L'auréole claire autour de la pastille correspond à une zone d'inhibition de croissance de la souche microbienne par l'antibiotique.

Fig. a. **Antibiogramme effectué sur une souche sauvage d'*Escherichia coli*.**

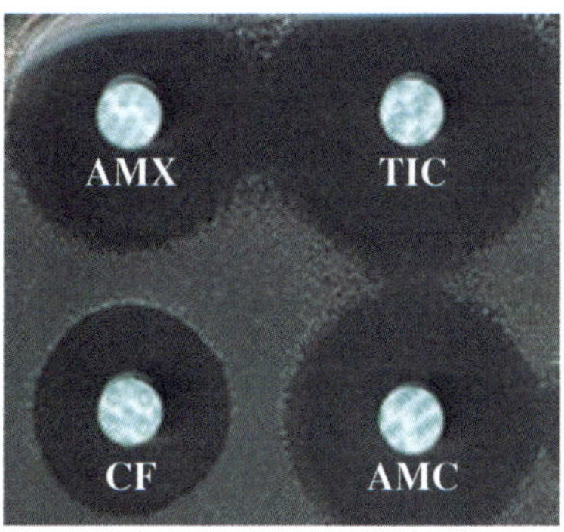

Fig. b. **Antibiogramme effectué sur une souche mutée d'*Escherichia coli* .**

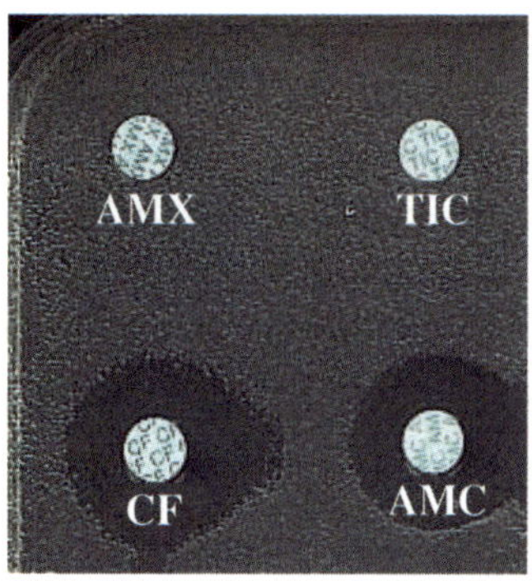

7 QUELQUES STRATÉGIES DE LA RÉSISTANCE BACTÉRIENNE À UN ANTIBIOTIQUE ★★ 20 min

(corrigés p. 235)

À l'aide du document présenté ci-dessous, expliquer comment les bactéries résistent aux antibiotiques.

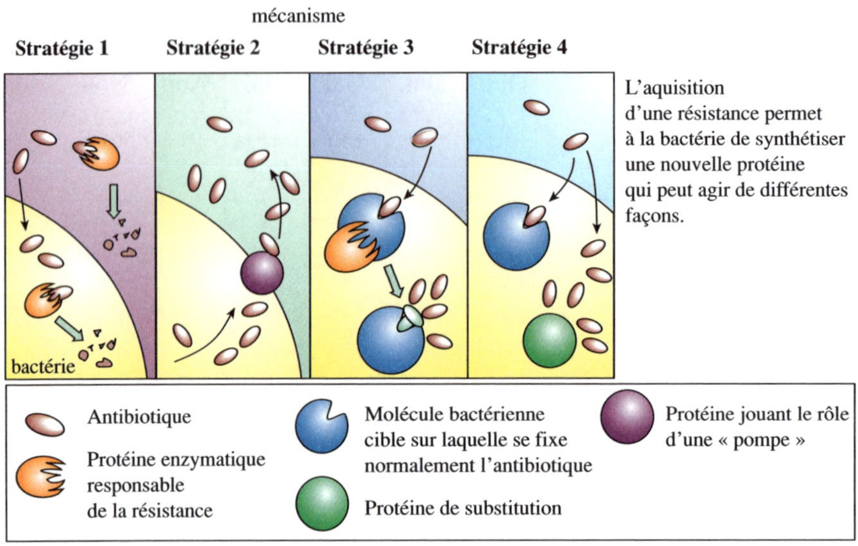

L'aquisition d'une résistance permet à la bactérie de synthétiser une nouvelle protéine qui peut agir de différentes façons.

8 RÉSISTANCE BACTÉRIENNE ★★ 25 min

(corrigés p. 236)

La médecine de ville se trouve confrontée au phénomène de résistance bactérienne aux antibiotiques. Par exemple, les médecins se retrouvent face à des enfants qui présentent des otites récidivantes. Le pneumocoque, bactérie pathogène, est mis en cause. Près de la moitié des souches de pneumocoque sont résistantes à la pénicilline G, aux céphalosporines orales. D'autres préoccupations concernent aussi la résistance du staphylocoque doré aux antibiotiques.

À l'aide des documents présentés ci-dessous et de vos connaissances, expliquer l'évolution de la résistance bactérienne et citer les moyens préventifs dont on dispose pour enrayer ce processus.

Doc. 1. **Évolution de la résistance bactérienne entre 1978 et 1994.**

En Scandinavie, des chercheurs ont réalisé une étude entre 1978 et 1994.

Ils ont prélevé des souches de pneumocoque dans la population et ils ont effectué des tests de sensibilité à divers antibiotiques.

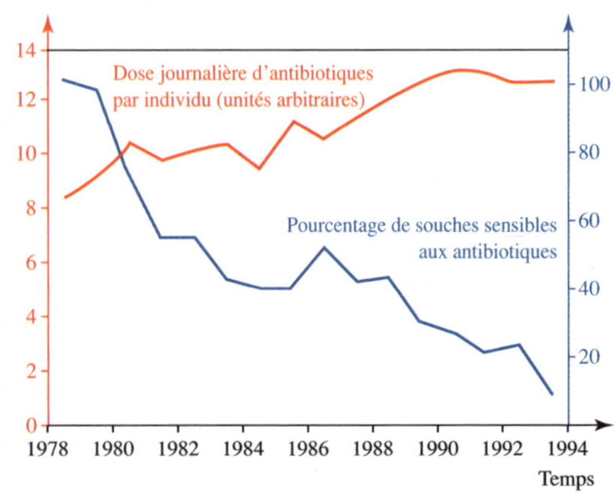

Doc. 2. **La résistance du staphylocoque doré.**

Le staphylocoque doré est une bactérie très pathogène responsable de furoncles, d'abcès, de pneumonies… Certaines souches de cette bactérie ne peuvent plus être éliminées qu'avec de très fortes doses d'antibiotiques comme la vancomycine. Mais l'utilisation de ces antibiotiques à fortes doses a entraîné l'apparition de souches de bactéries intestinales résistantes.
Ces bactéries sont des entérocoques, peu pathogènes en temps normal, et qui font partie de notre flore intestinale où elles sont présentes par milliards. Actuellement, toutes ces bactéries sont à l'origine d'infections acquises à l'hôpital (maladies nosocomiales).

D'après Jacques Acar et Patrice Courvalin,
La Recherche n° 314, novembre1998.

Doc. 3. **État de la résistance du staphylocoque doré dans quelques pays européens.**

La prescription raisonnée, plus prudente, des antibiotiques devrait préserver la panoplie d'antibiotiques efficaces. Le contrôle du phénomène de résistance à l'échelle mondiale nécessite la coopération de tous les pays et un effort concerté d'éducation des populations. Certains pays, en particulier les pays scandinaves, confrontés eux aussi aux problèmes de résistance bactérienne, ont par exemple déployé des moyens de contrôles très stricts des populations entrantes, mais aussi dans l'utilisation des antibiotiques.

La résistance des staphylocoques en Europe (en %)

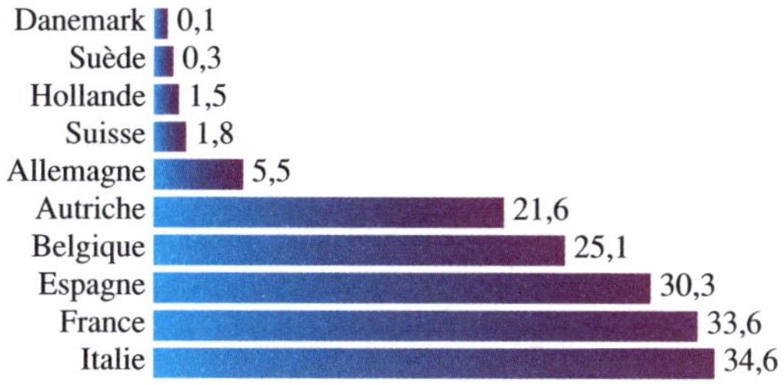

D'après Hélène Aubry-Damon et Antoine Andremont,
La Recherche n° 314, novembre1998.

L'interrogation écrite

9 ANTIBIOGRAMMES ★★★ 35 min *(corrigés p. 237)*

Pour déterminer l'efficacité d'un antibiotique sur une souche de bactérie, on réalise un antibiogramme.

Après avoir analysé et interprété les résultats du document 1 ci-après, déterminer quel est l'antibiotique pour lequel la souche de bactérie cultivée est sensible en utilisant les indications données par le document 2.

Doc. 1. **L'antibiogramme.**

Doc. 1a. **Principe d'un antibiogramme.**

Les bactéries d'une souche se multiplient dans un milieu gélosé, en donnant un clone qui envahit toute la boîte de Pétri. On dépose sur le milieu de culture une pastille contenant l'antibiotique. Les molécules d'antibiotique diffusent tout autour de la pastille, dans la gélose, de façon rayonnée. La concentration en antibiotique diminue donc au fur et à mesure que les molécules d'antibiotique diffusent dans la gélose.

Doc. 1b. **Résultats de l'antibiogramme.**

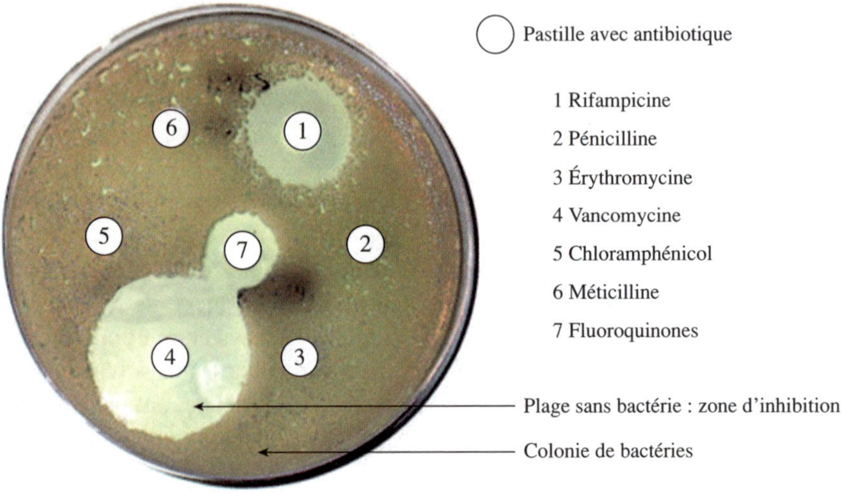

L'auréole claire autour de la pastille correspond à une zone d'inhibition de croissance de la souche microbienne par l'antibiotique.

Doc. 2. **Détermination de l'antibiotique efficace.**

Pour chaque souche de bactérie, on peut définir, pour un antibiotique donné, une concentration minimale inhibitrice (CMI) à partir de laquelle la bactérie ne se multiplie pas. Cette concentration minimale inhibitrice peut être mesurée dans la boîte de Pétri par le diamètre de l'auréole.

On a mesuré le diamètre de la zone d'inhibition (plage sans bactérie) pour chaque antibiotique présenté dans le document 1.

Antibiotique	1	2	3	4	5	6	7
Diamètre	15 mm	0	0	24 mm	0	0	6,5 mm

On reporte ensuite sur un graphique ces mesures pour les comparer aux concentrations critiques inférieure et supérieure. La CMI se définit comme la première concentration d'antibiotique pour laquelle il n'y a pas de croissance visible. Cette valeur, qui s'exprime en microgrammes par millilitre (µg/mL), est utilisée pour caractériser l'effet bactériostatique d'un antibiotique sur une bactérie.

La droite ci-dessous représente la relation entre le diamètre de la zone d'inhibition et la concentration de l'antibiotique.
Cette droite permet ainsi d'estimer la concentration minimale inhibitrice ou CMI, c'est-à-dire la concentration d'antibiotique qui permet d'empêcher le développement des bactéries.
(On supposera, ici, que les antibiotiques diffusent de la même façon.)
La CMI est ensuite comparée à deux valeurs indiquées sur le graphique : concentration critique inférieure et concentration critique supérieure.
La concentration critique inférieure est la dose minimale d'antibiotique qu'un malade peut recevoir sans danger et qui fait effet sur la souche bactérienne. La concentration critique supérieure est la dose maximale d'antibiotique qu'un malade peut recevoir sans danger et qui fait effet sur la souche bactérienne.

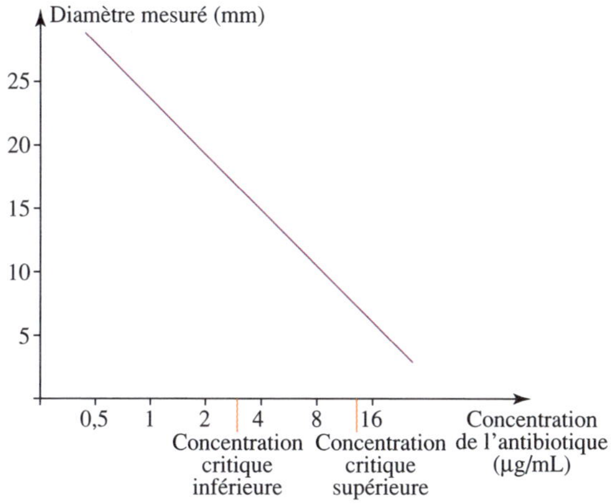

Si la CMI est inférieure à la concentration critique inférieure, la souche est dite « sensible ».
Si la CMI est supérieure à la concentration critique supérieure, la souche est dite « résistante » à cet antibiotique.
Remarque : l'échelle en abscisse est une échelle logarithmique.

CORRIGÉS

Tester ses connaissances

1 1° Le matériel chromosomique n'est pas délimité dans un noyau ; la bactérie possède un chromosome bactérien et du matériel extrachromosomique appelé plasmide.
2° Dans une population de bactéries sensibles à un antibiotique, certaines sont résistantes suite à une mutation spontanée. L'antibiotique élimine alors les bactéries sensibles et seules les bactéries résistantes survivent. Il y a sélection des bactéries résistantes.
3° Les antibiogrammes permettent de déterminer l'efficacité d'un antibiotique sur des bactéries, c'est-à-dire le spectre d'activité de l'antibiotique.

2 1° **b**).
2° **c**).
3° **a**).
4° **b**), soit 2^{72}.

3 1 : Capsule ; 2 : Paroi ; 3 : Flagelle ; 4 : Cytoplasme ; 5 : Plasmide ; 6 : Chromosome bactérien ; 7 : Membrane plasmique.

S'entraîner

4 Dans l'expérience témoin, sans antibiotique, la quantité de bactéries augmente pendant 20 heures, puis la population se stabilise.
Dans l'expérience avec l'antibiotique A1 introduit au bout de 10 heures, la quantité de bactéries reste constante après avoir augmenté jusqu'à la 10e heure comme dans l'expérience témoin. La quantité de bactéries reste deux fois moins importante que dans l'expérience témoin.
L'antibiotique A1 a donc stoppé la multiplication des bactéries, mais ces dernières n'ont pas disparu.
Dans l'expérience avec l'antibiotique A2 introduit à la 10e heure, la quantité de bactéries diminue, et 30 heures après, elle est environ 3 fois inférieure à celle de l'expérience témoin.
L'antibiotique A2 est donc efficace et permet d'éliminer les bactéries, mais pas totalement.
Dans l'expérience avec les deux antibiotiques introduits à la 10e heure, la quantité de bactéries diminue rapidement, et une douzaine d'heures après l'introduction des deux antibiotiques, la totalité des bactéries a disparu.
L'antibiotique A2 est plus efficace que l'antibiotique A1. Cependant, l'utilisation conjointe des deux antibiotiques accélère l'élimination des bactéries qui disparaissent plus rapidement qu'avec l'utilisation de l'antibiotique A2 seul.

5 Dans le cas A, le patient a pris ses antibiotiques pendant 7 jours consécutifs, suivant ainsi la prescription du médecin. Les études en laboratoire montrent que l'utilisation de l'antibiotique pendant 7 jours permet d'éliminer les bactéries très sensibles en 3 jours, les bactéries sensibles en 4 jours et, enfin, les bactéries moyennement sensibles en 6 jours.
La prescription de 7 jours permet ainsi d'éliminer toutes les bactéries, en particulier celles qui étaient peu sensibles à l'antibiotique.

Dans le cas B, le patient a pris ses antibiotiques pendant 4 jours seulement et n'a donc pas suivi la prescription du médecin. Les études en laboratoire montrent à nouveau que les bactéries très sensibles et sensibles ont été éliminées. Mais les bactéries moyennement sensibles n'ont pas été éliminées.
Ce patient, en arrêtant son traitement de façon prématurée, a ainsi favorisé la persistance des bactéries moyennement sensibles. Les bactéries sensibles ont été éliminées, les bactéries moyennement sensibles ont été favorisées. Ces bactéries ont donc été sélectionnées et pourront donc continuer à proliférer.
Le non-respect d'une prescription peut donc s'avérer dangereux non seulement pour le patient lui-même, mais également pour l'entourage car les bactéries peuvent se transmettre d'un individu à un autre.

6 On constate qu'avec la souche sauvage d'*E. coli*, l'antibiogramme montre des auréoles claires autour de chaque pastille d'antibiotique.
Une zone d'inhibition de croissance est donc apparue pour chaque antibiotique. La souche sauvage est donc sensible aux quatre antibiotiques AMX, TIC, CF et AMC.
Par contre, pour la souche mutée d'*E. coli*, les auréoles claires n'apparaissent plus qu'autour des pastilles d'antibiotiques CF et AMC. Pour les pastilles d'AMX et de TIC, aucune auréole n'apparaît.
Une zone d'inhibition de croissance n'apparaît plus que pour les antibiotiques CF et AMC. La souche mutée est donc sensible à ces deux antibiotiques. Elle est, en revanche, devenue résistante aux antibiotiques AMX et TIC.
Les bactéries mutées ont donc acquis une résistance à ces deux antibiotiques.

7 L'acquisition d'une résistance permet à la bactérie de synthétiser une nouvelle protéine qui peut agir de différentes façons.
La bactérie a donc acquis des modifications de son génome lui permettant la synthèse d'une nouvelle protéine par exemple grâce à des mutations génétiques.
Quatre stratégies de résistance sont présentées dans le document.

Stratégie 1 : la bactérie produit une protéine enzymatique responsable de la résistance. D'après le schéma, la molécule d'antibiotique est fixée par cette enzyme, puis détruite. On peut noter que l'enzyme de résistance agit soit à l'extérieur de la bactérie, soit à l'intérieur une fois que l'antibiotique a pénétré dans la cellule.
La bactérie résistante inactive donc l'antibiotique.

Stratégie 2 : l'antibiotique, après avoir pénétré dans la bactérie, est ensuite rejeté grâce à une protéine appelée « protéine pompe ».
La « protéine pompe » refoule à l'extérieur de la cellule la molécule d'antibiotique et empêche donc l'accès de l'antibiotique à sa molécule cible.

Stratégie 3 : la bactérie produit une protéine enzymatique qui se fixe sur une molécule bactérienne cible sur laquelle se fixe normalement la molécule d'antibiotique. D'après le schéma, la protéine enzymatique empêche ensuite la fixation de la molécule d'antibiotique sur la molécule cible.
En modifiant la molécule cible de l'antibiotique, ce dernier n'a plus d'effet sur la bactérie.

Stratégie 4 : la bactérie produit une protéine dite de substitution. Le schéma montre que les molécules d'antibiotique se fixent sur une molécule cible, mais aussi sur la protéine de substitution.
En produisant une protéine de substitution, la bactérie empêche de trop nombreuses molécules d'antibiotiques de se fixer sur les molécules cibles. L'effet des antibiotiques est ainsi quasi annulé.

8 Document 1

On constate que la dose journalière d'antibiotiques utilisés par individu a augmenté entre 1978 et 1994, passant de 8 ua environ à plus de 12 ua. D'autre part, pendant la même période, les tests de sensibilité effectués sur des souches de pneumocoques montrent que le pourcentage de souches sensibles aux antibiotiques est passé de 100 % à 10 %.
En 16 ans, il y a donc eu diminution du nombre de souches sensibles aux antibiotiques : en 1994, 90 % des souches de pneumocoques sont résistantes à divers antibiotiques. L'évolution parallèle de cette résistance acquise et de l'utilisation plus importante des antibiotiques prescrits en médecine montre qu'il y a eu une sélection au cours du temps de souches de pneumocoques résistantes.

Document 2

Le staphylocoque doré est une bactérie très pathogène, donc dangereuse pour la santé. Certaines souches de cette bactérie ne peuvent être éliminées qu'avec de très fortes doses d'antibiotiques : **ces souches ont donc acquis une résistance aux antibiotiques et il devient de plus en plus difficile de les combattre.**
D'autre part, l'utilisation de ces antibiotiques à fortes doses a entraîné l'apparition de souches résistantes parmi les bactéries intestinales. Ces bactéries, normalement peu pathogènes, sont désormais à l'origine d'infections acquises, par exemple en milieu hospitalier. **Ainsi, l'utilisation massive d'antibiotiques destinés à combattre une espèce de bactérie pathogène, comme le staphylocoque doré, provoque aussi l'apparition de résistance chez d'autres espèces de bactéries comme les bactéries intestinales qui sont alors à l'origine de maladies nosocomiales.**

Les maladies nosocomiales sont contractées dans un établissement hospitalier.

Document 3

La résistance des staphylocoques en Europe est très différente d'un pays à un autre. Les pays tels que le Danemark, la Suède, la Hollande ainsi que la Suisse sont ceux pour lesquels la résistance de ces bactéries est la moins élevée (0,1 à 1,8 % des souches sont résistantes). L'Allemagne est en position intermédiaire avec 5,5 % de résistance. Les pays dont les résultats sont les plus inquiétants sont l'Autriche, la Belgique, l'Espagne, la France et l'Italie avec des pourcentages de résistance élevés compris entre 21 et 34,6 %.
Or, les pays scandinaves tels que la Suède et le Danemark ont mis en place des moyens de contrôle très stricts. **Les pays qui présentent donc une politique de santé en adéquation avec les risques connus des résistances bactériennes présentent un plus faible pourcentage de souches résistantes aux antibiotiques.**

Synthèse

Des souches de bactéries pathogènes telles que le pneumocoque, ou encore le staphylocoque doré, sont devenues résistantes aux antibiotiques (*doc. 1* et *2*). Ces résistances sont responsables d'otites récidivantes chez les enfants, otites que l'on a du mal à soigner et dont le pneumocoque est responsable (*doc. 1*). En milieu hospitalier, ces résistances sont responsables de maladies nosocomiales (*doc. 2*). Le pourcentage des souches résistantes est variable en Europe. Les pays qui ont mis en place suffisamment tôt des contrôles importants, notamment dans le mode de prescription des antibiotiques, enregistrent des pourcentages de résistance nettement moins élevés que les autres pays (*doc. 3*). Ainsi, même si la sélection de souches résistantes aux antibiotiques est un phénomène naturel que l'on ne peut pas éliminer, on peut néanmoins en réduire les effets.

L'interrogation écrite

9 **Document 1**

On a cultivé sur milieu gélosé une souche de bactérie.

On constate qu'autour des pastilles contenant les antibiotiques 2, 3, 5 et 6, aucune auréole claire n'apparaît. Dans ce cas, il n'y a pas de zone d'inhibition de croissance. **Les antibiotiques 2, 3, 5 et 6 ne sont donc pas efficaces contre cette souche de bactérie.**

Par contre, autour des pastilles contenant les antibiotiques 1, 4 et 7, une auréole claire s'est formée. L'auréole la plus claire s'est formée autour de l'antibiotique 4. Dans les trois cas, il y a donc eu apparition d'une zone d'inhibition de croissance.

Les antibiotiques 1, 4 et 7 ont donc éliminé les bactéries. Ce sont des antibiotiques efficaces contre cette souche de bactérie.

Document 2

Pour déterminer l'antibiotique efficace, on mesure la CMI, c'est-à-dire la concentration minimale d'inhibition correspondant à la plus petite concentration en antibiotique efficace pour éliminer la bactérie. En effet, au cours de l'antibiogramme, l'antibiotique diffuse autour de la pastille.

On peut déterminer graphiquement la CMI de chaque antibiotique :

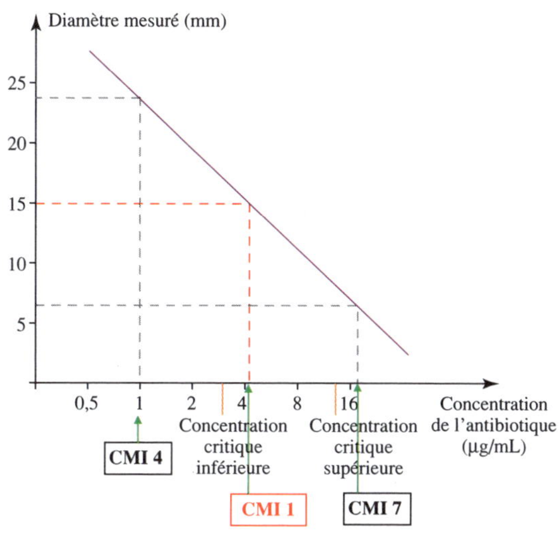

Pour l'antibiotique 1 : la CMI est à peu près égale à 4,6 µg/L.
Pour l'antibiotique 4 : la CMI est égale à 1 µg/L.
Pour l'antibiotique 7 : la CMI est à peu près égale à 16,4 µg/L.
Pour l'antibiotique 1 : la CMI se trouve entre la concentration critique inférieure et la concentration critique supérieure. Cet antibiotique peut donc être utilisé, mais ce n'est pas l'antibiotique le plus efficace car sa CMI est supérieure à la concentration critique inférieure. Il faudrait donc utiliser des doses plus importantes d'antibiotiques pour éliminer sûrement la bactérie.
Pour l'antibiotique 7 : la CMI est supérieure à la concentration critique supérieure, qui est la dose maximale d'antibiotique qu'un malade peut recevoir sans danger et qui fait effet sur la souche bactérienne. Cet antibiotique, à la dose nécessaire pour éliminer la bactérie, est donc nuisible à la santé. On considère alors que la bactérie est résistante à cet antibiotique.
Pour l'antibiotique 4 : la CMI est inférieure à la concentration critique inférieure, qui est la dose minimale d'antibiotique qu'un malade peut recevoir sans danger et qui fait effet sur la souche bactérienne. Cet antibiotique peut donc être administré sans danger pour le malade et être efficace.

Synthèse

L'antibiogramme a permis de déterminer le spectre d'activité d'un antibiotique sur une catégorie de bactérie. Il a permis ainsi de montrer l'efficacité de différents antibiotiques dans le cas d'une infection. Ici, l'antibiogramme montre que les antibiotiques 1, 4 et 7 provoquent une zone d'inhibition de croissance de la souche de bactérie étudiée (*doc. 1*). Cependant, les doses d'antibiotiques à prescrire ne doivent pas non plus entraîner de danger pour la santé. Il faut donc que, parmi ces antibiotiques, on détermine l'antibiotique le plus efficace, c'est-à-dire capable d'éliminer la bactérie à de faibles concentrations. La détermination de la CMI et sa comparaison avec les concentrations critiques inférieure et supérieure ont permis de confirmer que l'antibiotique 4 est le plus efficace (*doc. 2*).

Devant la hausse des phénomènes de résistance, les médecins sont parfois amenés à prescrire des antibiotiques à fortes concentrations car certains antibiotiques autrefois efficaces à faible dose ne le sont plus aujourd'hui. Il faut donc parfois prescrire des antibiotiques dont la CMI est comprise entre la concentration critique inférieure et la concentration critique supérieure ou des antibiotiques dont la CMI dépasse la concentration critique supérieure.

CHAPITRE 14

L'œil : un système optique de formation des images

DE L'ŒIL AU CERVEAU

LE COURS

L'œil est **l'organe sensoriel** qui permet de voir notre environnement.

L'organisation de l'œil

▶ EXERCICE D'APPLICATION 3, p. 244

• L'œil est délimité par trois enveloppes emboîtées les unes dans les autres qui sont de l'extérieur vers l'intérieur : la sclérotique, la choroïde et la rétine.

– La **sclérotique** est une enveloppe blanche, épaisse et résistante, qui devient transparente en avant du cristallin pour former la **cornée**.

– La **choroïde**, de couleur noire, tapisse entièrement la sclérotique sauf au niveau de la cornée. Vers l'avant, elle donne naissance à l'**iris** coloré qui délimite une ouverture dont le diamètre peut varier en fonction de la luminosité, la **pupille**.

– La **rétine** est la membrane la plus interne de l'œil. Il s'agit d'un tissu nerveux très mince, collé contre la choroïde et très riche en vaisseaux sanguins. La rétine se prolonge dans la partie centrale du **nerf optique**.

• L'intérieur du globe oculaire est formé par un ensemble de milieux transparents qui laissent passer les rayons lumineux et permettent la formation des images.

– L'**humeur aqueuse** est une substance visqueuse qui se trouve en avant du cristallin au niveau de la chambre antérieure.

– le **cristallin** est de forme biconvexe.

– L'**humeur vitrée** se situe en arrière du cristallin au niveau de la chambre postérieure.

Le cristallin : une lentille vivante

▶ EXERCICES D'APPLICATION 1 ET 5, p. 244, 245

Le cristallin est l'un des systèmes transparents de l'œil humain.

▶ Le cristallin, une lentille convergente

Le cristallin joue le rôle d'une lentille convergente, il est plus épais en son centre que sur ses bords. Il dévie les rayons lumineux en les concentrant. La convergence du cristallin s'adapte en fonction de la proximité de l'objet observé.

L'image d'un objet observé doit se former sur la rétine. Or, la vision d'un objet lointain ou d'un objet proche nécessite une modification de la mise au point. Lorsque l'œil observe un objet lointain, la mise au point est immédiate et se fait sans effort. On dit que l'œil est au repos et l'image de l'objet se forme sur la rétine.

Par contre, lorsque l'objet se rapproche, il faut que l'image se forme aussi sur la rétine : la convergence doit augmenter. Le cristallin intervient dans ce processus : le cristallin est relié par le ligament suspenseur du cristallin au corps ciliaire. Celui-ci, par le jeu de la **contraction des muscles ciliaires** peut modifier **la forme du cristallin** et permettre l'accommodation à la distance. Ainsi, au repos, les ligaments suspenseurs étirent le cristallin. Lors de l'accommodation, les ligaments suspenseurs n'étirent plus le cristallin car aux ligaments suspenseurs s'oppose la contraction de certains muscles ciliaires. Le cristallin, qui prend une forme un peu plus bombée, devient donc plus convergent. Ce phénomène d'accommodation est un réflexe inné.

► Physiologie du cristallin

L'histologie du cristallin permet d'expliquer sa fonction principale : laisser passer la lumière.

– Le cristallin n'est **pas vascularisé**.

– Le cristallin est un **ensemble de cellules épithéliales très massif** avec très peu d'espace extracellulaire. Les cellules sont en forme de longs prismes hexagonaux tassés les uns contre les autres ; ces cellules contiennent **peu d'organites**, la plupart ont perdu leur noyau.

– Le cytoplasme de ces cellules épithéliales contient **des protéines spécifiques** (**cristallines**). L'abondance de ces protéines est telle qu'elles représentent 30 % du poids du cristallin. Elles sont renouvelées en permanence afin d'entretenir la transparence.

► Les anomalies du cristallin

Il peut exister des défauts de vision. Ils sont dus :

• **À des anomalies de forme de cristallin**

Par exemple, la **myopie** est presque toujours due à un allongement de l'axe antéropostérieur du globe ou à une trop grande convergence de l'œil. L'image se forme en avant de la rétine. De ce fait, le myope distingue mal les objets situés à l'infini : le sujet les voit flous. L'accommodation ne commence à jouer son rôle qu'à faible distance et ne permet de voir que des objets très rapprochés. C'est l'anomalie la plus répandue. Dans ce cas, la myopie peut être due à un cristallin trop bombé.

Certains individus atteints du **syndrome de Marchesani** ont un cristallin d'aspect sphérique et de petite taille. Le cristallin présente une luxation partielle (il est déplacé vers l'avant en travers). Ceci peut entraîner une modification de la circulation des fluides dans l'œil et une augmentation de pression localisée des milieux liquidiens de l'œil (glaucome).

• **À l'âge**

Dans ce cas, il existe deux types de maladies :

– la **presbytie** : l'individu voit flou des objets proches. C'est un phénomène naturel et inévitable qu'on ne peut ni prévenir, ni traiter. Ce trouble atteint tous les adultes à partir de 45 ans (600 000 nouveaux cas/an). Inéluctablement, le cristallin vieillit avec l'âge et **perd de son élasticité**, l'action du muscle ciliaire sur ce cristallin plus rigide diminue, le pouvoir d'accommodation diminue. La mise au point pour la lecture et la vision de près ne se fait plus correctement.

– la **cataracte** : le cristallin est normalement clair et transparent. Cette propriété est liée à la présence de cristallines dans les cellules du cristallin. **La cataracte correspond à une opacification du cristallin**. Elle résulte d'un mauvais renouvellement des protéines du cristallin (cristallines). Ces molécules sont alors désorganisées et forment des agrégats protéiques, ce qui entraîne une perte de transparence du cristallin. Dans le cas de la cataracte notamment, on peut pratiquer un traitement au laser. Ce traitement ne sera que provisoire et nécessitera d'autres interventions (ce traitement est indolore). Pour avoir un traitement plus durable, on pratique un remplacement du cristallin par un cristallin artificiel.

Les photorécepteurs : un produit de l'évolution

▶ EXERCICES D'APPLICATION 4, 7, 8 ET 9, p. 245, 247, 249, 250

La rétine est la couche photosensible de l'œil sur laquelle se forment les images. Elle est constituée de photorécepteurs.

▶ L'organisation de la rétine

La rétine est la membrane interne **photosensible** de l'œil. C'est un tissu constitué de deux couches :

– une couche extérieure, la **rétine pigmentaire**, accolée à la choroïde ;

– une couche plus interne, au contact de l'humeur vitrée, appelée **rétine nerveuse** composée elle-même de trois couches de cellules nerveuses (ou neurones) différentes : les photorécepteurs, les neurones bipolaires et les neurones ganglionnaires.

▶ Les caractéristiques des photorécepteurs

Les photorécepteurs sont au contact des cellules pigmentaires. Il en existe deux types : les **cônes** (6 millions) et les **bâtonnets** (125 millions). Ces photorécepteurs sont des cellules capables de capter le stimulus lumineux grâce à la présence, dans leurs membranes, de **pigments sensibles à la lumière**.

• Les propriétés des photorécepteurs

Les cônes et les bâtonnets ont des structures différentes qui leur confèrent des propriétés spécifiques :

– Les cônes se divisent en trois catégories qui se distinguent par leur sensibilité aux différentes longueurs d'onde.

Certains cônes sont sensibles aux radiations bleues (nommés **cônes bleus**) : ils absorbent donc préférentiellement cette longueur d'onde ; d'autres sont sensibles aux radiations rouges (**cônes rouges**) et absorbent préférentiellement dans ces longueurs d'onde ; d'autres, enfin, sont sensibles aux radiations vertes (**cônes verts**) et absorberont préférentiellement les longueurs d'onde correspondantes.

Les spectres d'absorption de ces pigments se recouvrent, et la perception de teintes intermédiaires résulte de la stimulation de deux types de cônes, voire de trois.

Par exemple, si les cônes rouges et verts sont stimulés en même temps, nous percevons une couleur allant du orange au jaune selon que les cônes rouges ou verts sont le plus stimulés.

Les cônes sont donc responsables de la **vision des couleurs**, mais, il faut **beaucoup de lumière** pour les stimuler : ils n'interviennent donc pas dans la vision nocturne, mais permettent de discerner les couleurs pendant le jour (**vision diurne**).

– Les bâtonnets sont beaucoup **plus sensibles à la lumière** (il faut une intensité lumineuse faible pour les stimuler), mais ils **ne distinguent pas les couleurs** : ils permettent donc une **vision nocturne**, mais seulement en noir et blanc.

• **Répartition des photorécepteurs à la surface de la rétine et acuité visuelle**

– Dans la plus grande partie de la rétine, les cônes et les bâtonnets sont côte à côte. Ils peuvent alors capter les stimuli lumineux correspondant à l'image optique qui se forme sur la rétine. La plus grande densité de bâtonnets se trouve dans les **régions périphériques** de la rétine (excentricité importante par rapport à l'axe optique). Ces régions ne contiennent **pas de cônes, l'acuité visuelle y est faible**.

– Si la position d'un objet par rapport à l'axe optique est telle que la localisation de l'image se fait sur la zone périphérique de la rétine, les détails de cet objet ne seront pas bien discernés. Ceci est dû au fait que, lorsque des bâtonnets sont stimulés, ils transmettent leurs messages aux neurones bipolaires et ganglionnaires. Or, il existe 125 millions de bâtonnets, alors que l'on ne dénombre que 1,2 million de fibres nerveuses. Lors de la transmission du message, il s'effectue donc une conversion de l'information. Par exemple, 100 photorécepteurs envoient leurs informations à un même neurone bipolaire et 50 neurones bipolaires envoient leurs informations à un même neurone ganglionnaire. Cette convergence de l'information entraîne une discrimination moins fine des détails d'une image et une acuité médiocre.

– Au **centre** de la rétine (0° d'excentricité), se situe une petite dépression peu profonde appelée **fovéa ou tache jaune**. Elle ne contient aucun bâtonnet, mais uniquement des cônes. Cette zone de la rétine présente **la plus grande acuité visuelle** car, à ce niveau, les rayons lumineux frappent directement les cônes sans avoir à traverser les autres couches de neurones : l'image est donc plus nette et plus précise. De plus, au niveau de cette zone, il n'y a pas de convergence de l'information : un neurone ganglionnaire ne reçoit les informations que d'un seul neurone bipolaire qui lui-même n'est connecté qu'à un seul photorécepteur (cône) : l'image est donc plus nette et plus précise.

– Il existe cependant une zone de la rétine appelée **point aveugle** au niveau de laquelle les fibres des neurones se rejoignent pour former le nerf optique. Cette zone est donc dépourvue de photorécepteurs : ainsi, les stimuli lumineux qui frappent cette zone ne sont pas captés et donc non vus.

▶ Étude des pigments rétiniens et relation de parenté

Les pigments rétiniens sont composés d'une protéine sensible à la lumière, appelée l'**opsine**. La comparaison de cette opsine chez divers **Primates** comme l'Homme, le bonobo, le chimpanzé... montre que les séquences en acides aminés de cette protéine présentent de très fortes similitudes. En effet, sur 351 acides aminés, 305 sont identiques, ce qui correspond à un pourcentage d'identité de 86,9 %. Ces protéines sont qualifiées de molécules homologues. Les gènes qui gouvernent ces protéines présentent donc aussi une grande similitude dans leurs séquences nucléotidiques :

on considère que les gènes des pigments rétiniens forment une famille multigénique. Ces gènes sont tous issus d'un gène ancestral qui a formé par duplications et mutations successives les différents gènes des pigments rétiniens.

Ces similitudes moléculaires indiquent que l'Homme possède des liens de parenté très étroits avec le chimpanzé, le bonobo, le gorille, … et ceci permet de replacer l'Homme parmi les Primates.

Les anomalies de la vision des couleurs

▶ EXERCICE D'APPLICATION 8, p. 249

Le daltonisme est une maladie génétique entraînant des troubles de la perception visuelle. Dans ce cas, les gènes qui codent pour le pigment vert ou rouge normalement présent dans les cônes présentent des mutations. Ces mutations entraînent l'absence de ces pigments. Ces gènes sont localisés sur le chromosome sexuel X.

L'individu ne perçoit alors plus le vert et l'orange, il perçoit ces deux couleurs comme un gris.

La tritanopie est une autre maladie génétique liée à l'absence de pigments rétiniens bleus. Le gène concerné est localisé sur le chromosome 7.

LES DIFFICULTÉS DU CHAPITRE

- L'œil est un organe complexe dont le fonctionnement dépend autant des propriétés physiques de l'œil que de ses propriétés sensorielles. En effet, les trajets des rayons lumineux répondent aux lois physiques de l'optique en traversant les différentes lentilles de l'œil (comme le cristallin). D'autre part, les récepteurs sensoriels, cônes et bâtonnets, réagissent à des stimuli sensoriels et transforment un signal lumineux en message nerveux qui est ensuite transmis à l'encéphale par l'intermédiaire de neurones.

- Au cours de l'évolution, les récepteurs visuels ont été modifiés. Les mutations des gènes codant pour des pigments photosensibles sont à l'origine de ces innovations évolutives. Ainsi, chez les Primates, des innovations génétiques affectant les gènes des opsines ont entraîné l'aptitude à percevoir certaines couleurs.

EXERCICES

Tester ses connaissances

1 VÉRIFIER SES CONNAISSANCES ★ 10 min

(corrigés p. 252)

1° Citer les propriétés du cristallin qui favorisent sa transparence.

2° Avec l'âge, des anomalies du cristallin peuvent apparaître. Nommer deux anomalies et en expliquer les raisons.

3° Comparer le fonctionnement des cônes et celui des bâtonnets.

4° Qu'est-ce que le point aveugle ?

2 QCM ★ 4 min

(corrigés p. 252)

Choisir la (ou les) bonne(s) proposition(s).

1° Les cônes :
a) sont tous identiques.
b) sont plus sensibles à l'intensité lumineuse que les bâtonnets.
c) sont sensibles aux couleurs.
d) sont plus nombreux au centre qu'à la périphérie de la rétine.

2° Les gènes des pigments rétiniens constituent une même famille multigénique car :
a) leurs séquences nucléotidiques sont très proches.
b) les pigments rétiniens ont la même fonction.
c) seul l'Homme, qui est un Primate, les possède.

3° La fovéa est une zone de la rétine :
a) constituée d'un mélange de bâtonnets et de cônes.
b) constituée uniquement de bâtonnets.
c) constituée uniquement de cônes.
d) où l'acuité visuelle est plus forte.

3 L'ŒIL ★ 10 min

(corrigés p. 252)

Légender le schéma de l'œil ci-dessous.

Doc. **Schéma de l'œil (vu de dessus).**

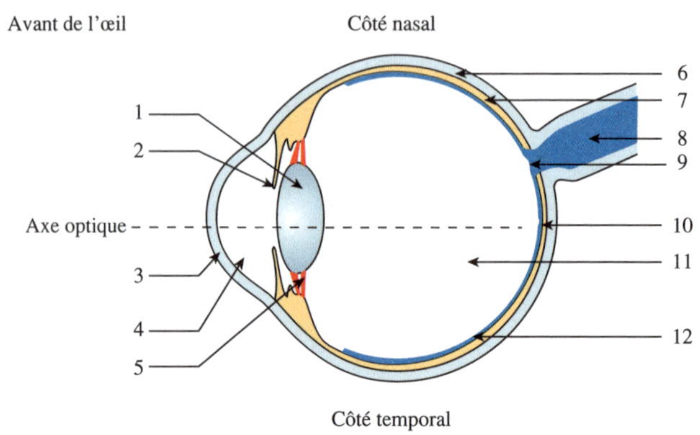

S'entraîner

4 ACUITÉ VISUELLE ET PHOTORÉCEPTEURS ★ 20 min (corrigés p. 252)

À partir du document proposé ci-dessous, établir le lien entre la répartition des différents types de photorécepteurs et l'acuité visuelle.

Doc. **Graphique représentant les variations de l'acuité visuelle et de la densité des photorécepteurs le long d'une coupe passant par le point aveugle et la tache jaune. (L'acuité visuelle correspond au degré de finesse avec lequel sont perçus les détails d'un objet.)**

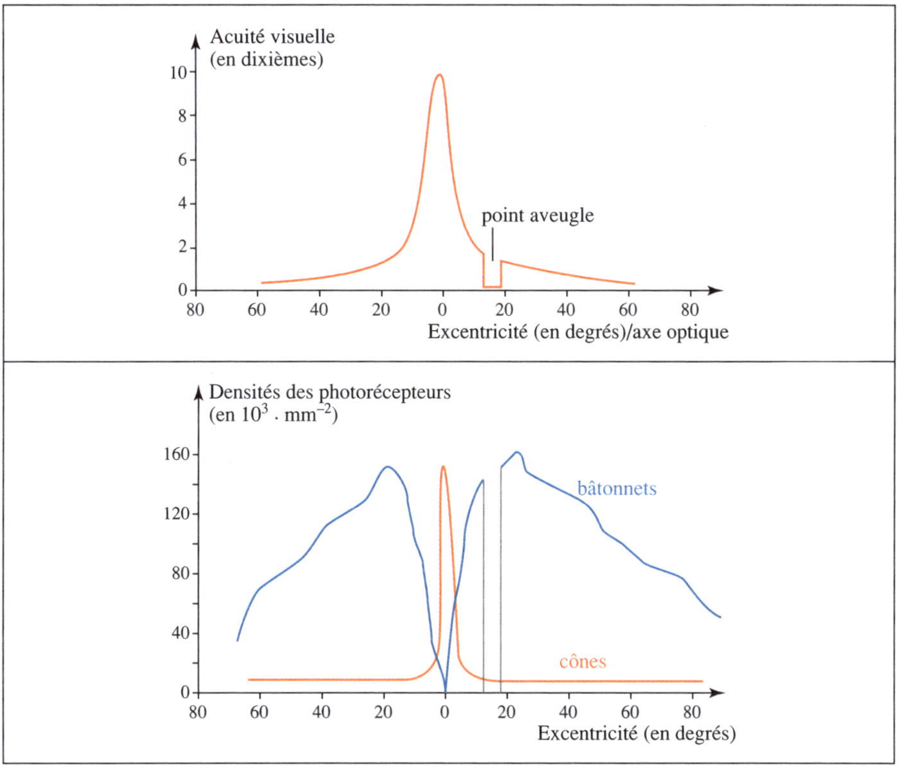

5 LES EFFETS DU TABAC, DU SOLEIL, DE L'ALIMENTATION ET DE L'HÉRÉDITÉ SUR LA VISION ★ 20 min (corrigés p. 253)

À partir du document proposé ci-dessous, présenter sous forme de tableau les pathologies de la vision, les facteurs responsables et leurs conséquences sur l'œil et la vision.

Doc.

Les ophtalmologistes sont formels : le tabac, le soleil et une mauvaise alimentation nuisent à la vision. La nicotine est un facteur aggravant de la dégénérescence

maculaire [(1)], responsable d'une diminution de la vision centrale. C'est aussi une source de cataracte [(2)] précoce [...]
Quant au soleil, à long terme, l'accumulation des expositions aux ultraviolets provoque des dommages irréversibles entraînant cataracte, presbytie précoce et dégénérescence maculaire. D'importantes carences en vitamine A peuvent être à l'origine de xérophtalmie, une sécheresse de l'œil.
Quant au travail sur ordinateur, l'usage de télévision et des jeux vidéo, si 30 à 40 % des utilisateurs se plaignent de fatigue oculaire, la focalisation de notre regard sur un écran ne crée pas de défauts visuels, mais révèle ceux passés inaperçus, comme une myopie latente. C'est plutôt une sécheresse accrue de l'œil, due à une diminution de la fréquence des clignements, qui est à craindre.
Enfin, nous ne sommes pas égaux face aux troubles de la vision. Ainsi, l'hérédité est un facteur aggravant dans la survenue de la myopie. Un enfant, dont les deux parents sont atteints, a tous les risques de l'être également. Mais, à ce jour, aucun gène n'a été identifié [...] Si certaines cataractes sont congénitales [(3)], la plupart apparaissent avec l'âge, et résultent d'un durcissement et d'un épaississement du cristallin.

(1) Dégénérescence maculaire = destruction progressive de la macula (fovéa).
(2) Cataracte = opacité partielle et progressive du cristallin.
(3) Congénital = présent dès la naissance (par opposition à acquis).

D'après Kheira Bettayeb, Sciences et Vie 1023, décembre 2002.

6 LA DMLA ★★ 45 min *(corrigés p. 253)*

À partir de l'exploitation des documents ci-dessous et de vos connaissances, expliquer pourquoi la dégénérescence maculaire (DMLA) entraîne un handicap visuel majeur.

Doc. 1. La dégénérescence maculaire.

La dégénérescence maculaire liée à l'âge ou DMLA est la première cause de perte de la vision dans les pays industrialisés chez les sujets de plus de 50 ans. Elle est une source importante d'angoisse devant la réduction des capacités à réaliser les activités de la vie quotidienne, souvent exprimée par des sujets âgés qui gardent l'idée fréquemment répandue qu'il n'y a rien à faire.
La macula[(1)] est une petite zone centrale de la rétine (d'environ 5 à 6 mm de diamètre) située juste dans l'axe visuel, qui permet la vision précise : la lecture, l'écriture, la reconnaissance des détails, des couleurs. Les images projetées en dehors de la macula permettent de voir l'environnement, d'avoir une vision de l'espace, mais ne permettent pas de vision précise.
Dans la dégénérescence maculaire, seule la macula est atteinte, la vision périphérique reste intacte. La dégénérescence maculaire ne conduit donc jamais à la cécité même si le retentissement sur le quotidien est majeur. Les patients gardent un champ visuel périphérique, c'est-à-dire une autonomie avec possibilité de se déplacer sans aide, de retrouver son chemin, ses affaires, mais perdent leur acuité visuelle. En effet, l'acuité visuelle, qui correspond au degré de finesse avec lequel sont perçus les détails d'un objet, est maximale au niveau de la macula.

(1) La macula ou tache jaune contient en son centre une petite dépression appelée fovéa.

D'après le Dr Marc Timsit www.ophtalmologie.fr

Doc. 2. **Représentations schématiques de coupes de rétine.**

Doc. 2a. **Au niveau de la macula.**

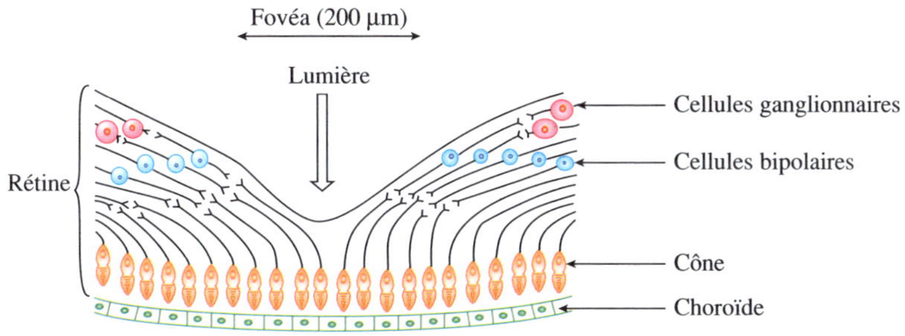

Doc. 2b. **Au niveau de la rétine périphérique.**

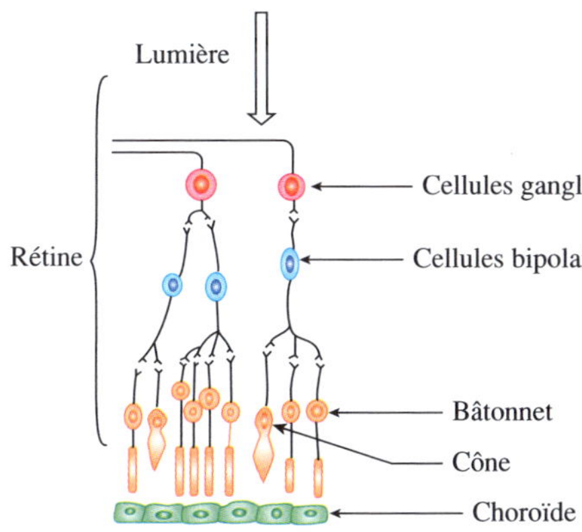

7 COMPARAISON DE LA VISION CHEZ L'HOMME ET LE CHAT ★★ 45 min

(corrigés p. 254)

À partir de l'exploitation des documents ci-après et à l'aide de vos connaissances, expliquer l'origine des différences entre la vision chez l'Homme et chez le chat.

Doc. 1. **Dans les yeux des chats.**

La perception visuelle humaine est caractérisée par la vision des couleurs, ainsi que par une acuité visuelle importante en lumière du jour. C'est pourquoi la perception visuelle du chat domestique nous intrigue car ce dernier est avant tout un animal adapté à la vie nocturne.

Les chats ne voient pas dans le noir, mais ils sont plus sensibles à la lumière que nous ne le sommes. Leur rétine est dotée de nombreux bâtonnets et possède une membrane réflectrice située derrière elle et qui renvoie sur cette dernière la lumière reçue. Ainsi, leurs yeux peuvent capter la moindre parcelle de lumière, d'où leur vision nocturne particulière.

Par ailleurs, les chats sont un peu presbytes. Ils perçoivent le mouvement à grande distance, mais ne voient pas très bien de près. Cependant, le chat a un angle de vision de 285°, ce qui est beaucoup plus que le nôtre qui est d'environ 200°. De plus, on a cru pendant longtemps que les chats ne voyaient pas les couleurs. Il n'en est rien, même si leur vision diffère de la nôtre : le chat ne possède pas le troisième type de cônes, présent chez l'Homme, contenant un pigment sensible aux grandes longueurs d'onde et dont le maximum de sensibilité se situe aux alentours de 600 nm.

Ainsi, cet animal adapté à la vie nocturne possède malgré tout dans sa rétine au moins une partie des structures nécessaires à la vision colorée. Il est capable d'avoir une acuité visuelle plus que satisfaisante le jour d'autant qu'il possède la faculté de réduire sa pupille en une fente verticale très réduite face à une source lumineuse intense.

D'après Claire Guyot. D.R.

Extrait du Bac général, enseignement scientifique, série L, session 2005.

Doc. 2. **Densité de cônes dans une coupe de rétine chez l'Homme et chez le chat.**

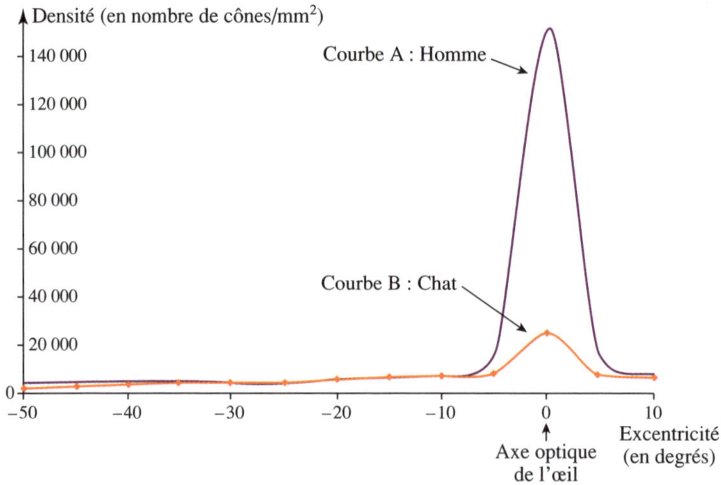

Doc. 3. **Spectres d'absorption des trois types de cônes chez l'Homme.**

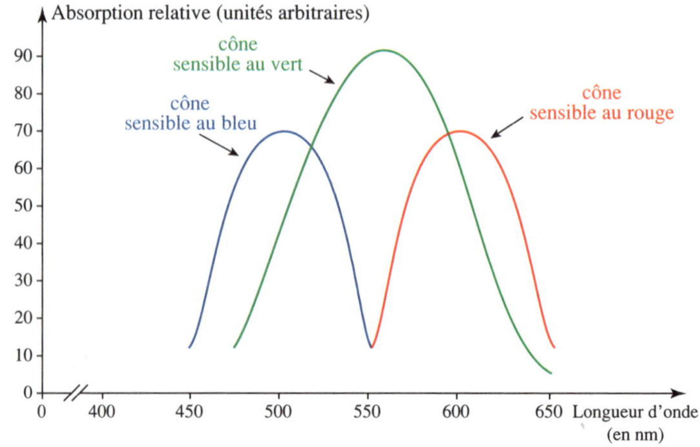

8 LA VARIABILITÉ DE LA PERCEPTION DES COULEURS ★★★ 55 min (corrigés p. 255)

À l'aide des documents ci-dessous et de vos connaissances, proposer des explications au fait que tous les individus ne perçoivent pas tous les couleurs de la même façon.

Doc. 1. **Variations du seuil de réponse des cônes et des bâtonnets en fonction de la longueur d'onde.**

L'intensité lumineuse indiquée en ordonnée correspond au seuil de réponse, c'est-à-dire à la plus petite intensité lumineuse capable de déclencher une sensation visuelle pour une longueur d'onde donnée.

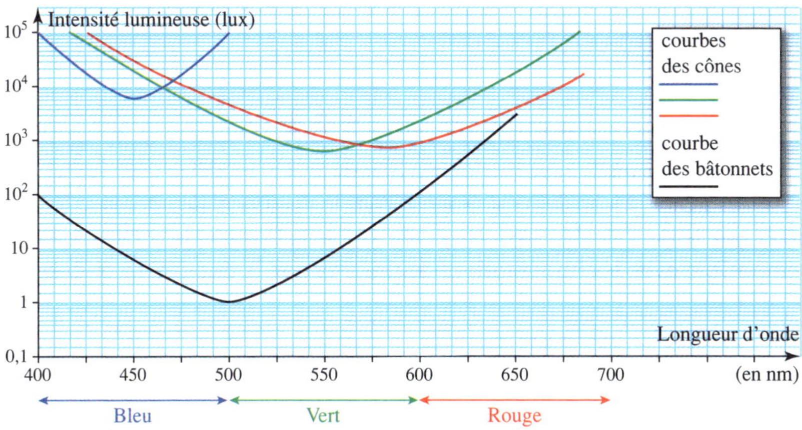

Doc. 2. **Le daltonisme.**

Les individus atteints de daltonisme ont des difficultés à percevoir les couleurs verte et rouge. Les gènes des pigments sensibles au vert et au rouge sont localisés sur le chromosome sexuel X, le gène du pigment sensible au bleu est sur le chromosome 7. Le daltonisme est une anomalie génétique qui peut prendre plusieurs formes. Cette maladie se traduit par l'absence de l'un ou plusieurs des trois pigments rétiniens.

Doc. 3. **Perception du rouge.**

Doc. 3a. Deux fragments des allèles (A et B) du gène codant pour le pigment des cônes rouges.

```
   --- TCCTGGATCTGGTCTGCTGTGTGGACAGCCCCG ---
       |||||||||||||||||||||||||||||||||
A. --- AGGACCTAGACCAGACGACACACCTGTCGGGGC ---

   --- TCCTGGATCTGGTCTTCTGTGTGGACAGCCCCG ---
       |||||||||||||||||||||||||||||||||
B. --- AGGACCTAGACCAGAAGACACACCTGTCGGGGC ---
```

Doc. 3b. **Propriétés d'absorption des deux pigments.**

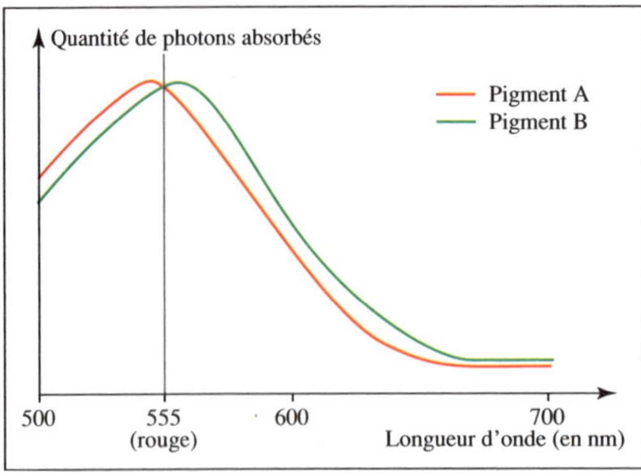

Les individus possédant le pigment A (84 %) ont une perception des couleurs différente (notamment, pour le rouge) de celle des individus possédant le pigment B (8 %).

L'interrogation écrite

9 LA FAMILLE MULTIGÉNIQUE DES OPSINES ★★★ 45 min *(corrigés p. 257)*

Les opsines sont des pigments visuels chez l'Homme. Un modèle possible de l'histoire évolutive des gènes des opsines est proposé dans le document de référence.

Montrer que le modèle de l'histoire évolutive de la famille des gènes des opsines est compatible avec les informations apportées par le document ci-dessous.

Doc. **La famille des gènes des opsines.**

La vision des couleurs chez l'Homme est liée à la présence de trois types de cellules photoréceptrices, synthétisant chacune un type de pigment de nature protéique, nommé opsine.

Chaque opsine absorbe dans une partie spécifique de spectre de la lumière blanche, dans le bleu ou dans le vert ou dans le rouge ; les trois gènes codant ces opsines sont notés respectivement gène B (Bleu), gène V (Vert) et gène R (Rouge).

Doc. a. **Localisation des gènes B, V et R sur les chromosomes de l'Homme.**

Doc. b. **Tableau des identités (exprimées en %) obtenu à partir d'une comparaison des séquences nucléotidiques des gènes B, V et R.**

	V	R	B
V	100		
R	96	100	
B	44	43	100

Document de référence. **Modèle proposé pour illustrer l'histoire évolutive des gènes B, V et R chez l'Homme.**

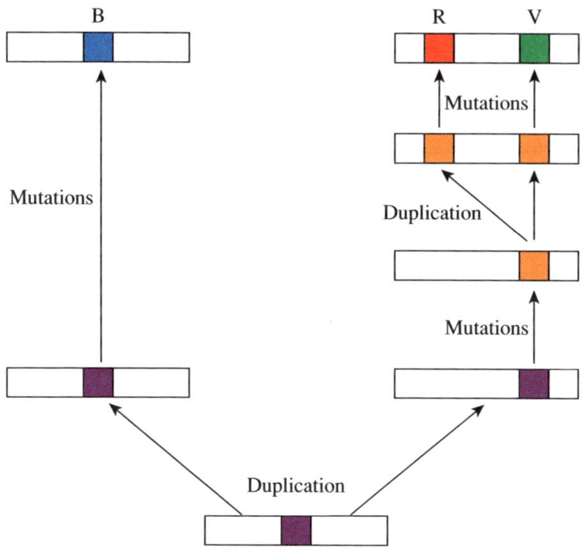

CORRIGÉS

Tester ses connaissances

1 1° Le cristallin est transparent car :
– il n'est pas vascularisé ;
– c'est un ensemble de cellules épithéliales très massif avec très peu d'espace extracellulaire ;
– ses cellules contiennent peu d'organites et la plupart ont perdu leur noyau ;
– le cytoplasme de ses cellules contient des protéines spécifiques (cristallines) organisées dans l'espace afin de laisser passer la lumière.

2° Les anomalies du cristallin liées à l'âge de l'individu sont :
– la presbytie : l'individu voit flou des objets proches. Le cristallin vieillit avec l'âge et perd de son élasticité, l'action du muscle ciliaire sur ce cristallin plus rigide diminue, le pouvoir d'accommodation diminue. La mise au point pour la lecture et la vision de près ne se fait plus correctement ;
– la cataracte : cela correspond à une opacification du cristallin. Elle résulte d'un mauvais renouvellement des protéines du cristallin (cristallines). Ces molécules sont alors désorganisées et forment des agrégats protéiques, ce qui entraîne une perte de transparence du cristallin.

3° Les cônes et les bâtonnets sont des cellules photoréceptrices de la rétine. Elles contiennent des pigments sensibles à la lumière.

Les bâtonnets sont très sensibles à la lumière, mais ils ne distinguent pas les couleurs. Ces cellules permettent une vision nocturne, mais seulement en noir et blanc.

Les cônes se divisent en trois catégories et sont sensibles aux radiations bleues (cônes bleus), aux radiations vertes (cônes verts) et aux radiations rouges (cônes rouges). Ces cônes sont responsables de la vision des couleurs, mais il faut beaucoup de lumière pour les stimuler. Ces cellules permettent une vision diurne.

4° Le point aveugle est une zone de la rétine au niveau de laquelle les fibres des neurones se rejoignent pour former le nerf optique. Cette zone est donc dépourvue de photorécepteurs.

2 1° **c**) et **d**). 2° **a**). 3° **c**) et **d**).

3 **1** : Cristallin ; **2** : Iris ; **3** : Cornée ; **4** : Humeur aqueuse ; **5** : Muscle cilaire ; **6** : Sclérotique ; **7** : Choroïde ; **8** : Nerf optique ; **9** : Point aveugle ; **10** : Fovéa ; **11** : Humeur vitrée ; **12** : Rétine.

S'entraîner

4 À 0° d'excentricité, l'acuité visuelle est maximale (10/10), on constate la présence exclusive de photorécepteurs de type cônes ($150 . 10^3$ mm^{-2}).

Quand on s'éloigne de l'axe optique (0° d'excentricité), l'acuité visuelle diminue fortement (de 10/10 à 1/10 entre 0° et 20° d'excentricité). Dans cette même zone de la rétine, la densité des cônes diminue fortement pour se stabiliser (de $150 . 10^3$ à $8 . 10^3$ mm^{-2}), et la densité des photorécepteurs de type bâtonnets augmente fortement (de 0 à $160 . 10^3$ mm^{-2}).

On peut donc en déduire que les cônes permettent une forte acuité visuelle, alors que les bâtonnets ne permettent qu'une acuité visuelle très limitée.
Au-delà de 20° d'excentricité, la densité des bâtonnets diminue (de $160 . 10^3$ à $40 . 10^3$ mm^{-2} entre 20° et 70°) et l'acuité visuelle reste faible (1/10).
Moins il y a de photorécepteurs, plus l'acuité visuelle est faible.
À 17° d'excentricité du côté droit, l'acuité visuelle est nulle. Il n'y a pas de photorécepteurs dans cette zone.
Cette zone correspond au point aveugle, c'est le point de départ du nerf optique.

5 Tableau représentant les liens entre des pathologies de la vision, la génétique et l'environnement.

Pathologies de la vision	Facteurs responsables	Conséquences sur l'œil et la vision
Dégénérescence maculaire	Nicotine, exposition prolongée aux UV	Diminution de la vision centrale par destruction de la fovéa
Cataracte précoce	Nicotine, exposition prolongée aux UV, facteurs congénitaux	Opacification partielle et progressive du cristallin par durcissement et épaississement du cristallin
Presbytie précoce	exposition prolongée aux UV	Vision floue de près
Xérophtalmie	Carence en vitamine A, travail prolongé sur un écran d'ordinateur	Sécheresse oculaire
Myopie	hérédité	Vision floue de loin

6 **Document 1**

Ce document permet de définir la dégénérescence maculaire (DMLA). Cela consiste en la perte de la vision précise, l'individu aura des difficultés à reconnaître des couleurs, des formes, des détails, mais il garde une vision de l'espace et de son environnement correcte.
La DMLA est due à une destruction progressive de la zone de la rétine (macula) permettant une vision précise. La vision périphérique reste intacte.

Document 2

Le document 2a représente une coupe de rétine au niveau de la macula. À ce niveau, les rayons lumineux arrivent directement sur les cônes qui composent cette zone de la rétine. Chaque cône n'est relié qu'à une seule cellule bipolaire elle-même reliée à une seule cellule ganglionnaire.
Le document 2b représente une coupe de rétine périphérique. Les rayons lumineux doivent traverser plusieurs couches de neurones (cellules ganglionnaires, cellules

bipolaires) avant d'atteindre les photorécepteurs composés de bâtonnets (majoritaires) et de cônes. Dans cette zone de la rétine, plusieurs cellules photosensibles sont liées à une seule cellule bipolaire et plusieurs cellules bipolaires sont liées à une seule cellule ganglionnaire.

Les cônes sont des photorécepteurs qui permettent une vision précise des couleurs grâce à la présence de pigments photosensibles. D'autre part, ils permettent aussi une vision précise des formes. En effet, au niveau de la macula, l'acuité visuelle est maximale grâce à la présence exclusive de cônes : à ce niveau, les rayons lumineux frappent directement les cônes sans avoir à traverser les autres couches de neurones : l'image est donc plus nette et plus précise. De plus, au niveau de cette zone, il n'y a pas de convergence de l'information : un neurone ganglionnaire ne reçoit les informations que d'un seul neurone bipolaire qui lui-même n'est connecté qu'à un seul photorécepteur (cône) : l'image est donc plus nette et plus précise.

Dans la rétine périphérique, la présence majoritaire de bâtonnets entraîne une baisse de l'acuité visuelle car, lorsque des bâtonnets sont stimulés, ils transmettent leurs messages à quelques neurones bipolaires et ganglionnaires. Cette convergence de l'information entraîne une discrimination moins fine des détails d'une image et une acuité médiocre.

Synthèse

La macula est une zone de la rétine où l'acuité visuelle est maximale (*doc. 1*), ceci est dû à la présence exclusive des photorécepteurs de type cônes (*doc. 2a)*. Avec l'âge, cette zone de la rétine dégénère, ceci induit une perte progressive de la vision précise (*doc. 1*). Les patients atteints de DMLA ont des difficultés pour visualiser des détails, la couleur. La vision périphérique reste intacte, les individus gardent la possibilité de se repérer dans l'espace, ils ne sont pas aveugles. La rétine périphérique est formée de moins de cônes et plus de bâtonnets (*doc. 2b*), donc l'acuité visuelle dans cette zone de la rétine ne permet qu'un repérage dans l'espace sans précision sur les couleurs ou les formes observées (*doc. 1*).

7 Document 1

L'Homme a une vision des couleurs développée, ainsi qu'une acuité visuelle importante le jour. Le chat a une vision adaptée à la vie nocturne. On note chez le chat une présence importante de photorécepteurs de type bâtonnets, la présence d'une membrane réflectrice derrière la rétine qui renvoie la lumière vers les cellules photosensibles, une presbytie leur permettant une vision de loin performante, un angle de vision supérieur au nôtre (285° au lieu de 200° chez l'Homme), et l'absence de cônes avec des pigments rétiniens sensibles dans les longueurs d'onde de 600 nm.

Les bâtonnets sont des photorécepteurs qui sont stimulés à très faible intensité lumineuse. La présence de la membrane réflectrice permet de capter un maximum de lumière. Ces éléments permettent d'expliquer une vision nocturne plus performante chez les chats.

C'est la présence de cette membrane réflectrice qui rend les yeux des chats brillants dans le noir quand ils sont éclairés par une source lumineuse.

La présence de cônes favorise une meilleure acuité visuelle. L'absence d'un type de cônes chez le chat peut expliquer une acuité visuelle moins importante le jour.

Document 2

Chez l'Homme, la densité des cônes est maximale au niveau de l'axe optique de l'œil avec 150 000 cônes/mm^2. Cette densité diminue fortement lorsque l'on s'éloigne de l'axe optique pour atteindre des valeurs proches de 2 000 cônes/mm^2.

On retrouve la même évolution de la répartition des cônes sur la rétine du chat mais au niveau de l'axe optique où le densité est maximale, on ne trouve que 30 000 cônes/mm^2.

La présence de cônes en grand nombre permet une bonne acuité visuelle. Chez l'Homme et le chat, l'acuité visuelle est maximale au niveau de l'axe optique (macula). Toutefois, le chat possède beaucoup moins de cônes que l'Homme dans cette zone. On peut en déduire que, le jour, l'acuité visuelle du chat est inférieure à celle de l'Homme.

Document 3

Chez l'Homme, les trois types de cônes permettent une absorption des longueurs d'onde entre 450 et 650 nm. Les cônes sensibles au bleu absorbent préférentiellement à 500 nm, les cônes sensibles au vert absorbent préférentiellement à 550 nm et les cônes sensibles au rouge absorbent préférentiellement à 600 nm.

La présence de ces trois types de cônes permet une vision trichromatique complète chez l'Homme.

Synthèse

L'Homme a une vision nocturne déficiente. Le chat a une vision nocturne développée car il possède de nombreux bâtonnets sensibles à des intensités lumineuses très faibles. Le chat possède aussi une membrane réflectrice qui lui permet de capter un maximum de lumière et de la renvoyer sur les cellules photosensibles (*doc. 1*).

L'Homme a une vision trichromatique et une acuité visuelle diurne développée. Le chat a une acuité visuelle moins importante que l'Homme car il possède beaucoup moins de photorécepteurs de type cônes (impliqués dans une vision nette des objets) au niveau de l'axe optique (*doc. 2*). Le chat ne possède que deux types de cônes, il n'a pas de cônes avec un pigment rétinien absorbant dans les longueurs d'onde de 600 nm (*doc. 1*). Le chat possède des cônes sensibles au bleu et au vert, mais pas de cônes sensibles au rouge (*doc. 3*). Le chat a donc une vision dichromatique, il voit le bleu et le vert, mais pas le rouge.

8 Document 1

Ce document représente les variations du seuil de réponse des cônes et des bâtonnets en fonction de la longueur d'onde. Le seuil de réponse est la plus petite intensité lumineuse capable de déclencher une sensation visuelle pour une longueur d'onde donnée.

On constate que les bâtonnets ont des variations de seuil de réponse pour les longueurs d'onde entre 400 nm et 650 nm. À 500 nm, les bâtonnets sont stimulés par une intensité lumineuse de 1 lux. Entre 400 et 500 nm et entre 500 et 650 nm, il faut une intensité lumineuse comprise entre 1 lux et 3 . 10^3 lux pour déclencher une réponse.

Les bâtonnets sont des photorécepteurs actifs à très faible intensité lumineuse. Ils ne permettent pas la vision des couleurs (vision en noir et blanc).

Il existe trois types de photorécepteurs de type cônes :

• Pour les cônes bleus, une réponse est enregistrée entre 400 et 500 nm, avec une intensité lumineuse comprise entre $6 . 10^3$ et 10^5 lux. On note que, pour 450 nm, le seuil de réponse du photorécepteur est à seulement $6 . 10^3$ lux.

Les cônes bleus sont sensibles à des longueurs d'onde proches de 450 nm (dans le bleu).

• Pour les cônes verts, une réponse est enregistrée entre 420 et 680 nm, avec une intensité lumineuse comprise entre $6 . 10^2$ et 10^5 lux. On note que, pour 550 nm, le seuil de réponse du photorécepteur est à seulement $6 . 10^2$ lux.

Les cônes verts sont sensibles à des longueurs d'onde proches de 550 nm (dans le vert).

• Pour les cônes rouges, une réponse est enregistrée entre 425 et 680 nm, avec une intensité lumineuse comprise entre $8 . 10^2$ et 10^5 lux. On note que, pour 580 nm, le seuil de réponse du photorécepteur est à seulement $8 . 10^2$ lux.

Les cônes rouges sont sensibles à des longueurs d'onde proches de 580 nm (dans le rouge).

Les cônes sont responsables de la vision des couleurs. Ce sont des cellules photoréceptrices qui sont sensibles à certaines radiations. Toutefois, les trois types de cônes sont capables d'absorber toutes les radiations. La perception de teintes intermédiaires résulte de la stimulation de deux, voire de trois types de cônes. L'activation des cônes nécessite une intensité lumineuse importante (ils entrent en jeu au cours de la vision diurne).

Document 2

Les daltoniens ont un déficit de pigments rétiniens. Les pigments verts et rouges ne sont pas synthétisés au niveau des cônes correspondants. Cette absence de synthèse est due à une mutation au niveau des gènes codant ces pigments.

La perception des couleurs peut être perturbée par une absence de pigments rétiniens.

Document 3

Document 3a : le gène pour le pigment rétinien du cône rouge existe sous deux versions : les allèles A et B. La différence entre ces deux allèles porte sur une seule paire de nucléotides (CG en position 16 pour l'allèle A, et AT en position 16 pour l'allèle B).

Le gène du pigment rétinien rouge possède deux allèles. On peut donc avoir la synthèse de deux pigments rouges A et B lorsque les deux allèles du gène s'expriment.

Document 3b : le pigment rouge A a un maximum d'absorbance à 550 nm, alors que le pigment rouge B a un maximum d'absorbance à 560 nm.

84 % de la population ont le pigment A et 8 % ont le pigment B.

Les pigments rouges A et B sont différents car ils sont issus de l'expression d'allèles différents. Leurs propriétés d'absorption des radiations seront donc différentes. Ces deux pigments permettront de détecter la couleur rouge, mais avec des variations qui entraîneront des perceptions différentes du rouge.

Synthèse

La perception des couleurs est due à la présence de photorécepteurs de type cônes (*doc.* 1). Il existe trois types de cônes qui absorbent préférentiellement dans le rouge, le vert et le bleu. Les teintes intermédiaires sont perçues par la stimulation de deux, voire trois types de cônes.

En l'absence de certains pigments rétiniens (vert et rouge) comme chez les daltoniens, la perception des couleurs est modifiée (*doc. 2*). L'altération de cette perception est due à une anomalie génétique.

Nous ne percevons pas tous de la même façon une couleur donnée. Par exemple, le gène permettant la synthèse du pigment rétinien rouge existe sous deux versions (*doc. 3a*). Ces deux allèles permettent la synthèse de deux pigments rétiniens rouges avec des propriétés d'absorbance très proches, mais légèrement différentes (*doc. 3b*). Ceci peut induire des perceptions du rouge différentes selon que l'on possède l'un ou l'autre pigment rétinien (*doc. 3b*).

L'interrogation écrite

9 On cherche à montrer que les documents proposés valident le modèle de l'histoire évolutive de la famille multigénique des opsines.

Le document a montre la localisation des trois gènes B, V et R intervenant dans la synthèse des pigments (opsines) impliqués dans la vision des couleurs au niveau des cellules rétiniennes.

On constate que les trois gènes sont localisés sur deux chromosomes différents. Le gène B sur le chromosome 7 et les gènes R et V sur le chromosome sexuel X.

Ces données sont en accord avec le document de référence qui montre que les gènes R et V sont situés sur un chromosome et le gène B sur un chromosome différent. Les trois opsines ne sont pas issues de l'expression d'allèles différents d'un même gène, mais sont bien issues de l'expression de trois gènes différents.

Il ne faut pas commencer par la description du document de référence, car c'est ce document que l'on doit valider. Il faut donc décrire et interpréter les documents fournis, puis vérifier si les données extraites sont en accord avec le document de référence.

Le document b est une matrice représentant des pourcentages d'identité par comparaison des séquences nucléotidiques des trois gènes B, V et R.

Ceci correspond aux pourcentages de ressemblance entre les séquences de nucléotides des trois gènes.

On constate qu'il y a :

– 96 % de ressemblance entre les séquences des gènes R et V ;

– 44 et 43 % de ressemblance entre les séquences des gènes B et respectivement les gènes V et R.

• La très grande ressemblance des séquences de nucléotides des trois gènes permet de dire que ces gènes sont homologues et appartiennent donc à la même famille multigénique. Ceci est conforme au document de référence qui montre que les trois gènes sont issus du même gène ancestral.

• Ces similitudes peuvent s'expliquer par différentes duplications à partir du gène ancestral. Ceci est conforme au document de référence.

• Plus il y a de mutations et plus les différences sont marquées entre les séquences de nucléotides. Ainsi, quand la ressemblance est importante, ceci peut s'interpréter par une divergence récente entre ces deux gènes et un nombre relativement faible

de mutations. La forte ressemblance entre les séquences des nucléotides R et V montre que la divergence entre ces gènes est récente. La ressemblance moins marquante entre ces deux gènes et le gène B montre que la divergence entre ce gène et les deux autres est plus éloignée. Ceci est compatible avec les informations du document de référence, car on peut constater qu'un gène ancestral a donné par duplication, puis transposition deux gènes :
– un gène sur un chromosome (le chromosome 7), qui donnera après mutations le gène B ;
– un gène sur un autre chromosome (le chromosome X), qui donnera après une nouvelle duplication suivie de nombreuses mutations les gènes R et V.

Les documents a et b permettent de valider le document de référence. En effet, les gènes B, R et V sont homologues (très forte ressemblance dans la séquence des nucléotides) et appartiennent à la même famille multigénique (issus de la duplication d'un même gène ancestral). Ces gènes se retrouvent sur des chromosomes différents (par la transposition après la duplication du gène ancestral). Ces gènes sont toutefois différents car issus de duplications et de nombreuses mutations.

CHAPITRE 15

Cerveau et vision : aires cérébrales et plasticité

LE COURS

Deux personnes ne perçoivent pas l'environnement exactement de la même façon.

Le cerveau n'est pas un organe figé mais est un système dynamique, en perpétuelle reconfiguration.

L'élaboration de la perception visuelle par le cerveau

▶ EXERCICE D'APPLICATION 1, p. 262

Les informations provenant de la rétine arrivent au cortex visuel primaire.

À partir du cortex visuel primaire, **les informations sont ensuite distribuées et échangées avec d'autres régions du cerveau impliquées dans la perception visuelle**.

La perception visuelle est donc la fonction mentale impliquée dans la discrimination de la forme, de la taille et de la couleur des objets de notre environnement.

C'est l'étude de cas cliniques et les résultats d'exploration fonctionnelle du cerveau qui ont permis d'identifier et d'observer des aires spécialisées impliquées dans la perception visuelle. Par exemple, certains patients présentant une lésion très précise (en avant du lobe temporal de l'hémisphère droit) sont incapables de reconnaître un visage, même le plus familier.

Ces personnes font toutefois la différence entre deux visages sans pour autant les identifier. Cependant, si ces personnes entendent une voix familière, elles associent alors cette voix à une personne connue.

Les messages nerveux, après leur arrivée dans le cortex visuel primaire, sont distribués dans des aires spécialisées du cortex qui traitent séparément et parallèlement les composantes de l'image (couleur, mouvement, forme, …). Ces aires spécialisées sont regroupées en deux grands ensembles : l'un va permettre la localisation et la perception du déplacement des objets dans l'espace, alors que l'autre est lié à l'identification des objets en se basant sur leurs caractéristiques (formes, couleurs,…).

Un échange d'informations permanent entre les différentes aires permet une vision instantanée et globale. La perception n'est donc possible que grâce à la synchronisation et la complémentarité des différentes aires du cortex visuel.

Évolution de la perception visuelle

► EXERCICES D'APPLICATION 3, 4 et 5, pp. 262, 263, 264

► Le rôle du programme génétique dans la perception visuelle

La perception de notre environnement dépend de l'organisation et de la structure du cortex visuel, de la présence de pigments rétiniens ou de la structure de l'œil. Toutes ces propriétés sont directement contrôlées par des gènes : elles dépendent donc du programme génétique des individus.

► Le rôle de l'environnement dans la perception visuelle

La perception visuelle de chaque être vivant dépend aussi de l'environnement.

Des expériences montrent que les stimuli lumineux sont nécessaires au bon développement du système visuel. En effet, chez un individu qui présente un œil atrophié, le réseau de neurones en liaison avec cet œil est remanié de façon à être utilisé par le seul œil fonctionnel.

De même, chez les personnes souffrant de surdité, on a pu montrer qu'une partie des neurones constituant le cortex auditif, devenue inutile, est utilisée dans la perception visuelle.

Les **apprentissages** ou **les expériences acquises** sont également à l'origine d'une organisation particulière des réseaux de neurones corticaux, ce qui induit le fait qu'aucun cerveau ne voit le monde exactement comme un autre.

La perception visuelle constitue donc une prise de connaissance du monde extérieur. Elle résulte de l'interaction de **facteurs internes** (génétiques) et de **facteurs externes** (environnement, expérience, …) et ne reflète pas toujours exactement la réalité extérieure ; les illusions d'optique illustrent bien ce fait.

► Perception visuelle et plasticité cérébrale

La possibilité de remanier en permanence des neurones porte le nom de plasticité cérébrale. C'est ce processus qui entre en jeu au cours de l'apprentissage de la lecture.

L'écriture est une invention trop récente (environ 5 400 ans) pour avoir influencé le génome de l'espèce humaine. Toutefois, tous les êtres humains sont capables d'apprendre à lire : l'apprentissage de la lecture ne peut donc reposer que sur le **remodelage de régions cérébrales préexistantes**. Lire est un processus mental qui consiste à déchiffrer des symboles ou codes constitués par l'écriture.

Des études récentes (2010), réalisées sur des personnes diversement alphabétisées, ont pu montrer qu'apprendre à lire augmente l'activité des aires visuelles au niveau du cortex visuel primaire, mais aussi dans la région spécialisée pour la reconnaissance des formes. La lecture augmente aussi l'activité de zones spécifiques du cortex auditif impliqué dans le codage des phonèmes.

Chez les analphabètes, l'aire visuelle de l'hémisphère gauche permet la reconnaissance visuelle des objets et des visages. Au cours de l'apprentissage de la lecture, dans cette région, la zone correspondant à la reconnaissance des visages diminue légèrement en faveur de la zone de reconnaissance des signes (la reconnaissance des visages se déplace partiellement dans l'hémisphère droit).

On assiste donc à une **réorganisation du cortex visuel**, par compétition entre l'activité nouvelle de lecture et les activités plus anciennes de reconnaissance des visages et des objets.

De **nouvelles connexions synaptiques entre les neurones** des différentes parties de l'encéphale s'établissent au cours de n'importe quel processus d'apprentissage.

Des mesures réalisées par IRM montrent que **la lecture** entraîne **l'activation non seulement du cortex visuel, mais aussi du cortex auditif. Ainsi, vision et audition sont indissociablement liées au cours de la lecture.**

La reconnaissance d'un mot écrit et sa lecture à voix haute nécessitent donc une collaboration entre les aires visuelles, les aires auditives, une région où les mots prennent sens (mémoire) et une zone motrice pour la prononciation du mot lu.

La perturbation de la vision par des substances chimiques

▶ EXERCICE D'APPLICATION 7, p. 266

Certaines substances chimiques **exogènes**, comme le **LSD**, altèrent la perception de la vision. De telles substances sont qualifiées d'**hallucinogènes**.

Le LSD agit sur la transmission du message nerveux entre les neurones de la rétine et le cortex visuel primaire.

Le message nerveux est transmis de la rétine au cortex visuel primaire par différents neurones. Cette transmission du message nerveux entre deux neurones s'établit au niveau d'une importante zone de relais, la synapse, grâce à un **neurotransmetteur**, la **sérotonine**.

Le LSD prend la place de la sérotonine sur son récepteur spécifique.

Ceci induit une perturbation du message nerveux et une altération de la perception visuelle.

La sérotonine n'étant pas un neurotransmetteur spécifique de la fonction visuelle, le LSD agit dans toutes les zones possédant des récepteurs à la sérotonine. C'est pourquoi les hallucinogènes peuvent aussi produire des effets psychiques variés (euphorie, troubles de la conscience et de la mémoire, dépression…).

LES DIFFICULTÉS DU CHAPITRE

- Comprendre que la perception visuelle dépend de facteurs génétiques (structures cérébrales innées), de facteurs environnementaux et d'expériences individuelles.
- L'apprentissage repose sur la plasticité cérébrale. À la naissance, une multitude de circuits neuroniques sont possibles. L'apprentissage et l'exercice de la vision vont sélectionner et stabiliser les circuits neuroniques les plus fonctionnels.
- Comprendre la notion de neurotransmetteur : la transmission du message nerveux entre deux neurones se réalise au niveau de la synapse. C'est le neurotransmetteur (une molécule) qui permet la transmission de ce message entre les deux neurones. Si le message codé par le neurotransmetteur est perturbé, la perception globale du message nerveux pourra être perturbée.

EXERCICES

Tester ses connaissances

1 VÉRIFIER SES CONNAISSANCES ★ 10 min (corrigés p. 269)

1° Citer les facteurs pouvant influencer la perception visuelle.

2° Qu'est-ce que la plasticité cérébrale ?

3° Qu'est-ce qu'un hallucinogène ?

2 QCM ★ 4 min (corrigés p. 269)

Choisir la (ou les) bonne(s) proposition(s).

1° Le LSD agit :

a) comme une drogue.

b) sur les récepteurs de l'adrénaline.

c) sur les récepteurs de la sérotonine.

d) sur la perception visuelle.

e) directement sur la rétine.

2° La lecture entraîne l'activation :

a) du cortex visuel seulement.

b) du cortex visuel et du cortex auditif.

c) du cortex permettant la parole.

3° Chez un jeune :

a) les circuits nerveux du cortex visuel sont stables.

b) de nouvelles connexions synaptiques peuvent se mettre en place.

c) l'apprentissage joue un rôle important dans la mise en place des circuits nerveux vers le cortex visuel.

S'entraîner

3 LA PLASTICITÉ CÉRÉBRALE CHEZ UN AVEUGLE DE NAISSANCE ★ 15 min (corrigés p. 269)

À partir du document proposé ci-après, montrer comment se manifeste la plasticité cérébrale chez un aveugle de naissance.

Doc. **Imageries fonctionnelles au cours d'une tâche auditive (son entendu par le sujet) chez un individu témoin et un aveugle de naissance.**

Les taches colorées montrent une activation importante du cortex.

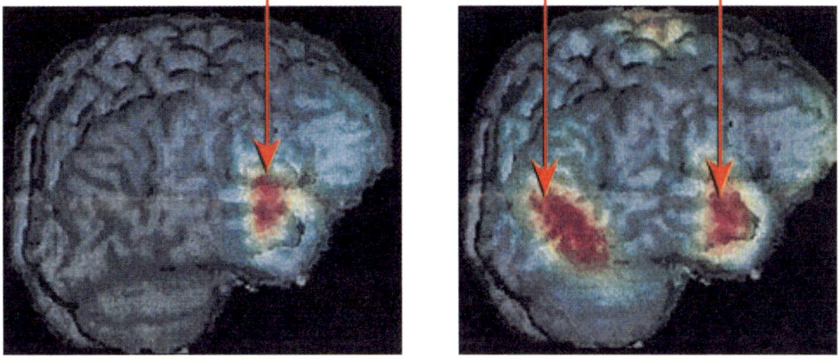

Témoin

Aveugle de naissance D.R.

4 INFLUENCE DE L'ENVIRONNEMENT SUR LA MATURATION DU SYSTÈME NERVEUX ★ 15 min

(corrigés p. 269)

À partir de l'expérience réalisée ci-dessous, montrer l'influence de la lumière sur la maturation du cortex visuel.

Doc. **Fibres nerveuses du cortex visuel.**

On a réalisé des études sur les voies visuelles de la souris. On prend deux lots de souris : un lot de souris témoin (lot A) et un lot de souris que l'on a privé de lumière depuis la naissance (lot B).

On observe les neurones 48 heures après la naissance.

Fibre nerveuse du cortex visuel d'une souris du lot A.

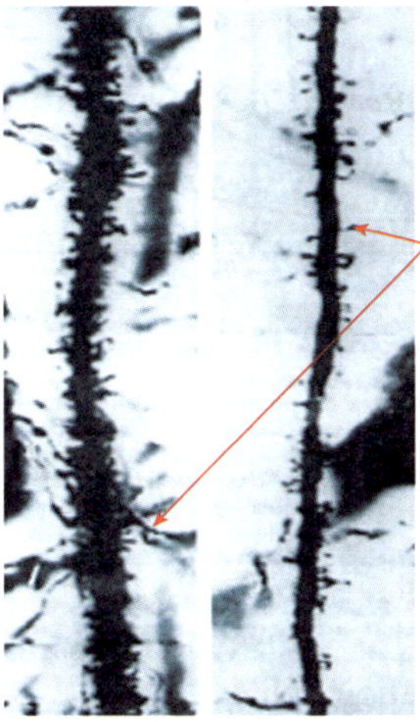

Fibre nerveuse du cortex visuel d'une souris du lot B.

5 EFFET DE L'OCCLUSION D'UN ŒIL SUR LA DISTRIBUTION DES NEURONES CORTICAUX ★★ 40 min (corrigés p. 270)

À partir de l'expérience proposée ci-dessous, montrer l'influence des stimuli environnementaux sur l'organisation du cortex visuel chez le jeune et chez l'adulte.

Doc. **Expériences.**

On réalise des expériences sur trois chats, on observe l'activité de différents neurones (de classes 1 à 7) du cortex visuel sur les individus lorsqu'ils sont âgés de 38 mois.

Les chats B et C ont subi des occlusions de l'œil droit par suture des paupières.

Les neurones de classes 1 et 7 sont exclusivement activés par un œil, respectivement le droit et le gauche.

Les neurones de classes 2, 3, 5 et 6 sont activés préférentiellement par un œil (2 et 3 par l'œil droit et 5 et 6 par l'œil gauche).

Les neurones de classe 4 sont activés indifféremment par les deux yeux.

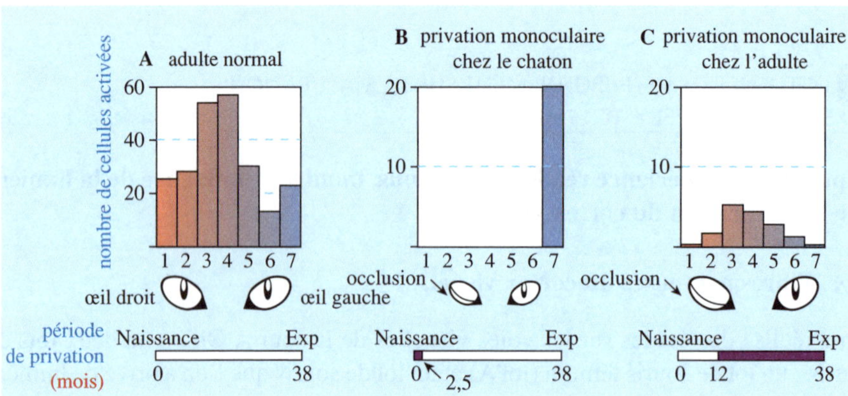

6 OBSERVATION DE LA PLASTICITÉ DU CORTEX VISUEL À DIFFÉRENTES ÉCHELLES ★★★ 45 min (corrigés p. 270)

À partir des documents proposés ci-dessous, montrer que la plasticité cérébrale du cortex visuel est visible à diverses échelles d'observation.

Doc. 1. **Expérience historique et autoradiographies.**

Doc. 1a. **Expérience historique de Hubel et Wiesel.**

À la fin des années 1970, D. Hubel et T. Wiesel, deux neurophysiologistes suédois et canadien injectent un acide aminé radioactif dans le globe oculaire d'un animal.

Cet acide aminé est capté par des cellules de la rétine, incorporé dans des protéines, puis transporté par l'intermédiaire des fibres nerveuses des voies visuelles au cortex visuel (jusqu'à la couche IV). L'utilisation de cet acide aminé radioactif permet ensuite de réaliser des autoradiographies.

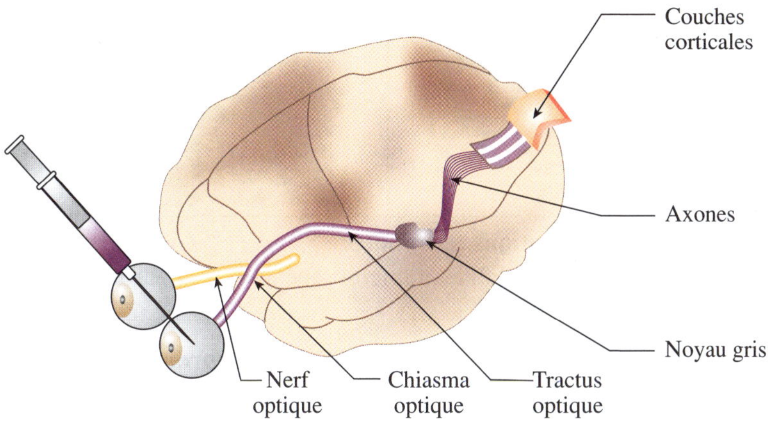

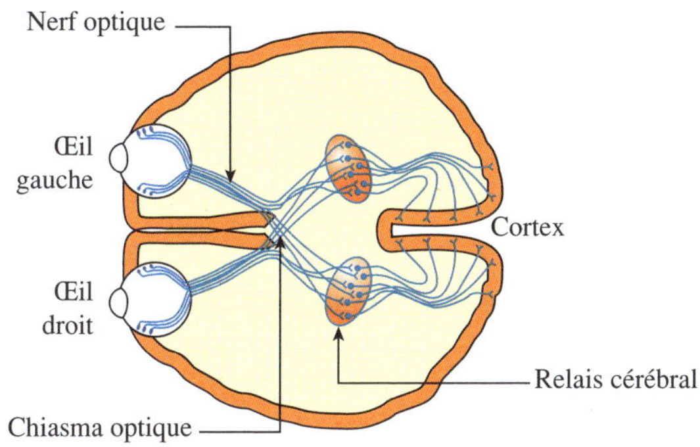

Remarque : Le tissu nerveux du cortex visuel est organisé en série de couches superposées composées de neurones.

Le cortex visuel d'un hémisphère cérébral reçoit des informations des deux yeux.

Doc. 1b. **Autoradiographies chez deux lots de singes.**

On utilise la technique du document 1a et on injecte l'acide aminé dans l'œil gauche. On réalise des autoradiographies au niveau d'une coupe réalisée dans la couche IV du cortex visuel, sur deux lots de singes âgés de 18 mois.

Le lot 1 (autoradiographie A) est un lot témoin, où les animaux ont une vision binoculaire normale.

Le lot 2 (autoradiographie B) est un lot, où les animaux ont subi une suture des paupières de l'œil droit depuis l'âge de deux semaines jusqu'à 18 mois. L'œil gauche fonctionne normalement.

Les zones marquées par l'acide aminé radioactif apparaissent en clair sur la photographie, elles correspondent à l'œil gauche. Les zones sombres correspondent à l'œil droit.

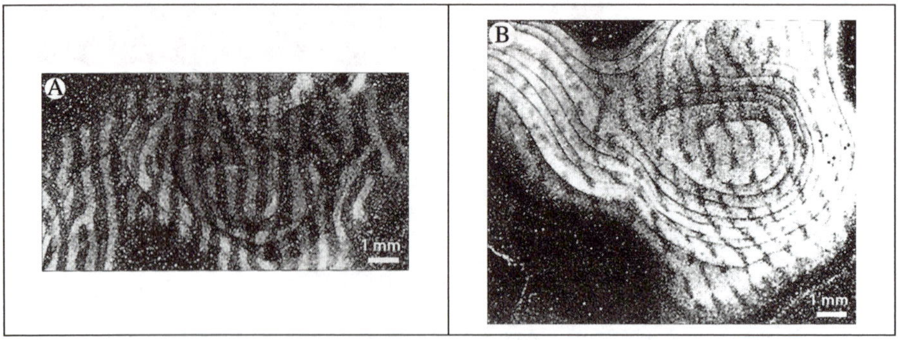

Doc. 2. **Étude des arborisations terminales.**

On injecte une substance repérable au microscope dans les neurones des couches du cortex visuel.

Doc. 2a. **Aspect des arborisations terminales des neurones chez un animal témoin.**

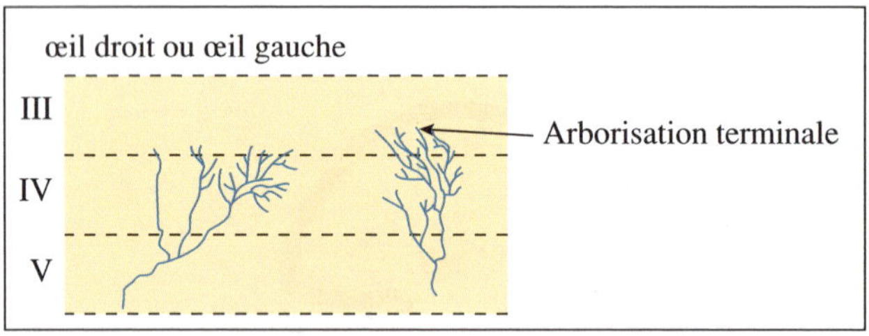

Doc. 2b. **Aspect des ramifications des neurones chez un animal ayant subi une occlusion d'un œil.**

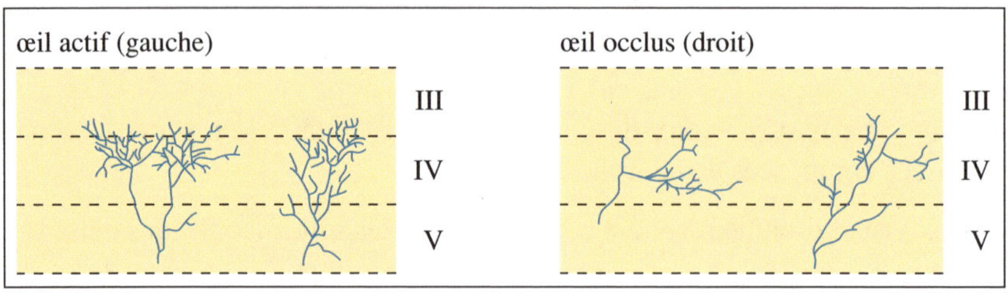

Remarque : Une arborisation terminale très développée permet de multiplier les connexions synaptiques avec les autres neurones.

L'interrogation écrite

7 LE LSD ★★ 35 min *(corrigés p. 271)*

À partir des documents ci-dessous et de vos connaissances, expliquer l'action du LSD sur la perception visuelle.

Doc. 1. **La perturbation de la vision par les drogues.**

Certaines substances sont dites hallucinogènes : c'est le cas du LSD, drogue illicite. Le LSD est une substance de synthèse dérivée d'un produit extrait d'un champignon parasite, l'ergot de seigle.

Outre une capacité de réaction réduite, une humeur agressive, les personnes sous l'emprise de cette drogue subissent des altérations de la vision.
Selon les doses absorbées, les effets peuvent varier. Des doses faibles vont faire apparaître des illusions visuelles : les couleurs sont intensifiées, la luminosité est accrue, les formes sont distendues et semblent animées de mouvements.
À plus forte dose vont se développer des hallucinations : la personne va « voir » des objets, des personnes... que ses yeux ne perçoivent pas.
L'effet du LSD peut surgir spontanément des jours, des semaines, et même des mois après la consommation.
Le LSD et ses analogues causent des distorsions affectives, ainsi que des troubles psychiatriques.
Des terreurs et des confusions apparaissent sous l'effet de ces drogues, qui, dans certains cas, ont poussé des toxicomanes à sauter par la fenêtre. Mais l'une des plus graves séquelles de cette forme de toxicomanie est qu'elle déclenche des maladies mentales durables même après la première prise.

Doc. 2. **Structures moléculaires de la sérotonine et du LSD.**

La sérotonine est un neurotransmetteur qui permet la transmission du message nerveux le long des voies visuelles.

Doc. 2a. **Molécule de sérotonine fixée à son récepteur spécifique.**	*Doc. 2b.* **Molécule de LSD.**
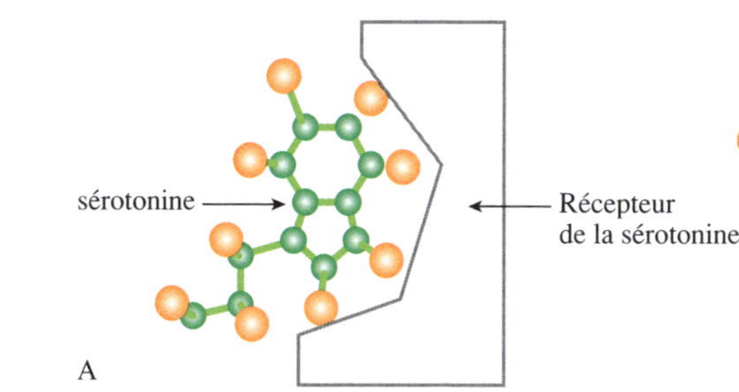	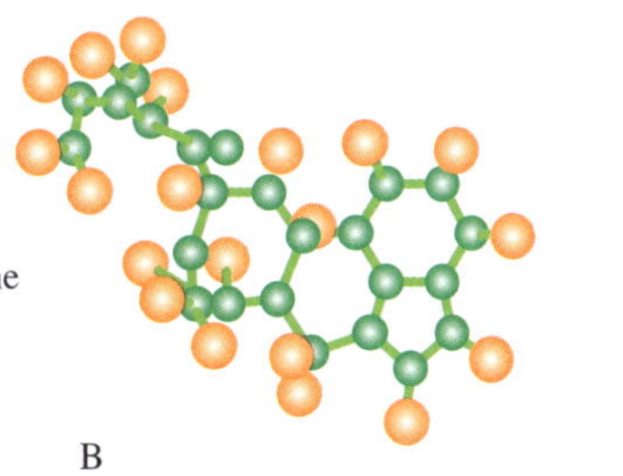

Doc. 3. **Activité des aires cérébrales au cours d'illusions suite à une prise de LSD.**

Doc. 3a. **Les aires corticales.**

Chez un sujet ayant ou non des hallucinations, les aires V1, V4, V5 et temporales sont actives.
La destruction de l'aire temporale supprime l'identification des objets.

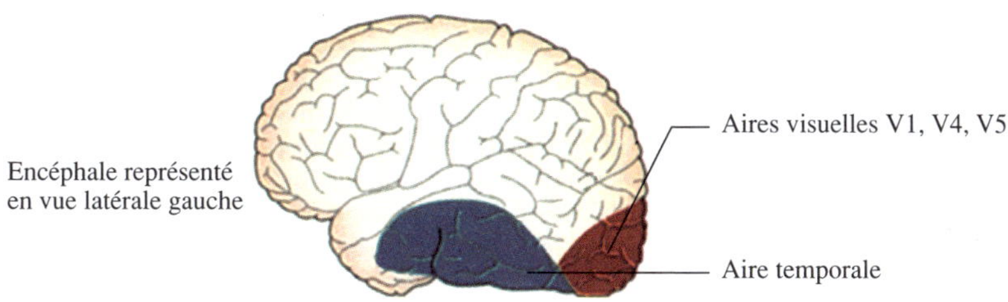

Doc. 3b. **Les aires visuelles activées.**

Les aires visuelles V1, V4 et V5 sont actives chez un sujet témoin n'ayant pas pris de LSD.

Pour un sujet ayant pris du LSD, on a les résultats suivants :

Quand le sujet a des illusions aux couleurs intensifiées.	Quand le sujet a des illusions aux formes distordues et en mouvement.

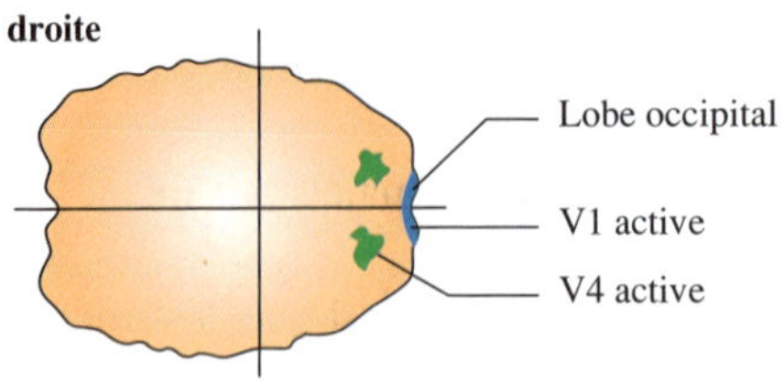

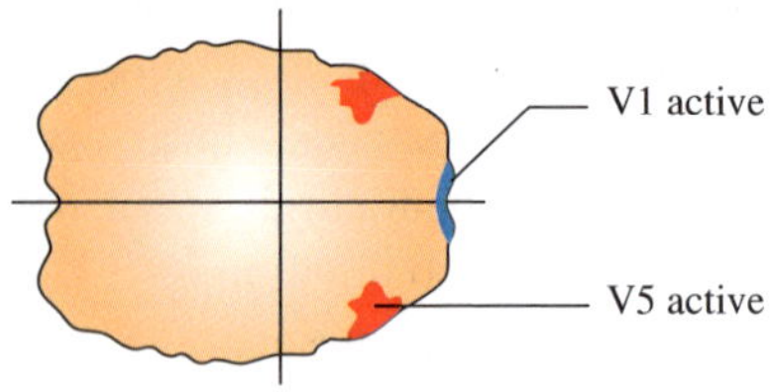

D a une structure moléculaire très proche de la sérotonine. Cette molécule nthèse peut donc se fixer sur le récepteur spécifique de la sérotonine. En se t sur le récepteur spécifique de la sérotonine, le LSD va perturber la transion du message nerveux des voies visuelles.

cument 3

cument 3a : Quand le sujet a des hallucinations, les aires visuelles V1, V4 et V5 l'aire temporale sont activées. La destruction de l'aire temporale supprime l'idenfication des objets.

n sujet sous prise de LSD a des hallucinations, le LSD induit l'activation des aires visuelles, mais aussi de l'aire temporale intervenant dans la reconnaissance des formes tout comme l'individu témoin. Dans le cas d'une prise de LSD, les images qui « naissent » de son activité cérébrale sont déformées.

Document 3b : Quand le sujet a des illusions aux couleurs intensifiées, les aires visuelles V1 et V4 sont actives.

Quand le sujet a des illusions aux formes distendues et en mouvement, les aires visuelles V1 et V5 sont actives.

Selon le type d'illusions perçues par l'individu, diverses aires visuelles sont activées. Dans tous les cas, l'aire visuelle V1 est activée, l'aire V4 activée déclenche l'apparition d'images colorées et avec des couleurs intenses et l'aire V5 déclenche l'apparition d'objets déformés. Chez un témoin, sans LSD, les aires V1, V4 et V5 sont activées. V4 intervient dans le traitement des informations provenant d'un objet coloré, V5 dans le traitement de l'information provenant d'objets en mouvement.

L'emprise du LSD modifie l'activité de ces trois aires : les couleurs paraissent plus intenses, les objets sont déformés, en mouvement (probablement parce qu'un objet en mouvement paraît déformé sous l'emprise du LSD). La reconnaissance de l'objet se fera difficilement.

Synthèse

La prise de LSD induit une modification de la perception visuelle (*doc. 1*). Les aires visuelles V4 impliquées dans la vision des couleurs, les aires visuelles V5 impliquées dans la vision des formes et du mouvement et les aires temporales impliquées dans la reconnaissance des formes sont stimulées (*doc. 3*) provoquant des hallucinations. Le LSD prend la place de la sérotonine sur son récepteur spécifique (*doc. 2*), ceci provoque la transmission de messages nerveux en direction des aires visuelles et temporales sans qu'il y ait eu forcément des informations arrivant à la rétine. Le LSD n'est pas détruit rapidement par l'organisme, il peut y rester plusieurs mois (*doc. 1*), son action sera donc à long terme. L'individu « perçoit » donc des objets et des personnes qui n'existent pas car le LSD stimule anormalement (car il reste fixé sur les récepteurs à sérotonine) et durablement (car il n'est pas détruit par l'organisme rapidement) les voies visuelles et donc les aires visuelles et temporales.

CORRIGÉS

Tester ses connaissances

1 1° La perception visuelle dépend de facteurs internes tels que l'organisation structurale des circuits neuroniques, elle dépend donc du programme génétique.
La perception visuelle dépend aussi de facteurs externes tels que l'apprentissage et les expériences acquises ou les conditions environnementales (lumière,...).
2° La plasticité cérébrale est la capacité du système nerveux à établir de nouvelles connexions synaptiques ou à détruire certaines d'entre elles en fonction de l'environnement et de l'apprentissage.
3° Un hallucinogène est une substance naturelle ou artificielle qui induit des modifications des perceptions visuelle, auditive ou tactile. La perception de l'espace et du temps peut être aussi modifiée par la prise d'hallucinogène.

2 1° **a**), **c**) et **d**).
2° **b**).
3° **b**) et **c**).

S'entraîner

3 Pour le sujet témoin, l'écoute d'un son entraîne uniquement l'activation du cortex auditif.
Pour le sujet aveugle de naissance, la même tâche auditive entraîne non seulement l'activation du cortex auditif, mais aussi d'une partie du cortex visuel.
Chez l'aveugle de naissance, il y a eu privation de messages nerveux provenant de la rétine, ainsi le cortex visuel n'a pas pu être stimulé par le biais des voies nerveuses. Toutefois, on constate que ce cortex visuel peut être activé par des stimulations autres que visuelles, ici une stimulation auditive entraîne l'activation du cortex visuel. La plasticité cérébrale a permis au cortex visuel de se réorganiser et d'acquérir des propriétés n'existant pas chez d'autres individus ayant une vision « normale » car il est devenu sensible à des stimulations autres que visuelles.

4 On prend deux lots de souris dont on observe les fibres nerveuses 48 heures après la naissance. Pour les souris témoins, on constate que les fibres nerveuses possèdent de nombreuses excroissances sur toute leur longueur. Pour les souris privées de lumière depuis la naissance, on observe qu'il y a très peu d'excroissances le long des fibres nerveuses.
La seule différence entre les deux lots de souris est la privation de lumière depuis la naissance. On peut donc en déduire que la privation de lumière entraîne une raréfaction importante des excroissances le long des fibres nerveuses. Ces excroissances permettent d'établir des liaisons (connexions synaptiques) avec d'autres neurones du cortex visuel et favorisent la maturation des circuits neuroniques. L'arrivée de messages sensoriels (lumière) est donc nécessaire à la maturation des connexions synaptiques du cortex visuel.

5 Le chat A, dans les conditions normales, a un nombre important de neurones de classe 4 activés (58). Le nombre de neurones de classes 2, 3, 5 et 6 activés est moins important (respectivement 29, 55, 32 et 14 neurones activés).
Le nombre de neurones de classes 1 et 7 activés est respectivement de 26 et 23.
Les neurones de classes 2 à 6 correspondent à une vision binoculaire car ils peuvent être activés par les deux yeux. Chez le chat normal, ce sont ces neurones qui sont les plus activés.
Le chat B a subi pendant 2,5 mois après la naissance une privation de lumière pour l'œil droit par suture de la paupière. On observe l'activité de neurones du cortex visuel au bout de 38 mois. On constate que seuls les neurones de classe 7 sont actifs (20).
La différence entre le chat B et le chat témoin A est la privation de lumière pour un œil chez le chaton durant les 2,5 premiers mois de la vie de l'animal. On peut donc dire que la privation de lumière durant les premiers mois chez le chaton entraîne une absence de vision de l'œil droit, ainsi que de la vision binoculaire. Par contre, la vision de l'œil gauche est développée.
Le chat C a subi une privation de lumière de l'œil droit par suture de la paupière entre le 12e et le 38e mois après la naissance. On constate que les neurones de classes 3 et 4 sont les plus actifs (respectivement 5 et 4 neurones activés). Les neurones des autres classes sont moins actifs (un neurone actif pour les classes 1 et 7, deux neurones actifs pour les classes 2 et 6, trois neurones actifs pour la classe 5).
La différence entre le chat C et le chat témoin A est la privation de lumière pour un œil chez le chat adulte durant 26 mois. On peut donc dire que, chez le chat adulte, la privation de lumière n'enlève pas la vision binoculaire (neurones de classes 2 à 6 actifs), mais cette vision binoculaire est plus faible car il y a 10 fois moins de neurones actifs chez le chat C que chez le chat témoin A. On constate aussi que la vision de l'œil droit n'a pas totalement disparu.

Conclusion
La stimulation lumineuse permet un développement optimal des réseaux neuroniques du cortex visuel. La privation de lumière d'un œil a des conséquences variables chez le jeune ou chez l'adulte. Dans les deux cas, la plasticité cérébrale entre en jeu, c'est-à-dire qu'il y a des modifications des réseaux neuronaux, mais chez le jeune cette plasticité est plus importante.

6 **Document 1**
L'expérience historique de Hubel et Wiesel montre que si on injecte un acide aminé radioactif dans un œil, celui-ci suit les voies visuelles et se retrouve dans le cortex visuel au niveau de la couche IV. Cette technique permet de réaliser une autoradiographie qui révèle la présence des acides aminés radioactifs. L'autoradiographie permettra de faire la différence entre les structures contenant ou non les éléments radioactifs.
Sur l'autoradiographie du lot témoin 1 où les animaux ont une vision binoculaire normale, on constate une alternance de bandes sombres et claires de même largeur au niveau de la couche IV du cortex visuel.
Les animaux du lot 2 ont subi une suture des paupières de l'œil droit depuis l'âge de 2 semaines jusqu'à 18 mois. Sur l'autoradiographie correspondante, on constate que les bandes claires sont plus larges que les bandes sombres.
Pour les lots 1 et 2, les bandes claires correspondent aux zones de projection des informations visuelles en provenance de l'œil gauche où on a injecté l'acide aminé radioactif. Les bandes sombres correspondent aux projections de l'œil droit.

On peut donc en déduire que, suite à la suture des paupière[s] les zones de projection des informations provenant de l'œi[l] des sombres) ont diminué, tandis que les zones de projecti[on] provenant de l'œil actif (bandes claires) ont augmenté en oc[cupant les espaces] laissés libres dans le cortex visuel. Cette expérience montre qu'[...] ganisation du cortex visuel.

Document 2
L'injection d'une substance dans les neurones permet de visualiser le[urs...] et notamment leurs arborisations terminales. Chez l'animal témoin, les [...] la couche IV ont des arborisations terminales développées.
Chez l'animal ayant subi une occlusion de l'œil droit, on constate que les a[rborisations] terminales des neurones dans la zone du cortex traitant les informations pro[venant de] l'œil droit sont moins développées que celles du témoin. Par contre, les arbo[risations] terminales des neurones dans la zone du cortex traitant les informations prove[nant de] l'œil gauche sont plus développées que celles du témoin.
On peut en déduire que l'occlusion de l'œil droit a entraîné un remodelag[e des] arborisations terminales. Les neurones qui ne sont plus stimulés finissent [par] régresser (zone de projection de l'œil droit suturé), tandis que les autres neuro[nes] (zone de projection de l'œil gauche actif) subissent un développement importa[nt] de leurs arborisations terminales, ce qui va permettre d'augmenter les connexion[s] synaptiques avec d'autres neurones.

Synthèse
Le document 1 permet de montrer qu'il existe une plasticité cérébrale au niveau du cortex visuel à l'échelle macroscopique par réorganisation des bandes traitant les informations en provenance des deux yeux. Le document 2 permet de montrer que cette plasticité cérébrale au niveau de la zone IV du cortex visuel passe par un remodelage au niveau cellulaire des réseaux de neurones.

L'interrogation écrite

7 **Document 1**
Le LSD est une substance de synthèse induisant des altérations de la vision. Son action est variable selon les doses absorbées. À faible dose, l'individu a des illusions visuelles (couleurs intensifiées, formes distendues animées de mouvements, luminosité accrue). À forte dose, l'individu développe des hallucinations : il voit des objets et des personnes que ses yeux ne voient pas. Les effets peuvent être plus graves et intervenir plusieurs mois après la prise du LSD.
Le LSD agit en modifiant la perception visuelle car la personne voit des personnes et des objets que ses yeux ne perçoivent pas.

Document 2
Ce document représente la structure moléculaire de la sérotonine et du LSD. On constate que la sérotonine possède un récepteur spécifique. Le LSD possède une structure moléculaire (sur la partie droite de la molécule) qui est semblable à la sérotonine. La sérotonine est un neurotransmetteur permettant la transmission du message nerveux le long des voies visuelles.

CORRIGÉS

Tester ses connaissances

1 1° La perception visuelle dépend de facteurs internes tels que l'organisation structurale des circuits neuroniques, elle dépend donc du programme génétique.

La perception visuelle dépend aussi de facteurs externes tels que l'apprentissage et les expériences acquises ou les conditions environnementales (lumière,...).

2° La plasticité cérébrale est la capacité du système nerveux à établir de nouvelles connexions synaptiques ou à détruire certaines d'entre elles en fonction de l'environnement et de l'apprentissage.

3° Un hallucinogène est une substance naturelle ou artificielle qui induit des modifications des perceptions visuelle, auditive ou tactile. La perception de l'espace et du temps peut être aussi modifiée par la prise d'hallucinogène.

2 1° **a**), **c**) et **d**).

2° **b**).

3° **b**) et **c**).

S'entraîner

3 Pour le sujet témoin, l'écoute d'un son entraîne uniquement l'activation du cortex auditif.

Pour le sujet aveugle de naissance, la même tâche auditive entraîne non seulement l'activation du cortex auditif, mais aussi d'une partie du cortex visuel.

Chez l'aveugle de naissance, il y a eu privation de messages nerveux provenant de la rétine, ainsi le cortex visuel n'a pas pu être stimulé par le biais des voies nerveuses. Toutefois, on constate que ce cortex visuel peut être activé par des stimulations autres que visuelles, ici une stimulation auditive entraîne l'activation du cortex visuel. La plasticité cérébrale a permis au cortex visuel de se réorganiser et d'acquérir des propriétés n'existant pas chez d'autres individus ayant une vision « normale » car il est devenu sensible à des stimulations autres que visuelles.

4 On prend deux lots de souris dont on observe les fibres nerveuses 48 heures après la naissance. Pour les souris témoins, on constate que les fibres nerveuses possèdent de nombreuses excroissances sur toute leur longueur. Pour les souris privées de lumière depuis la naissance, on observe qu'il y a très peu d'excroissances le long des fibres nerveuses.

La seule différence entre les deux lots de souris est la privation de lumière depuis la naissance. On peut donc en déduire que la privation de lumière entraîne une raréfaction importante des excroissances le long des fibres nerveuses. Ces excroissances permettent d'établir des liaisons (connexions synaptiques) avec d'autres neurones du cortex visuel et favorisent la maturation des circuits neuroniques. L'arrivée de messages sensoriels (lumière) est donc nécessaire à la maturation des connexions synaptiques du cortex visuel.

5 Le chat A, dans les conditions normales, a un nombre important de neurones de classe 4 activés (58). Le nombre de neurones de classes 2, 3, 5 et 6 activés est moins important (respectivement 29, 55, 32 et 14 neurones activés).
Le nombre de neurones de classes 1 et 7 activés est respectivement de 26 et 23.
Les neurones de classes 2 à 6 correspondent à une vision binoculaire car ils peuvent être activés par les deux yeux. Chez le chat normal, ce sont ces neurones qui sont les plus activés.
Le chat B a subi pendant 2,5 mois après la naissance une privation de lumière pour l'œil droit par suture de la paupière. On observe l'activité de neurones du cortex visuel au bout de 38 mois. On constate que seuls les neurones de classe 7 sont actifs (20).
La différence entre le chat B et le chat témoin A est la privation de lumière pour un œil chez le chaton durant les 2,5 premiers mois de la vie de l'animal. On peut donc dire que la privation de lumière durant les premiers mois chez le chaton entraîne une absence de vision de l'œil droit, ainsi que de la vision binoculaire. Par contre, la vision de l'œil gauche est développée.
Le chat C a subi une privation de lumière de l'œil droit par suture de la paupière entre le 12e et le 38e mois après la naissance. On constate que les neurones de classes 3 et 4 sont les plus actifs (respectivement 5 et 4 neurones activés). Les neurones des autres classes sont moins actifs (un neurone actif pour les classes 1 et 7, deux neurones actifs pour les classes 2 et 6, trois neurones actifs pour la classe 5).
La différence entre le chat C et le chat témoin A est la privation de lumière pour un œil chez le chat adulte durant 26 mois. On peut donc dire que, chez le chat adulte, la privation de lumière n'enlève pas la vision binoculaire (neurones de classes 2 à 6 actifs), mais cette vision binoculaire est plus faible car il y a 10 fois moins de neurones actifs chez le chat C que chez le chat témoin A. On constate aussi que la vision de l'œil droit n'a pas totalement disparu.

Conclusion

La stimulation lumineuse permet un développement optimal des réseaux neuroniques du cortex visuel. La privation de lumière d'un œil a des conséquences variables chez le jeune ou chez l'adulte. Dans les deux cas, la plasticité cérébrale entre en jeu, c'est-à-dire qu'il y a des modifications des réseaux neuronaux, mais chez le jeune cette plasticité est plus importante.

6 **Document 1**

L'expérience historique de Hubel et Wiesel montre que si on injecte un acide aminé radioactif dans un œil, celui-ci suit les voies visuelles et se retrouve dans le cortex visuel au niveau de la couche IV. Cette technique permet de réaliser une autoradiographie qui révèle la présence des acides aminés radioactifs. L'autoradiographie permettra de faire la différence entre les structures contenant ou non les éléments radioactifs.
Sur l'autoradiographie du lot témoin 1 où les animaux ont une vision binoculaire normale, on constate une alternance de bandes sombres et claires de même largeur au niveau de la couche IV du cortex visuel.
Les animaux du lot 2 ont subi une suture des paupières de l'œil droit depuis l'âge de 2 semaines jusqu'à 18 mois. Sur l'autoradiographie correspondante, on constate que les bandes claires sont plus larges que les bandes sombres.
Pour les lots 1 et 2, les bandes claires correspondent aux zones de projection des informations visuelles en provenance de l'œil gauche où on a injecté l'acide aminé radioactif. Les bandes sombres correspondent aux projections de l'œil droit.

On peut donc en déduire que, suite à la suture des paupières de l'œil droit (lot 2), les zones de projection des informations provenant de l'œil rendu inactif (bandes sombres) ont diminué, tandis que les zones de projection des informations provenant de l'œil actif (bandes claires) ont augmenté en occupant les espaces laissés libres dans le cortex visuel. Cette expérience montre qu'il y a eu une réorganisation du cortex visuel.

Document 2

L'injection d'une substance dans les neurones permet de visualiser leur architecture et notamment leurs arborisations terminales. Chez l'animal témoin, les neurones de la couche IV ont des arborisations terminales développées.

Chez l'animal ayant subi une occlusion de l'œil droit, on constate que les arborisations terminales des neurones dans la zone du cortex traitant les informations provenant de l'œil droit sont moins développées que celles du témoin. Par contre, les arborisations terminales des neurones dans la zone du cortex traitant les informations provenant de l'œil gauche sont plus développées que celles du témoin.

On peut en déduire que l'occlusion de l'œil droit a entraîné un remodelage des arborisations terminales. Les neurones qui ne sont plus stimulés finissent par régresser (zone de projection de l'œil droit suturé), tandis que les autres neurones (zone de projection de l'œil gauche actif) subissent un développement important de leurs arborisations terminales, ce qui va permettre d'augmenter les connexions synaptiques avec d'autres neurones.

Synthèse

Le document 1 permet de montrer qu'il existe une plasticité cérébrale au niveau du cortex visuel à l'échelle macroscopique par réorganisation des bandes traitant les informations en provenance des deux yeux. Le document 2 permet de montrer que cette plasticité cérébrale au niveau de la zone IV du cortex visuel passe par un remodelage au niveau cellulaire des réseaux de neurones.

L'interrogation écrite

7 Document 1

Le LSD est une substance de synthèse induisant des altérations de la vision. Son action est variable selon les doses absorbées. À faible dose, l'individu a des illusions visuelles (couleurs intensifiées, formes distendues animées de mouvements, luminosité accrue). À forte dose, l'individu développe des hallucinations : il voit des objets et des personnes que ses yeux ne voient pas. Les effets peuvent être plus graves et intervenir plusieurs mois après la prise du LSD.

Le LSD agit en modifiant la perception visuelle car la personne voit des personnes et des objets que ses yeux ne perçoivent pas.

Document 2

Ce document représente la structure moléculaire de la sérotonine et du LSD. On constate que la sérotonine possède un récepteur spécifique. Le LSD possède une structure moléculaire (sur la partie droite de la molécule) qui est semblable à la sérotonine. La sérotonine est un neurotransmetteur permettant la transmission du message nerveux le long des voies visuelles.

Le LSD a une structure moléculaire très proche de la sérotonine. Cette molécule de synthèse peut donc se fixer sur le récepteur spécifique de la sérotonine. En se fixant sur le récepteur spécifique de la sérotonine, le LSD va perturber la transmission du message nerveux des voies visuelles.

Document 3

Document 3a : Quand le sujet a des hallucinations, les aires visuelles V1, V4 et V5 et l'aire temporale sont activées. La destruction de l'aire temporale supprime l'identification des objets.

Un sujet sous prise de LSD a des hallucinations, le LSD induit l'activation des aires visuelles, mais aussi de l'aire temporale intervenant dans la reconnaissance des formes tout comme l'individu témoin. Dans le cas d'une prise de LSD, les images qui « naissent » de son activité cérébrale sont déformées.

Document 3b : Quand le sujet a des illusions aux couleurs intensifiées, les aires visuelles V1 et V4 sont actives.

Quand le sujet a des illusions aux formes distendues et en mouvement, les aires visuelles V1 et V5 sont actives.

Selon le type d'illusions perçues par l'individu, diverses aires visuelles sont activées. Dans tous les cas, l'aire visuelle V1 est activée, l'aire V4 activée déclenche l'apparition d'images colorées et avec des couleurs intenses et l'aire V5 déclenche l'apparition d'objets déformés. Chez un témoin, sans LSD, les aires V1, V4 et V5 sont activées. V4 intervient dans le traitement des informations provenant d'un objet coloré, V5 dans le traitement de l'information provenant d'objets en mouvement.

L'emprise du LSD modifie l'activité de ces trois aires : les couleurs paraissent plus intenses, les objets sont déformés, en mouvement (probablement parce qu'un objet en mouvement paraît déformé sous l'emprise du LSD). La reconnaissance de l'objet se fera difficilement.

Synthèse

La prise de LSD induit une modification de la perception visuelle (*doc. 1*). Les aires visuelles V4 impliquées dans la vision des couleurs, les aires visuelles V5 impliquées dans la vision des formes et du mouvement et les aires temporales impliquées dans la reconnaissance des formes sont stimulées (*doc. 3*) provoquant des hallucinations. Le LSD prend la place de la sérotonine sur son récepteur spécifique (*doc. 2*), ceci provoque la transmission de messages nerveux en direction des aires visuelles et temporales sans qu'il y ait eu forcément des informations arrivant à la rétine. Le LSD n'est pas détruit rapidement par l'organisme, il peut y rester plusieurs mois (*doc. 1*), son action sera donc à long terme. L'individu « perçoit » donc des objets et des personnes qui n'existent pas car le LSD stimule anormalement (car il reste fixé sur les récepteurs à sérotonine) et durablement (car il n'est pas détruit par l'organisme rapidement) les voies visuelles et donc les aires visuelles et temporales.